2020

中国房地产统计年鉴

CHINA REAL ESTATE STATISTICS YEARBOOK

国家统计局
固定资产投资统计司 编

中国统计出版社
China Statistics Press

图书在版编目（CIP）数据

中国房地产统计年鉴. 2020 = China Real Estate Statistical Yearbook 2020 / 国家统计局固定资产投资统计司编. -- 北京 ：中国统计出版社, 2020.12
ISBN 978-7-5037-9371-4

Ⅰ. ①中… Ⅱ. ①国… Ⅲ. ①房地产业－统计资料－中国－2020－年鉴 Ⅳ. ①F299.233.5-54

中国版本图书馆 CIP 数据核字(2020)第 221023 号

中国房地产统计年鉴—2020

作　　者/国家统计局固定资产投资统计司
责任编辑/佘竞雄
执行编辑/且淑芬
装帧设计/李雪燕
出版发行/中国统计出版社
通信地址/北京市丰台区西三环南路甲 6 号　邮政编码/100073
电　　话/邮购（010）63376909　书店（010）68783171
网　　址/http://www.zgtjcbs.com/
印　　刷/河北鑫兆源印刷有限公司
经　　销/新华书店
开　　本/880mm×1230mm　1/16
字　　数/470 千字
印　　张/15.5
版　　别/2020 年 12 月第 1 版
版　　次/2020 年 12 月第 1 次印刷
定　　价/380.00 元

如有印装差错，由本社发行部调换。

说　明

《中国房地产统计年鉴—2020》是一部反映中国房地产市场运行状况的统计资料，收集了全国房地产开发企业开发经营统计数据，是全面客观研究和深入量化分析房地产市场的权威工具。

《中国房地产统计年鉴—2020》资料来源于 2019 年全国房地产开发统计报表基层数据和 2018 年第四次全国经济普查数据。统计范围为有开发经营活动的全部房地产开发经营法单位。本年报分为综合篇和城市篇两大部分。

综合篇主要内容包括：各地区房地产开发企业个数及从业人员情况；各地区房地产开发投资完成情况及到位资金情况；各地区房屋开竣工面积、商品房销售及土地购置情况；各地区房地产开发企业经营收入及资产负债情况等。

为重点反映全国大、中城市房地产开发企业的运行状况，本年鉴单独发布了 35 个重点城市（直辖市、省会城市及计划单列市）的房地产开发统计资料。城市篇的主要内容包括：重点城市房地产开发企业完成投资情况；重点城市商品房销售情况、成套房屋建设情况、商品房待售情况以及房地产企业主要财务指标完成情况等内容。

本年鉴数据使用注意事项：

1. 本年鉴资料来源于房地产开发企业联网直报的基层报表数据库，不包括香港、澳门特别行政区和台湾省数据。

2. 本年鉴资料凡小数点后各项相加不等于总计者，均由于数据四舍五入的缘故。

3. 本年鉴各表中的“空格”表示该项统计数据不足本表最小单位数、数据不详或无该项数据。

4. 本年鉴资料由国家统计局固定资产投资统计司编制并负责解释。

目 录

第一部分 综合篇

第一章 房地产开发企业基本概况

第二章 房地产开发投资及企业到位资金情况

第二部分　城市篇

第五章　35 个大中城市房地产综合情况

附　　录

第一部分　综合篇

第一章　房地产开发企业基本概况

1-1　房地产开发企业主要指标完成情况

指　　标	绝对量		增速	
	2018	2019	2018	2019
一、企业个数(个)	**97937**	**99544**	**2.1**	**1.6**
1.按登记注册类型分				
内资	94063	95691	2.7	1.7
#国有企业	767	671	-18.7	-12.5
#集体企业	280	230	-12.2	-17.9
#有限责任公司	44397	44505	-1.2	0.2
#私营企业	46031	47959	8.7	4.2
港、澳、台投资	2719	2664	-11.3	-2.0
外商投资	1155	1189	-5.6	2.9
2.按规模分				
大型企业	730	835	29.7	14.4
中型企业	38516	34465	10.0	-10.5
小微企业	58691	64244	-2.7	9.5
二、从业人员平均人数(人)	**2889165**	**2937379**	**2.1**	**1.7**
按规模分				
大型企业	76008	91321	11.0	20.1
中型企业	1546197	1381208	8.9	-10.7
小微企业	1266960	1464850	-5.7	15.6
三、本年完成投资(亿元)	**120164.75**	**132194.26**	**9.4**	**10.0**
1.按构成分				
建筑安装工程	75871.66	81962.51	-3.4	8.0
设备工器具购置	1523.41	1713.48	-1.8	12.5
其他费用	42769.68	48518.27	44.2	13.4
#土地购置费	36383.37	41675.39	57.0	14.5
2.按工程用途分				
住宅	85124.02	97070.75	13.3	14.0
办公楼	5997.29	6162.60	-11.3	2.8
商业营业用房	14167.27	13225.85	-9.4	-6.6
其他	14876.17	15735.07	21.4	5.8
四、本年新增固定资产(亿元)	**37463.40**	**43009.57**	**-4.6**	**14.8**
五、本年土地购置面积(万平方米)	**29320.65**	**25822.29**	**14.9**	**-11.9**

1-1　续表

指　　标	绝对量		增速	
	2018	2019	2018	2019
六、本年实际到位资金(亿元)	**166407.11**	**178608.59**	**6.6**	**7.3**
国内贷款	24132.14	25228.77	-4.4	4.5
利用外资	114.02	175.72	-32.2	54.1
自筹资金	55754.79	58157.84	9.6	4.3
定金及预收款	55748.16	61358.88	14.5	10.1
个人按揭贷款	23643.06	27281.03	-1.1	15.4
其他到位资金	7014.94	6406.34	-2.2	-8.7
七、房屋建筑面积(万平方米)				
施工面积	822299.56	893820.89	5.2	8.7
#住宅	569879.39	627673.42	6.2	10.1
竣工面积	94421.15	95941.53	-7.0	1.6
#住宅	66556.68	68011.11	-7.3	2.2
八、商品房销售				
商品房销售面积(万平方米)	171464.60	171557.87	1.2	0.1
#住宅	147759.59	150144.32	2.1	1.6
#别墅、高档公寓	4417.77	3909.73	-6.9	-11.5
商品房平均销售价格(元/平方米)	8726	9310	10.6	6.7
#住宅	8553	9287	12.3	8.6
#别墅、高档公寓	16252	17886	8.6	10.1
九、资产总计(亿元)	**852720.54**	**947935.60**	**18.1**	**11.2**
按规模分				
大型企业	65875.95	68458.89	33.6	3.9
中型企业	465346.61	472815.76	18.6	1.6
小微企业	321497.98	406660.94	14.5	26.5
十、负债合计(亿元)	**674333.36**	**762035.19**	**18.0**	**13.0**
十一、所有者权益合计(亿元)	**178382.98**	**185900.41**	**18.2**	**4.2**
十二、主营业务收入(亿元)	**112924.68**	**110239.78**	**17.8**	**-2.4**
土地转让收入	1207.38	874.14	44.0	-27.6
商品房销售收入	106688.38	104126.42	17.7	-2.4
自持物业收入	2008.15	2009.82	4.5	0.1
其他收入	3020.78	3229.41	19.5	6.9

注：商品房平均销售价格由报告期内新建商品房销售额除以销售面积计算而成。不同时期的商品房平均销售价格可能会受商品房区域、房屋类型等各种因素的影响(以下相关各表同)。

1-2　各地区按登记注册类型分的房地产开发企业个数

单位：个

地　区	总　计	内　资					
			国　有	集　体	股份合作	国有联营	集体联营
全国总计	**99544**	**95691**	**671**	**230**	**27**	**2**	**2**
北　京	1340	1247	13	4	2		1
天　津	1161	1089	21	3			
河　北	3498	3458	3				
山　西	2389	2378	40	4			
内蒙古	1739	1737	4				
辽　宁	2848	2616	6	2	1		
吉　林	1500	1480	3				
黑龙江	1836	1815	21		1		
上　海	2539	2176	18	10		1	
江　苏	6560	6017	33	15	2		
浙　江	6824	6509	22	8	3	1	
安　徽	4112	4066	26	1			
福　建	3519	3187	42	9			
江　西	2666	2608	21				
山　东	7445	7207	60	35	3		
河　南	7930	7864	38	1			
湖　北	4275	4180	43	9			
湖　南	4366	4284	34	3	1		
广　东	9239	8449	59	97	6		1
广　西	3056	2984	20	6	1		
海　南	1188	1133	18	4			
重　庆	2226	2128	9		1		
四　川	4350	4264	15	3	2		
贵　州	2763	2730	18	1			
云　南	2860	2822	25	3	1		
西　藏	94	94	1				
陕　西	2640	2608	34	7	2		
甘　肃	1711	1700	21	4			
青　海	304	303					
宁　夏	556	550					
新　疆	2010	2008	3	1	1		

1-2 续表 1

单位：个

地区	内资						
	国有与集体联营	其他联营	国有独资公司	其他有限责任公司	股份有限公司	私营独资	私营合伙
全国总计	**1**	**4**	**2553**	**41952**	**2283**	**39**	**9**
北京			54	941	21		
天津			85	637	29		
河北			32	1114	36		
山西			51	520	22		
内蒙古			29	698	55		1
辽宁			44	931	64	1	
吉林			39	729	66	1	
黑龙江			49	881	88	2	
上海			189	1112	29		
江苏			185	2037	183	1	1
浙江			166	1957	52		
安徽			81	2388	83	3	
福建	1		124	1000	21		1
江西			52	1240	89	1	1
山东			207	3451	267		
河南		1	73	4784	264	10	1
湖北			109	1826	128	2	
湖南			111	1733	142	5	1
广东		3	132	3911	137	5	1
广西			86	1029	36		
海南			40	780	46		
重庆			92	778	55		
四川			117	2106	94		
贵州			113	1158	52	1	
云南			82	1128	79	1	
西藏			7	40	2		
陕西			102	1345	58	5	
甘肃			34	740	47		1
青海			12	92	12		1
宁夏			17	140	4		
新疆			39	726	22	1	

1-2　续表 2　　　　　单位：个

地　区	内资：私营有限责任公司	内资：私营股份有限公司	内资：其他内资企业	港澳台商投资	合资经营	合作经营	独资
全国总计	**46450**	**1461**	**7**	**2664**	**932**	**166**	**1492**
北　京	204	5	2	51	16	15	20
天　津	309	5		40	15	1	22
河　北	2247	26		22	7		15
山　西	1711	30		6	3		2
内蒙古	919	31		1	1		
辽　宁	1540	27		171	62		107
吉　林	614	28		13	6		6
黑龙江	729	44		12	4	1	7
上　海	796	21		255	92	12	146
江　苏	3512	48		388	172	8	200
浙　江	4268	32		184	75	1	106
安　徽	1432	51	1	34	17	1	15
福　建	1971	18		228	82	8	136
江　西	1138	66		48	22		25
山　东	3067	117		167	82	8	72
河　南	2534	158		47	12	3	28
湖　北	1991	72		64	28	3	29
湖　南	2122	130	2	59	20	1	35
广　东	4033	62	2	598	116	93	371
广　西	1760	46		37	20	2	15
海　南	231	14		41	9	1	26
重　庆	1141	52		67	14	3	45
四　川	1841	86		51	17	2	31
贵　州	1325	62		24	16		8
云　南	1422	81		27	12	1	12
西　藏	40	4					
陕　西	997	58		18	3	2	11
甘　肃	811	42		7	6		1
青　海	179	7					
宁　夏	379	10		2	2		
新　疆	1187	28		2	1		1

1-2 续表 3

单位：个

地区	港澳台商投资		外商投资					
	股份有限	其他		合资经营	合作经营	独资	股份有限	其他
全国总计	**43**	**31**	**1189**	**514**	**56**	**535**	**34**	**50**
北京			42	20	10	11	1	
天津	1	1	32	13	2	13	4	
河北			18	7		10	1	
山西	1		5	2		3		
内蒙古			1	1				
辽宁	1	1	61	33	1	24		3
吉林		1	7	4		1		2
黑龙江			9	4	1	4		
上海	4	1	108	38	5	60	3	2
江苏	6	2	155	79	5	64	3	4
浙江	1	1	131	65	2	60	2	2
安徽	1		12	2		6		4
福建	2		104	32		64	5	3
江西	1		10	5		4		1
山东	1	4	71	42	5	20	1	3
河南	2	2	19	7		10		2
湖北	3	1	31	16		12		3
湖南	1	2	23	14	1	7		1
广东	10	8	192	61	16	96	5	14
广西			35	14		18	2	1
海南	4	1	14	5	2	4		3
重庆	2	3	31	13	2	10	5	1
四川	1		35	12	2	21		
贵州			9	6	1	2		
云南		2	11	7	1	2	1	
西藏								
陕西	1	1	14	7		5	1	1
甘肃			4	2		2		
青海			1	1				
宁夏			4	2		2		
新疆								

1-3　各地区按资质等级分的房地产开发企业个数

单位：个

地　区	总　计	一　级	二　级	三　级	四　级	暂　定	其　他
全国总计	**99544**	**1308**	**8754**	**16777**	**16517**	**46556**	**9632**
北　京	1340	59	85	83	673	344	96
天　津	1161	15	62	68	746	180	90
河　北	3498	74	272	499	1098	1372	183
山　西	2389	21	174	238	1078	826	52
内蒙古	1739	19	120	249	984	248	119
辽　宁	2848	35	140	592	44	1636	401
吉　林	1500	10	177	240	253	793	27
黑龙江	1836	13	253	922	145	373	130
上　海	2539	35	196	230	2	1735	341
江　苏	6560	102	1609	442	18	3577	812
浙　江	6824	95	347	1150	625	3205	1402
安　徽	4112	57	243	776	252	2431	353
福　建	3519	34	175	724	576	1758	252
江　西	2666	25	121	370	302	1588	260
山　东	7445	142	485	848	1222	3976	772
河　南	7930	111	613	943	663	4256	1344
湖　北	4275	67	373	500	910	2125	300
湖　南	4366	38	261	1276	1057	1564	170
广　东	9239	81	224	1190	2009	4593	1142
广　西	3056	24	126	396	262	2154	94
海　南	1188	6	28	91	141	785	137
重　庆	2226	65	700	464	21	917	59
四　川	4350	64	749	2489	60	788	200
贵　州	2763	8	211	403	420	1604	117
云　南	2860	29	217	231	967	1179	237
西　藏	94	2	12	17	20	40	3
陕　西	2640	30	345	483	824	587	371
甘　肃	1711	10	137	431	572	535	26
青　海	304	3	66	68	52	86	29
宁　夏	556	12	113	121	105	194	11
新　疆	2010	22	120	243	416	1107	102

1-4 各地区按隶属关系分的房地产开发企业个数

单位：个

地　区	合　计	中央属	地方属	其　他
全国总计	**99544**	**970**	**9757**	**88817**
北　京	1340	52	341	947
天　津	1161	38	263	860
河　北	3498	14	354	3130
山　西	2389	23	144	2222
内蒙古	1739	9	217	1513
辽　宁	2848	30	134	2684
吉　林	1500	4	261	1235
黑龙江	1836	19	293	1524
上　海	2539	72	605	1862
江　苏	6560	58	256	6246
浙　江	6824	30	223	6571
安　徽	4112	45	370	3697
福　建	3519	16	288	3215
江　西	2666	15	191	2460
山　东	7445	50	1296	6099
河　南	7930	34	724	7172
湖　北	4275	73	341	3861
湖　南	4366	35	455	3876
广　东	9239	101	729	8409
广　西	3056	20	201	2835
海　南	1188	22	144	1022
重　庆	2226	37	216	1973
四　川	4350	19	417	3914
贵　州	2763	30	180	2553
云　南	2860	27	300	2533
西　藏	94	1	18	75
陕　西	2640	43	350	2247
甘　肃	1711	10	203	1498
青　海	304	2	25	277
宁　夏	556	7	25	524
新　疆	2010	34	193	1783

1-5 各地区按登记注册类型分的房地产开发企业从业人数

单位：人

地 区	总 计	内 资					
			国 有	集 体	股份合作	国有联营	集体联营
全国总计	**2937379**	**2784130**	**25129**	**5018**	**515**	**39**	**42**
北 京	55012	48952	894	194	36		24
天 津	35233	31525	1021	38			
河 北	108323	104931	123				
山 西	52009	51607	1373	268			
内蒙古	32771	32662	60				
辽 宁	52950	45305	116	2	9		
吉 林	32916	31919	31				
黑龙江	30657	29840	347		10		
上 海	63812	47481	187	195		22	
江 苏	170655	152525	830	283	49		
浙 江	130969	123094	910	84	41	17	
安 徽	126022	124013	584	7			
福 建	112797	102040	2349	220			
江 西	89618	87800	763				
山 东	212358	204474	2382	784	68		
河 南	269077	266816	1213				
湖 北	136313	132412	2159	252			
湖 南	148622	144473	1343	45	20		
广 东	271392	239628	1520	2029	157		18
广 西	94896	90794	893	83	10		
海 南	39428	35506	533	85			
重 庆	99834	94613	282		15		
四 川	161739	156806	523	182	57		
贵 州	110785	109675	337				
云 南	104854	102682	1021	57	5		
西 藏	2126	2126	39				
陕 西	86269	85254	2451	151	20		
甘 肃	43583	43260	821	55			
青 海	9280	9259					
宁 夏	15306	14976					
新 疆	37773	37682	24	4	18		

1-5 续表 1

单位：人

地区	内资						
	国有与集体联营	其他联营	国有独资公司	其他有限责任公司	股份有限公司	私营独资	私营合伙
全国总计	**8**	**69**	**103352**	**1337411**	**85760**	**797**	**198**
北京			3426	36678	2484		
天津			2670	17331	1195		
河北			1034	37386	5979		
山西			1712	15336	437		
内蒙古			640	15927	831		29
辽宁			1156	18690	1068	11	
吉林			866	18170	1483	12	
黑龙江			2185	15025	1575	17	
上海			4809	23964	1270		
江苏			6096	56194	5550	9	18
浙江			4403	38920	1537		
安徽			2802	75269	2848	56	
福建	8		5881	36019	1104		20
江西			2469	41883	3633	8	12
山东			7992	100977	7992		
河南		13	2820	171405	10587	197	23
湖北			3986	62999	4594	4	
湖南			3996	63447	5191	146	16
广东		56	5477	126996	7454	82	9
广西			3221	38053	941		
海南			1756	25261	1384		
重庆			5548	34700	2921		
四川			6534	78302	4616		
贵州			4021	55233	2277	9	
云南			3710	44980	2865	27	
西藏			305	812	3		
陕西			9260	44179	1909	210	
甘肃			1083	20151	1308		62
青海			491	3280	297		9
宁夏			1437	4587	74		
新疆			1566	15257	353	9	

1-5　续表 2　　　　　　　　　　　　　　　　　　　　　　　　单位：人

地　区	内　资			港澳台商投　资			
	私营有限责任公司	私营股份有限公司	其他内资企　业		合资经营	合作经营	独　资
全国总计	**1185777**	**39846**	**169**	**103746**	**38573**	**6645**	**55649**
北　京	5087	94	35	3760	548	1377	1835
天　津	9162	108		2281	905	88	1156
河　北	59889	520		876	265		611
山　西	31983	498		160	54		61
内蒙古	14657	518		80	80		
辽　宁	23777	476		5308	1727		3559
吉　林	10837	520		679	436		231
黑龙江	10081	600		654	88	37	529
上　海	16299	735		12550	5454	1183	5856
江　苏	82524	972		12390	5662	166	6358
浙　江	76576	606		4835	2104	4	2716
安　徽	41203	1176	68	1592	553	30	771
福　建	56050	389		7722	3863	130	3699
江　西	36579	2453		1525	722		784
山　东	81345	2934		5932	2815	94	2858
河　南	75556	5002		1618	225	160	1076
湖　北	56399	2019		2382	1081	34	1194
湖　南	65967	4269	33	2746	684	66	1856
广　东	94628	1169	33	21816	5949	2924	12360
广　西	46681	912		2394	1108	26	1260
海　南	6210	277		2050	245	12	1161
重　庆	49023	2124		3756	1097	31	2498
四　川	63597	2995		2885	1508	33	1313
贵　州	46100	1698		966	498		468
云　南	47235	2782		1624	347	5	1185
西　藏	916	51					
陕　西	25728	1346		646	70	245	220
甘　肃	18717	1063		249	248		1
青　海	4875	307					
宁　夏	8504	374		179	179		
新　疆	19592	859		91	58		33

1-5 续表 3

单位：人

地区	港澳台商投资		外商投资					
	股份有限	其他		合资经营	合作经营	独资	股份有限	其他
全国总计	**2108**	**771**	**49503**	**18199**	**2897**	**24924**	**1251**	**2232**
北京			2300	704	789	597	210	
天津	64	68	1427	379	6	937	105	
河北			2516	139		2336	41	
山西	45		242	44		198		
内蒙古			29	29				
辽宁	11	11	2337	730	3	1559		45
吉林		12	318	242		42		34
黑龙江			163	78	5	80		
上海	54	3	3781	1752	333	1606	88	2
江苏	187	17	5740	2739	112	2723	45	121
浙江		11	3040	1048	107	1823	40	22
安徽	238		417	51		283		83
福建	30		3035	850		1978	133	74
江西	19		293	149		129		15
山东	30	135	1952	1023	478	395	22	34
河南	127	30	643	312		267		64
湖北	54	19	1519	876		540		103
湖南	15	125	1403	428	54	866		55
广东	374	209	9948	3760	671	4802	279	436
广西			1708	793		663	177	75
海南	630	2	1872	100	62	695		1015
重庆	99	31	1465	421	139	778	93	34
四川	31		2048	631	91	1326		
贵州			144	103	37	4		
云南		87	548	445	10	76	17	
西藏								
陕西	100	11	369	293		55	1	20
甘肃			74	50		24		
青海			21	21				
宁夏			151	9		142		
新疆								

1-6　各地区按资质等级分的房地产开发企业从业人数

单位：人

地　区	总　计	一　级	二　级	三　级	四　级	暂　定	其　他
全国总计	**2937379**	**134518**	**390471**	**497738**	**395047**	**1277530**	**242075**
北　京	55012	8722	6427	4818	23442	8978	2625
天　津	35233	1351	3518	2678	21134	4481	2071
河　北	108323	12652	12915	15036	26775	36472	4473
山　西	52009	1429	7665	5932	20829	15529	625
内蒙古	32771	1543	3333	4719	16366	5211	1599
辽　宁	52950	2147	4768	11138	465	28115	6317
吉　林	32916	2584	5645	4784	4505	14987	411
黑龙江	30657	1049	5982	14388	1251	5586	2401
上　海	63812	4248	5895	5821	38	41524	6286
江　苏	170655	7358	48964	7326	216	87217	19574
浙　江	130969	5798	8796	21302	8562	59319	27192
安　徽	126022	4055	10823	22204	5022	73970	9948
福　建	112797	5411	9552	26150	12365	53632	5687
江　西	89618	1224	5794	12583	8327	52908	8782
山　东	212358	12380	24805	28502	28918	100793	16960
河　南	269077	9552	26311	27031	16119	147231	42833
湖　北	136313	5055	20709	16422	20342	65788	7997
湖　南	148622	3681	14013	45527	31510	48563	5328
广　东	271392	12643	12831	42129	49593	122517	31679
广　西	94896	2217	6461	13060	5420	64904	2834
海　南	39428	496	1652	3352	5206	24964	3758
重　庆	99834	8022	37708	14884	617	36688	1915
四　川	161739	6338	35450	86566	1109	26272	6004
贵　州	110785	616	19096	16196	11972	58945	3960
云　南	104854	2711	14142	8875	31605	39910	7611
西　藏	2126	27	412	597	331	706	53
陕　西	86269	5893	17803	15062	20587	16935	9989
甘　肃	43583	2148	6707	10509	12492	11274	453
青　海	9280	157	2893	1851	1434	2192	753
宁　夏	15306	763	4518	2745	2654	4111	515
新　疆	37773	2248	4883	5551	5841	17808	1442

1-7 各地区按隶属关系分的房地产开发企业从业人数

单位：人

地区	合计	中央属	地方属	其他
全国总计	**2937379**	**41256**	**333518**	**2562605**
北京	55012	2644	17983	34385
天津	35233	1455	8403	25375
河北	108323	512	11295	96516
山西	52009	1128	5020	45861
内蒙古	32771	307	4174	28290
辽宁	52950	789	3250	48911
吉林	32916	94	5081	27741
黑龙江	30657	1168	5960	23529
上海	63812	2731	15753	45328
江苏	170655	2030	7238	161387
浙江	130969	992	5897	124080
安徽	126022	1620	12511	111891
福建	112797	525	13330	98942
江西	89618	498	7513	81607
山东	212358	2644	39949	169765
河南	269077	1094	22227	245756
湖北	136313	3435	12294	120584
湖南	148622	1900	16752	129970
广东	271392	4889	27242	239261
广西	94896	637	7772	86487
海南	39428	1134	4999	33295
重庆	99834	1958	10987	86889
四川	161739	661	17775	143303
贵州	110785	1590	8210	100985
云南	104854	1048	11899	91907
西藏	2126	17	544	1565
陕西	86269	1890	17034	67345
甘肃	43583	257	5957	37369
青海	9280	85	1009	8186
宁夏	15306	740	1130	13436
新疆	37773	784	4330	32659

第二章

房地产开发投资及企业到位资金情况

2-1　各地区房地产开发企业投资规模与完成情况

单位：万元

地　　区	计划总投资	自开始建设累计完成投资	本年完成投资
全国总计	**8398694973**	**5657607936**	**1321942649**
北　　京	274643650	217005943	38383805
天　　津	213704306	135579252	27278199
河　　北	248793248	146735631	43470540
山　　西	127002220	72459859	16565005
内 蒙 古	87148606	55746612	10419497
辽　　宁	222771855	158767210	28339503
吉　　林	81784070	55345944	13155220
黑 龙 江	68388675	46923354	9580066
上　　海	315442446	224821470	42313761
江　　苏	795862868	520457913	120093475
浙　　江	549755351	372034972	106829713
安　　徽	405328482	277306369	66704785
福　　建	313272013	265323384	56731288
江　　西	175678447	105349585	22391084
山　　东	569084647	338004618	86148945
河　　南	460668699	266335105	74645887
湖　　北	336673647	209169660	51117254
湖　　南	285199213	189691466	44454659
广　　东	994621327	729228828	158521620
广　　西	227897831	155163317	38144125
海　　南	130557527	101876953	13361768
重　　庆	293770356	230974001	44393034
四　　川	342913182	208769935	65732391
贵　　州	196940363	123389905	29908139
云　　南	213269432	151660666	41514085
西　　藏	4415871	3073919	1295559
陕　　西	254005229	157606567	39036487
甘　　肃	71377479	42504575	12578484
青　　海	22295221	15587727	4062924
宁　　夏	45082114	32286344	4030911
新　　疆	70346598	48426852	10740436

2-2 各地区按登记注册类型分的房地产开发企业计划总投资

单位：万元

地区	总计	内资					
			国有	集体	股份合作	国有联营	集体联营
全国总计	**8398694973**	**7798668592**	**37191610**	**8087907**	**995786**		**49600**
北京	274643650	263128117	2440036	198795	23807		
天津	213704306	196056170	1809198	49600			
河北	248793248	240055550	180130				
山西	127002220	125331870	1579876	29907			
内蒙古	87148606	86914106	98952				
辽宁	222771855	182288641	229880				
吉林	81784070	77259828	386827				
黑龙江	68388675	66755945	243133		14000		
上海	315442446	265512281	1484183	74702			
江苏	795862868	705162396	5349547	320466	507011		
浙江	549755351	516553459	378722	44639	25406		
安徽	405328482	396907622	895627				
福建	313272013	283280223	3259698	95458			
江西	175678447	169372533	358078				
山东	569084647	544350442	3129761	2648110	37000		
河南	460668699	455205577	1676096				
湖北	336673647	315456086	3568564	170016			
湖南	285199213	271292327	723355	17500			
广东	994621327	867511118	2396935	3732663	351182		49600
广西	227897831	210905617	487231	50831	3500		
海南	130557527	117722115	706119	52938			
重庆	293770356	254903349	892827				
四川	342913182	326310835	138797	278500			
贵州	196940363	193875970	953009				
云南	213269432	206337059	547753				
西藏	4415871	4415871					
陕西	254005229	249372259	2543634	135000			
甘肃	71377479	71093531	667193	187978			
青海	22295221	22295221					
宁夏	45082114	42897086					
新疆	70346598	70145388	66449	804	33880		

2-2　续表 1　　　　单位：万元

地　区	内　资						
	国有与集体联营	其他联营	国有独资公司	其他有限责任公司	股份有限公司	私营独资	私营合伙
全国总计		**70997**	**399365498**	**4429206619**	**196583417**	**1934350**	**534942**
北　京			21956751	214884997	4777229		
天　津			19535410	121954014	6038304		
河　北			3785982	113252026	2910247		
山　西			5023134	59801078	709464		
内蒙古			4303299	41153043	2438275		185554
辽　宁			3990540	97602597	4618179	20000	
吉　林			2852549	46252577	5272476		
黑龙江			2266143	43541424	2515551		
上　海			24801826	162980255	4691637		
江　苏			43744403	341174344	22728818	285000	63200
浙　江			24853010	186653511	3354247		
安　徽			11521845	262502664	10304184	490089	
福　建			19606837	130514382	1846074		95350
江　西			6245387	91035404	6658068	9059	18082
山　东			31610572	314887563	20917794		
河　南			10752350	322866788	13586245	334500	
湖　北			14372596	194896103	11919930	11600	
湖　南			11403238	146073244	11169188	186349	20000
广　东		70997	39478043	530635949	19464097	108042	20000
广　西			11387291	110910852	2639954		
海　南			6676380	87306833	4731288		
重　庆			19788105	119731948	11001343		
四　川			11036905	203514565	5982646		
贵　州			8872315	114728066	2721650		
云　南			6779616	123511201	5918353	40000	
西　藏			1849054	1628210	9000		
陕　西			16215471	155521247	4139472	446611	
甘　肃			4230398	35448254	2220145		128916
青　海			1864769	10549720	391597		3840
宁　夏			4797639	13185835	149524		
新　疆			3763640	30507925	758438	3100	

2-2 续表 2

单位：万元

地 区	内资			港澳台商投资			
	私营有限责任公司	私营股份有限公司	其他内资企业		合资经营	合作经营	独资
全国总计	**2651719144**	**71830942**	**1097780**	**414571448**	**160487749**	**21144432**	**220213230**
北 京	18133531	93766	619205	5286481	2126883	1945779	1213819
天 津	46108353	561291		11579829	4565297	39500	6812136
河 北	118990349	936816		2607533	424506		2183027
山 西	57420847	767564		1245589	901317		195516
内蒙古	37911268	823715		234500	234500		
辽 宁	73404312	2423133		26971506	10158760		16812746
吉 林	21423923	1071476		4172906	3321711		851195
黑龙江	17112975	1062719		1342715	127638	60000	1155077
上 海	68596194	2883484		38484191	20146006	1283467	16852535
江 苏	286611930	4377677		63503664	31784840	1309810	29060700
浙 江	300413294	830630		21722273	8103707	300000	13318566
安 徽	105801084	5171129	221000	6952573	3008929		3703644
福 建	126497111	1365313		20773688	12846313	76550	7800825
江 西	60079448	4969007		4331620	1474337		2852283
山 东	165248046	5871596		18641323	10458201	353080	7296619
河 南	100653494	5336104		3546419	668300	35000	2605119
湖 北	88369046	2148231		13000575	4663709	1203343	6483523
湖 南	97217514	4465640	16299	10827043	3965307	72310	6298742
广 东	268184434	2777900	241276	84725119	19489855	13524887	48732817
广 西	83400996	2024962		9213184	3570921		5642263
海 南	17464292	784265		11698455	1517308	150000	6856883
重 庆	100200114	3289012		30471521	10458488	346520	18740373
四 川	102132719	3226703		10202371	2671637		7195634
贵 州	64973800	1627130		2905361	848267		2057094
云 南	64131871	5408265		5455284	614947		3894181
西 藏	851993	77614					
陕 西	67409247	2961577		2750650	419600	444186	1589303
甘 肃	27494483	716164		215500	215500		
青 海	8888635	596660					
宁 夏	22931847	1832241		1508365	1508365		
新 疆	33661994	1349158		201210	192600		8610

2-2　续表 3　　　　单位：万元

地　区	港澳台商投资		外商投资					
	股份有限	其　他		合资经营	合作经营	独　资	股份有限	其　他
全国总计	**9026329**	**3699708**	**185454933**	**77786459**	**12872155**	**82881936**	**5006924**	**6907459**
北　京			6229052	2724511	1839158	1665383		
天　津		162896	6068307	2937786		1672243	1458278	
河　北			6130165	450426		5641739	38000	
山　西	148756		424761			424761		
内蒙古								
辽　宁			13511708	5155698	98000	7534010		724000
吉　林			351336			172336		179000
黑龙江			290015	234515		55500		
上　海	202183		11445974	3614063	2636532	4813583	381796	
江　苏	1265314	83000	27196808	14334276	698500	11437336	94820	631876
浙　江			11479619	5326320	282553	5768847		101899
安　徽	240000		1468287	228000		830287		410000
福　建	50000		9218102	3022495		5541010	546597	108000
江　西	5000		1974294	1058960		892964		22370
山　东	90959	442464	6092882	4074682	273481	1534119	24600	186000
河　南	238000		1916703	844797		941906		130000
湖　北	650000		8216986	1577634		5507474		1131878
湖　南	68000	422684	3079843	1828474	150000	903148		198221
广　东	1620192	1357368	42385090	20324619	4022830	14540249	1419757	2077635
广　西			7779030	2406447		4693537	112646	566400
海　南	3174264		1136957	270010	436767	310000		120180
重　庆	641000	285140	8395486	2195498	1604517	3646871	688600	260000
四　川	335100		6399976	3064044	397785	2938147		
贵　州			159032	127000	32032			
云　南		946156	1477089	878893	400000	24994	173202	
西　藏								
陕　西	297561		1882320	903980		849712	68628	60000
甘　肃			68448	56600		11848		
青　海								
宁　夏			676663	146731		529932		
新　疆								

2-3 各地区按资质等级分的房地产开发企业计划总投资

单位：万元

地区	总计	一级	二级	三级	四级	暂定	其他
全国总计	**8398694973**	**328124179**	**1116965467**	**1101507220**	**936027002**	**4059282475**	**856788630**
北京	274643650	18438304	26697503	19449272	108695074	92347457	9016040
天津	213704306	6867159	19193868	7822276	133130345	31799071	14891587
河北	248793248	16666405	27475304	29743577	55977606	108797422	10132934
山西	127002220	3688864	13207502	10239162	47706277	50141445	2018970
内蒙古	87148606	4427052	11745661	11505491	41506488	14246257	3717657
辽宁	222771855	7366876	17095470	42343683	1345060	117533140	37087626
吉林	81784070	2248086	16639845	9806570	5496166	46573301	1020102
黑龙江	68388675	1568148	13024265	28365630	1026719	17606195	6797718
上海	315442446	6059111	20928690	14152647	146105	252985391	21170502
江苏	795862868	28288060	223631851	17575165	193289	428786654	97387849
浙江	549755351	8950408	22975006	70570421	26150188	277970977	143138351
安徽	405328482	12961212	31267644	70685956	7029061	244232711	39151898
福建	313272013	13285095	33991933	59958661	23791082	162496694	19748548
江西	175678447	3682704	9402584	22079333	14477735	109632559	16403532
山东	569084647	31747596	56363845	68299413	53726417	302165210	56782166
河南	460668699	17441278	51058546	36489133	15526177	277091821	63061744
湖北	336673647	17164733	46970361	22729693	21918417	202445925	25444518
湖南	285199213	16897179	31805049	76746376	50996847	101359811	7393951
广东	994621327	32867152	50643413	140977156	159651708	451488001	158993897
广西	227897831	11495362	21818784	25779050	8852843	153783764	6168028
海南	130557527	3119328	8146989	15787399	12087673	77490380	13925758
重庆	293770356	19876229	124098054	22179452	841873	121524619	5250129
四川	342913182	15804210	76249372	173630705	1020158	58482899	17725838
贵州	196940363	1515228	47321730	24469257	12141529	104754683	6737936
云南	213269432	7241808	26643706	13248428	44792870	97748337	23594283
西藏	4415871	60000	731741	909960	353404	2322323	38443
陕西	254005229	9485842	43780050	30244191	51096614	74159441	45239091
甘肃	71377479	2188393	12602628	14514658	18297453	23311238	463109
青海	22295221	1010500	6560809	4630946	2306137	6721707	1065122
宁夏	45082114	3621924	16612753	6107009	6613042	11495279	632107
新疆	70346598	2089933	8280511	10466550	9132645	37787763	2589196

2-4　各地区按登记注册类型分的房地产开发企业完成投资

单位：万元

地区	总计	内资					
			国有	集体	股份合作	国有联营	集体联营
全国总计	**1321942649**	**1255601076**	**6302841**	**998261**	**132319**		**1765**
北京	38383805	37858251	40930	29695	10150		
天津	27278199	25663591	81979	643			
河北	43470540	42781637	47049				
山西	16565005	16487128	281378	2790			
内蒙古	10419497	10308634	2580				
辽宁	28339503	25412790	326				
吉林	13155220	12071529	185728				
黑龙江	9580066	9197471	23801		16323		
上海	42313761	36916130	519361	14563			
江苏	120093475	107730049	777604	49080	46044		
浙江	106829713	102502133	41763				
安徽	66704785	65690782	172224				
福建	56731288	52457621	596742	3385			
江西	22391084	21893745	50680				
山东	86148945	82057760	502774	282161			
河南	74645887	74010031	268756				
湖北	51117254	48645717	743556	40782			
湖南	44454659	43266935	147643	6287			
广东	158521620	145568988	408984	422646	47802		1765
广西	38144125	36388522	83229	4850			
海南	13361768	12302150	115196	8959			
重庆	44393034	41462888	266406				
四川	65732391	64218069	30740	62481			
贵州	29908139	29372130	26818				
云南	41514085	40271192	78494				
西藏	1295559	1295559					
陕西	39036487	38729270	643421	45343			
甘肃	12578484	12462327	164679	24596			
青海	4062924	4062924					
宁夏	4030911	3802488					
新疆	10740436	10712635			12000		

2-4 续表 1 单位：万元

地区	内资						
	国有与集体联营	其他联营	国有独资公司	其他有限责任公司	股份有限公司	私营独资	私营合伙
全国总计		**81624**	**63512449**	**691755451**	**29249071**	**436954**	**40621**
北京			3291372	30835929	548780		
天津			2496591	15656314	653405		
河北			708530	18935158	359923		
山西			781154	7043825	175724		
内蒙古			411571	4811235	206145		
辽宁			523915	12938815	875302	10182	
吉林			764657	6629664	859358		
黑龙江			319538	5423742	613174		
上海			4579098	22180005	681185		
江苏			5682622	52247570	3378119	42780	22000
浙江			4836953	38900273	464473		
安徽			1880386	42045711	1652319	56200	
福建			3565272	22841409	163014		300
江西			736731	11085458	1058901		
山东			5122229	46674209	2627825		
河南			1911249	51124748	1963187	79588	
湖北			2565342	29700210	1436680	3793	
湖南			1652508	21205526	1361706	38760	1500
广东		81624	4684409	89561106	3520950	33144	
广西			1938194	21059282	348215		
海南			986472	8610443	458712		
重庆			3576004	17944406	2026674		
四川			2410832	38261410	1282994		
贵州			1600806	15614572	244572		
云南			1724341	22095676	927627	9110	
西藏			665979	301121	1000		
陕西			2398328	24299517	833514	161697	
甘肃			593347	5873690	288734		16821
青海			349021	1859546	71178		
宁夏			199004	1289082	41183		
新疆			555994	4705799	124498	1700	

2-4　续表 2　　　　单位：万元

地　区	内　资			港澳台商投　资			
	私营有限责任公司	私营股份有限公司	其他内资企　业		合资经营	合作经营	独　资
全国总计	**453198748**	**9663957**	**227015**	**46728512**	**20366243**	**1504717**	**23134312**
北　京	3075473	1600	24322	249277	48191	79504	121582
天　津	6756211	18448		745558	370647	4090	370801
河　北	22571797	159180		255128	99229		155899
山　西	8124544	77713		48417	1543		9131
内蒙古	4740510	136593		110863	110863		
辽　宁	10894793	169457		1982141	693523		1288618
吉　林	3557184	74938		913933	881644		32289
黑龙江	2653715	147178		314246	24718	11044	278484
上　海	8279627	662291		4072588	2112922	2855	1932056
江　苏	45150915	333315		9444199	5772484	185685	3417398
浙　江	58157669	101002		2398232	965074		1433158
安　徽	19285010	549054	49878	965457	464414		464145
福　建	25222294	65205		3035377	2226431	22016	772490
江　西	8518501	443474		451364	246434		204065
山　东	26328500	520062		3064301	1485568	32077	1439548
河　南	17861150	801353		357893	110710	2650	227887
湖　北	13767695	387659		1864431	1000497	27056	811173
湖　南	18167065	670760	15180	906882	339502	26505	398988
广　东	46207662	461261	137635	9036685	1565366	1033801	6070463
广　西	12805537	149215		840527	286120		554407
海　南	2045275	77093		932485	95195	34415	474615
重　庆	17008863	640535		2131508	582275	23620	1358289
四　川	21488157	681455		817287	240708		559369
贵　州	11615505	269857		454653	190884		263769
云　南	14470827	965117		879838	125828		404468
西　藏	295837	31622					
陕　西	10000555	346895		208761	78992	19399	91220
甘　肃	5309433	191027		92595	92595		
青　海	1714707	68472					
宁　夏	1921471	351748		126085	126085		
新　疆	5202266	110378		27801	27801		

2-4 续表 3

单位：万元

地区	港澳台商投资		外商投资					
	股份有限	其他		合资经营	合作经营	独资	股份有限	其他
全国总计	**905843**	**817397**	**19613061**	**8539788**	**1081885**	**8165812**	**897746**	**927830**
北京			276277	143326	61625	71326		
天津		20	869050	221630		286347	361073	
河北			433775	77538		337678	18559	
山西	37743		29460			29460		
内蒙古								
辽宁			944572	357923	25400	542838		18411
吉林			169758			56349		113409
黑龙江			68349	50269		18080		
上海	24755		1325043	502877	318868	501717	1581	
江苏	22214	46418	2919227	1753337	54046	1017000	8400	86444
浙江			1929348	727959	24923	1158267		18199
安徽	36898		48546	405		37857		10284
福建	14440		1238290	324837		897311	5895	10247
江西	865		45975	14967		25058		5950
山东	7277	99831	1026884	674430	112479	176437	9752	53786
河南	16646		277963	86030		120610		71323
湖北	25705		607106	177699		278650		150757
湖南		141887	280842	167675	18356	59411		35400
广东	193702	173353	3915947	1994552	194009	1380119	172447	174820
广西			915076	304289		425674	52296	132817
海南	328260		127133	37666	33953	31514		24000
重庆	160978	6346	798638	142243	59905	398691	187959	9840
四川	17210		697035	335943	154154	206938		
贵州			81356	57189	24167			
云南		349542	363055	286686			76369	
西藏								
陕西	19150		98456	27869		55029	3415	12143
甘肃			23562	15672		7890		
青海								
宁夏			102338	56777		45561		
新疆								

2-5　各地区按资质等级分的房地产开发企业完成投资

单位：万元

地　区	总　计	一　级	二　级	三　级	四　级	暂　定	其　他
全国总计	**1321942649**	**41703307**	**137000326**	**141554336**	**123309861**	**714641801**	**163733018**
北　京	38383805	1945659	2451264	1120851	8244472	22591595	2029964
天　津	27278199	542016	1520237	739930	17648871	4778669	2048476
河　北	43470540	1923517	4072039	4905605	10383418	19764221	2421740
山　西	16565005	621548	1304609	1353399	5482143	7598650	204656
内蒙古	10419497	321970	795707	1359723	4889185	2199044	853868
辽　宁	28339503	648165	1597131	3473155	74756	14542416	8003880
吉　林	13155220	186180	1779164	1903763	931936	8074666	279511
黑龙江	9580066	93964	1142467	3730234	170718	3134773	1307910
上　海	42313761	602508	2244542	1263199	48023	34983469	3172020
江　苏	120093475	3291638	27602790	1745047	9562	71083377	16361061
浙　江	106829713	1986421	3021232	13033406	3379362	54660960	30748332
安　徽	66704785	1682948	4043012	7023235	1078989	44113496	8763105
福　建	56731288	1486881	4860324	5802256	2255970	37338927	4986930
江　西	22391084	329891	980870	2191046	1313794	14994512	2580971
山　东	86148945	5168954	7744747	8310125	6811272	48158806	9955041
河　南	74645887	3138732	5772842	4469433	2293254	47281442	11690184
湖　北	51117254	2057054	4753087	2764553	3089908	34099053	4353599
湖　南	44454659	1882192	3770982	10112292	8364077	18920647	1404469
广　东	158521620	3573127	5006563	12672733	22772658	84976854	29519685
广　西	38144125	1223133	2492451	2785374	1315025	29567466	760676
海　南	13361768	181783	658878	1276864	889631	8934452	1420160
重　庆	44393034	2520193	16416638	2546000	48233	21766154	1095816
四　川	65732391	1955761	14185399	34231073	176297	11568800	3615061
贵　州	29908139	260506	4284894	2761497	1746568	19486801	1367873
云　南	41514085	1245319	3722392	1832204	7730173	21098767	5885230
西　藏	1295559	11005	130111	189139	82974	867604	14726
陕　西	39036487	1136352	5202134	3934652	7145649	13896839	7720861
甘　肃	12578484	556192	2227969	2166968	3305024	4288710	33621
青　海	4062924	237326	818708	682038	345271	1616082	363499
宁　夏	4030911	575552	1163142	329719	325324	1382593	254581
新　疆	10740436	316820	1234001	844823	957324	6871956	515512

2-6 各地区按隶属关系分的房地产开发企业完成投资

单位：万元

地 区	合 计	中央属	地方属	其 他
全国总计	**1321942649**	**38850605**	**156050008**	**1127042036**
北 京	38383805	3221454	10969713	24192638
天 津	27278199	1997723	4923517	20356959
河 北	43470540	270022	4990903	38209615
山 西	16565005	607123	1456252	14501630
内蒙古	10419497	28723	1284982	9105792
辽 宁	28339503	408298	1252733	26678472
吉 林	13155220	463682	2017409	10674129
黑龙江	9580066	648469	1822257	7109340
上 海	42313761	2617204	12004666	27691891
江 苏	120093475	3231243	7374395	109487837
浙 江	106829713	1763669	4382861	100683183
安 徽	66704785	1354067	7562448	57788270
福 建	56731288	1012321	6027651	49691316
江 西	22391084	191455	1672852	20526777
山 东	86148945	1787976	17639422	66721547
河 南	74645887	1269202	8510721	64865964
湖 北	51117254	2494971	5346696	43275587
湖 南	44454659	1251997	3598170	39604492
广 东	158521620	5733814	15728429	137059377
广 西	38144125	844767	3904532	33394826
海 南	13361768	461258	1760965	11139545
重 庆	44393034	2757410	5026240	36609384
四 川	65732391	460953	7840605	57430833
贵 州	29908139	1152305	2424904	26330930
云 南	41514085	1082761	4993823	35437501
西 藏	1295559	19000	767384	509175
陕 西	39036487	1346600	6691139	30998748
甘 肃	12578484	70875	1943872	10563737
青 海	4062924	67577	452816	3542531
宁 夏	4030911	83732	394072	3553107
新 疆	10740436	149954	1283579	9306903

2-7　各地区按构成分的房地产开发企业完成投资

单位：万元

地　区	本年完成投　资	建筑工程	安装工程	设备工器具购　置	其他费用	#土地购置费
全国总计	**1321942649**	**752481179**	**67143916**	**17134840**	**485182714**	**416753857**
北　京	38383805	12630328	260436	125841	25367200	18608508
天　津	27278199	9859045	382972	51783	16984399	12940827
河　北	43470540	31150259	2675642	904932	8739707	7283994
山　西	16565005	9598065	1351804	200297	5414839	4460481
内蒙古	10419497	6948170	735754	120768	2614805	2011897
辽　宁	28339503	14856783	1265054	390115	11827551	11048315
吉　林	13155220	8561935	687213	232178	3673894	3118043
黑龙江	9580066	5877973	384345	101851	3215897	2779848
上　海	42313761	19391892	820012	310622	21791235	19635100
江　苏	120093475	63676199	5496780	1784868	49135628	45526269
浙　江	106829713	42458604	2253834	769487	61347788	53640232
安　徽	66704785	37460022	4925053	1061346	23258364	21271138
福　建	56731288	30601904	2342558	667994	23118832	21519094
江　西	22391084	13412951	1925172	530564	6522397	5408014
山　东	86148945	55735278	6875785	1280280	22257602	18486568
河　南	74645887	53777633	565487	1042074	19260693	16266727
湖　北	51117254	30687796	3889184	949918	15590356	13615024
湖　南	44454659	31060793	4165781	1126580	8101505	6176880
广　东	158521620	77714865	9087112	1905041	69814602	58804416
广　西	38144125	21990406	2196910	433713	13523096	12013760
海　南	13361768	9903183	1064281	108502	2285802	1053527
重　庆	44393034	23156528	3700812	629336	16906358	14143797
四　川	65732391	42150100	3439516	944546	19198229	17803851
贵　州	29908139	21979313	868266	206793	6853767	5487506
云　南	41514085	28871422	1443498	182287	11016878	9777438
西　藏	1295559	1076229	58441	21034	139855	132147
陕　西	39036487	26526264	2429260	605523	9475440	7604177
甘　肃	12578484	8419772	850682	170056	3137974	2368184
青　海	4062924	2647746	251409	49492	1114277	974854
宁　夏	4030911	2793647	260091	78230	898943	814524
新　疆	10740436	7506074	490772	148789	2594801	1978717

2-8 各地区按用途分的房地产开发企业完成投资

单位：万元

地 区	本年完成投资	住 宅	#别 墅、高档公寓	办公楼	商业营业用房	其 他
全国总计	**1321942649**	**970707456**	**38757138**	**61625969**	**132258547**	**157350677**
北 京	38383805	20397550	1656234	3798523	2592747	11594985
天 津	27278199	22000095	1125583	581033	1689876	3007195
河 北	43470540	34557441	422949	1414162	3357113	4141824
山 西	16565005	12964760	143055	452789	1384146	1763310
内蒙古	10419497	7821322	192030	141756	1286663	1169756
辽 宁	28339503	21883502	871446	494867	3255188	2705946
吉 林	13155220	9709942	282931	485313	1639682	1320283
黑龙江	9580066	6878253	113438	131429	1474395	1095989
上 海	42313761	23181257	3987289	6893621	4572309	7666574
江 苏	120093475	94619838	5374073	4023507	10691561	10758569
浙 江	106829713	77271077	4002452	4198747	7837947	17521942
安 徽	66704785	52480640	945642	1572212	7677406	4974527
福 建	56731288	40763073	918339	2727150	4500127	8740938
江 西	22391084	16871796	409972	686094	3234055	1599139
山 东	86148945	66722209	1834017	3607979	7799239	8019518
河 南	74645887	60553707	486268	2563912	6586313	4941955
湖 北	51117254	39547223	820023	2330057	4974995	4264979
湖 南	44454659	31973486	736557	1664036	6003028	4814109
广 东	158521620	108527692	5425610	13149577	14731955	22112396
广 西	38144125	29241851	337030	1052316	3219798	4630160
海 南	13361768	10348597	845687	344490	1359045	1309636
重 庆	44393034	32467657	1821958	1128508	5294754	5502115
四 川	65732391	46653051	1202330	2747552	8993968	7337820
贵 州	29908139	20783661	608002	946087	4514066	3664325
云 南	41514085	30289632	3148162	1501308	4983273	4739872
西 藏	1295559	968672	41475	39365	186492	101030
陕 西	39036487	29570773	532745	2148613	3554137	3762964
甘 肃	12578484	8659275	96250	252307	1759732	1907170
青 海	4062924	2940813	24152	111058	602279	408774
宁 夏	4030911	2817355	75914	68940	619449	525167
新 疆	10740436	7241256	275525	368661	1882809	1247710

2-9　各地区按控股情况分的房地产开发企业完成投资

单位：万元

地　区	总　计	国有控股	集体控股	私人控股	港澳台控股	外商控股	其他
全国总计	**1321942649**	**226251125**	**18009698**	**855342822**	**42245013**	**16968236**	**163125755**
北　京	38383805	20117981	1273397	13933514	498454	235935	2324524
天　津	27278199	10359901	448224	10929246	689620	796207	4055001
河　北	43470540	2260800	286911	36624518	311762	468676	3517873
山　西	16565005	2591462	178329	12050812	46874	29460	1668068
内蒙古	10419497	983811	72402	8474213	110863		778208
辽　宁	28339503	2924789	527970	18940054	2033792	769065	3143833
吉　林	13155220	2125535	288299	9203212	913933	56349	567892
黑龙江	9580066	2091352	99039	5378732	314246	18080	1678617
上　海	42313761	17553966	1003673	13699072	3587306	1228807	5240937
江　苏	120093475	24324037	1268852	73077964	6878571	1928707	12615344
浙　江	106829713	11141960	897506	84817269	2122795	1474388	6375795
安　徽	66704785	8866072	496112	47561288	835743	143773	8801797
福　建	56731288	10124459	197381	38922189	2095583	1124003	4267673
江　西	22391084	1928852	197752	16579559	382842	26830	3275249
山　东	86148945	15685945	2590459	51126546	2254336	453145	14038514
河　南	74645887	7756640	916016	53468220	904760	261788	11338463
湖　北	51117254	10080847	543557	28229305	1097573	633749	10532223
湖　南	44454659	5099362	761347	32497754	777628	237153	5081415
广　东	158521620	21862639	3190736	91754985	9614917	3984325	28114018
广　西	38144125	4788028	303440	28382403	861077	988841	2820336
海　南	13361768	2256412	76766	7296380	919664	122280	2690266
重　庆	44393034	8548915	436743	25717013	2050788	852424	6787151
四　川	65732391	8460244	634270	46475813	916164	593970	8651930
贵　州	29908139	4380590	254861	22741391	452847	14449	2064001
云　南	41514085	6944981	231662	27055812	1207841	398567	5675222
西　藏	1295559	751248	40208	474099			30004
陕　西	39036487	7860664	461296	26873852	146354	70587	3623734
甘　肃	12578484	1888465	106563	9779233	92595	11117	700511
青　海	4062924	668948	136691	2641284			616001
宁　夏	4030911	334107	10318	3172778	126085	45561	342062
新　疆	10740436	1488113	78918	7464312			1709093

2-10 各地区按投资规模分房地产开发企业完成投资

单位：万元

地 区	500万元以下	500-1000万元	1000-3000万元	3000-5000万元	5000万-1亿元	1月5日亿元	5月10日亿元	10亿元及以上
全国总计	**3993**	**60372**	**1168259**	**2779759**	**14182573**	**206226004**	**256592087**	**840929602**
北 京		624		1574	12961	473703	1240692	36654251
天 津				2640	12023	1212995	3855669	22194872
河 北		368	50276	142256	709615	15291706	12582385	14693934
山 西		2673	57922	90680	446577	4169177	3135803	8662173
内蒙古		6229	106206	192493	767094	3570444	2177777	3599254
辽 宁	393	3208	50931	96810	324530	6196883	5484824	16181924
吉 林		3014	30106	60279	229986	3253066	2913417	6665352
黑龙江		2308	73111	92228	510236	2070938	1748693	5082552
上 海			149	8965	15791	1203886	4705909	36379061
江 苏			14179	44850	405262	9241422	19435531	90952231
浙 江		580	36781	87857	518509	9485575	18256903	78443508
安 徽	370	2183	41838	86559	346565	8257723	16435002	41534545
福 建		920	6519	31556	280477	6652106	11557261	38202449
江 西	460	3171	32552	96133	447470	5580122	5759305	10471871
山 东	480	3921	69234	221775	1327432	20506564	22594714	41424825
河 南			38168	110271	650658	15445291	19489900	38911599
湖 北		1579	36171	112603	462142	7974808	8705755	33824196
湖 南	200	4152	68948	212714	1127584	11094860	11589232	20356969
广 东	59	8368	124123	230455	1265229	15565742	22772225	118555419
广 西	572	1710	44416	114129	701070	8474511	8023509	20784208
海 南			6874	8071	121192	1933851	2570864	8720916
重 庆	300	264	14766	48036	191842	3407570	5255515	35474741
四 川	159	857	19974	91991	468235	11770601	19024394	34356180
贵 州			10173	56335	413855	8668379	5976930	14782467
云 南		5286	55693	103826	619007	7440736	7262087	26027450
西 藏			1720	20749	64613	572535	277103	358839
陕 西		1408	22626	62830	367547	6165114	6618908	25798054
甘 肃		1486	31902	87323	452641	4014567	2887435	5103130
青 海		243	12490	20455	83565	855568	1040875	2049728
宁 夏		20	11814	26638	131870	1278210	1036913	1545446
新 疆	1000	5800	98597	216678	706995	4397351	2176557	3137458

2-11　各地区按登记注册类型分的房地产开发企业住宅完成投资

单位：万元

地　区	总　计	内　资					
			国　有	集　体	股份合作	国有联营	集体联营
全国总计	**970707456**	**928222162**	**4871200**	**669983**	**71681**		**1765**
北　京	20397550	20146073	21916		6836		
天　津	22000095	20789026	197				
河　北	34557441	34188890	46238				
山　西	12964760	12898048	223438	590			
内蒙古	7821322	7726342	1550				
辽　宁	21883502	19662000	277				
吉　林	9709942	8799776	185728				
黑龙江	6878253	6590288	14007		12145		
上　海	23181257	21314618	408992	10020			
江　苏	94619838	85295001	611359	25748	10720		
浙　江	77271077	75056254	40586				
安　徽	52480640	51716125	120358				
福　建	40763073	37972487	480818	2323			
江　西	16871796	16449343	42094				
山　东	66722209	63928872	393264	188922			
河　南	60553707	60068373	137291				
湖　北	39547223	37886119	566784	14780			
湖　南	31973486	31042848	110787	5850			
广　东	108527692	101176273	318088	307216	29980		1765
广　西	29241851	27860527	38744	3330			
海　南	10348597	9521089	70392	8839			
重　庆	32467657	30704109	192509				
四　川	46653051	45887691	29680	50874			
贵　州	20783661	20306421	21902				
云　南	30289632	29498133	59482				
西　藏	968672	968672					
陕　西	29570773	29419584	630496	27753			
甘　肃	8659275	8556667	104223	23738			
青　海	2940813	2940813					
宁　夏	2817355	2626192					
新　疆	7241256	7225508			12000		

2-11 续表 1

单位：万元

地　　区	内　　资						
	国有与集体联营	其他联营	国有独资公司	其他有限责任公司	股份有限公司	私营独资	私营合伙
全国总计		**76024**	**43909641**	**507086330**	**21753037**	**389745**	**36671**
北　京			1739274	16633774	187529		
天　津			2049508	12671706	578424		
河　北			622578	14736135	287052		
山　西			529445	5518044	151975		
内 蒙 古			344926	3580154	153613		
辽　宁			393925	10142068	602118		
吉　林			518191	4826189	628243		
黑 龙 江			264778	3917708	474782		
上　海			3068562	12580522	331555		
江　苏			4372482	41285496	2595112	41832	19000
浙　江			3092732	28486539	335114		
安　徽			1479594	33287735	1191722	56200	
福　建			2304883	15975879	141914		300
江　西			486302	8237747	870335		
山　东			3621321	36019805	2214332		
河　南			1695319	41031805	1627048	73223	
湖　北			1821080	22986766	1012673		
湖　南			1060273	14872810	1027024	34199	1350
广　东		76024	2300466	62332746	2471619	22230	
广　西			1367997	15930672	269727		
海　南			709496	6807671	344560		
重　庆			2650485	13135765	1463135		
四　川			1577405	26939680	954210		
贵　州			997519	10710578	195921		
云　南			1331445	16282807	601287	9110	
西　藏			574338	185017			
陕　西			1858865	18175540	654227	151251	
甘　肃			400123	4053343	230401		16021
青　海			217147	1413179	60806		
宁　夏			108496	955709	25894		
新　疆			350686	3372741	70685	1700	

2-11　续表 2

单位：万元

地　　区	内　　资			港澳台商投　　资			
	私营有限责任公司	私营股份有限公司	其他内资企　　业		合资经营	合作经营	独　资
全国总计	**341960590**	**7186523**	**208972**	**29829123**	**14080482**	**1132660**	**13379979**
北　　京	1540001	1250	15493	155670	21651	44817	89202
天　　津	5471063	18128		617163	318141	4090	294912
河　　北	18358405	138482		167800	97489		70311
山　　西	6402729	71827		48417	1543		9131
内 蒙 古	3555599	90500		94980	94980		
辽　　宁	8375396	148216		1493996	561546		932450
吉　　林	2574088	67337		793197	767394		25803
黑 龙 江	1772409	134459		240374	22482	11044	206848
上　　海	4611927	303040		1326935	913075	2853	391433
江　　苏	36067740	265512		6829372	4166729	142421	2461249
浙　　江	43053139	48144		1106251	543433		562818
安　　徽	15164182	373637	42697	721558	330048		375110
福　　建	19048066	18304		1893111	1478935	15046	399130
江　　西	6504346	308519		385958	211997		173961
山　　东	21035916	455312		2154317	1055537	24750	1034310
河　　南	14833096	670591		250855	76064	2650	172141
湖　　北	11172392	311644		1272986	814448	25558	412185
湖　　南	13409282	507781	13492	718751	293433	19368	289887
广　　东	32826983	351866	137290	4925879	977186	806999	2937793
广　　西	10131587	118470		712206	260007		452199
海　　南	1547658	32473		725583	27038	16602	359879
重　　庆	12800355	461860		1426092	424814		838899
四　　川	15829967	505875		436194	76288		345621
贵　　州	8197939	182562		430673	182059		248614
云　　南	10412223	801779		589884	117955		259824
西　　藏	184792	24525					
陕　　西	7636478	284974		106770	42059	16462	36269
甘　　肃	3597777	131041		82946	82946		
青　　海	1228528	21153					
宁　　夏	1272379	263714		105457	105457		
新　　疆	3344148	73548		15748	15748		

2-11 续表 3

单位：万元

地区	港澳台商投资		外商投资					
	股份有限	其他		合资经营	合作经营	独资	股份有限	其他
全国总计	**741627**	**494375**	**12656171**	**5586104**	**583581**	**5051643**	**720091**	**714752**
北京			95807	44859	50948			
天津		20	593906	30085		243728	320093	
河北			200751	9748		178012	12991	
山西	37743		18295			18295		
内蒙古								
辽宁			727506	327300	25400	372806		2000
吉林			116969			27595		89374
黑龙江			47591	32357		15234		
上海	19574		539704	244195	171799	122783	927	
江苏	21642	37331	2495465	1482547	46857	884875	8000	73186
浙江			1108572	499043		592626		16903
安徽	16400		42957	169		32719		10069
福建			897475	255885		638070		3520
江西			36495	13208		19087		4200
山东	7277	32443	639020	404039	102282	77305	8289	47105
河南			234479	71857		93799		68823
湖北	20795		388118	98108		197561		92449
湖南		116063	211887	133267		43720		34900
广东	108889	95012	2425540	1098696	139253	914513	133214	139864
广西			669118	283155		272228	21462	92273
海南	322064		101925	24488	29874	23563		24000
重庆	160978	1401	337456	52896		139886	140731	3943
四川	14285		329166	247163		82003		
贵州			46567	29399	17168			
云南		212105	201615	130346			71269	
西藏								
陕西	11980		44419	13161		16000	3115	12143
甘肃			19662	15672		3990		
青海								
宁夏			85706	44461		41245		
新疆								

2-12 各地区按资质等级分的房地产开发企业住宅完成投资

单位：万元

地 区	总 计	一 级	二 级	三 级	四 级	暂 定	其 他
全国总计	**970707456**	**30964595**	**101532517**	**104654570**	**89471290**	**527174755**	**116909729**
北 京	20397550	1180660	1359608	569542	4117460	12278602	891678
天 津	22000095	417883	1258025	630481	14105368	3878728	1709610
河 北	34557441	1367383	3227060	4047149	8297119	15622636	1996094
山 西	12964760	494733	1043358	1019717	4304002	5934057	168893
内蒙古	7821322	257418	657066	968078	3585031	1728438	625291
辽 宁	21883502	499588	1281125	2600531	47824	11431079	6023355
吉 林	9709942	174369	1211823	1493221	760493	5830182	239854
黑龙江	6878253	80284	902858	2575774	130773	2200096	988468
上 海	23181257	487945	1327928	940885	48023	19336805	1039671
江 苏	94619838	2780298	21832455	1276500	8663	56601882	12120040
浙 江	77271077	1296225	2230216	9364464	2607454	40484723	21287995
安 徽	52480640	1446512	3192171	5271654	941175	34753698	6875430
福 建	40763073	1128370	2946166	4342921	1112752	27802426	3430438
江 西	16871796	253884	725626	1736837	989293	11421012	1745144
山 东	66722209	3822323	6117367	6787372	5625107	36543949	7826091
河 南	60553707	2374591	4425949	3671516	1936567	38380905	9764179
湖 北	39547223	1665804	3782515	2165375	2494508	25971845	3467176
湖 南	31973486	1325749	2889984	7696628	5858081	13189185	1013859
广 东	108527692	2576565	3604238	8952881	15327730	59448231	18618047
广 西	29241851	910260	1912548	2237713	968070	22661865	551395
海 南	10348597	152098	498263	981977	687409	6974997	1053853
重 庆	32467657	1955143	11620506	1951922	24462	16030787	884837
四 川	46653051	1347377	10354405	23928436	120366	8518781	2383686
贵 州	20783661	173826	2817530	1982686	1301972	13607552	900095
云 南	30289632	879125	2795989	1445281	5492965	15055639	4620633
西 藏	968672		111923	126085	37882	680782	12000
陕 西	29570773	785770	3624842	3160225	5143566	10976089	5880281
甘 肃	8659275	344215	1541462	1505128	2318625	2925333	24512
青 海	2940813	159940	578270	475772	225513	1297003	204315
宁 夏	2817355	403688	804398	209727	224714	974033	200795
新 疆	7241256	222569	856843	538092	628323	4633415	362014

2-13 各地区按资质等级分的房地产开发企业90平方米及以下住宅完成投资

单位：万元

地　区	总　计	一　级	二　级	三　级	四　级	暂　定	其　他
全国总计	**195696730**	**7857328**	**21252668**	**20465871**	**18895852**	**103078830**	**24146181**
北　京	11058179	657467	1018511	203562	1754407	6829771	594461
天　津	5570498	310235	316651	203432	3093895	1006871	639414
河　北	9059617	413516	959743	1094005	1969151	4052517	570685
山　西	1899516	42917	220363	142107	570571	890757	32801
内蒙古	1120890	25418	115028	160751	599650	140669	79374
辽　宁	7466635	136637	527849	739030	26373	4087071	1949675
吉　林	3579039	104966	473143	573703	392763	1976492	57972
黑龙江	2508868	25462	322264	727609	89731	1065438	278364
上　海	10071786	437761	490623	217733	47832	8372079	505758
江　苏	12626605	430714	3422620	250270		6641202	1881799
浙　江	10819187	167432	466566	763720	423044	5776976	3221449
安　徽	6510072	317541	704021	905828	118371	3540534	923777
福　建	12208696	836621	1204106	1390864	321691	7579802	875612
江　西	1638182	31093	100717	210369	175845	964165	155993
山　东	7347595	341556	522424	633298	732097	3914296	1203924
河　南	15383052	1172312	1011974	1196020	434285	9942324	1626137
湖　北	5197251	322459	865698	399078	265926	2987741	356349
湖　南	2867241	145119	307858	857835	456742	944957	154730
广　东	28753700	601116	663473	2605456	4419038	14107965	6356652
广　西	5509371	114002	413110	433371	134066	4232373	182449
海　南	3911988	14002	145569	350709	321194	2783875	296639
重　庆	7190280	522282	2468082	472777	1564	3344711	380864
四　川	9630013	313763	2412535	4639453	20328	1891439	352495
贵　州	2441607	6634	400848	240063	199267	1456732	138063
云　南	4548033	159908	621806	276639	1047521	2105416	336743
西　藏	319129		30466	14476	9351	261170	3666
陕　西	3816838	99344	575917	420347	795873	991512	933845
甘　肃	1202798	30052	224521	235941	328543	383634	107
青　海	368911	30209	85804	35049	45803	153310	18736
宁　夏	168517	19139	55953	8355	35072	39543	10455
新　疆	902636	27651	104425	64021	65858	613488	27193

2-14　各地区按资质等级分的房地产开发企业144平方米以上住宅完成投资

单位：万元

地　区	总　计	一　级	二　级	三　级	四　级	暂　定	其　他
全国总计	**172883111**	**6059616**	**20847530**	**18593426**	**17910424**	**89009544**	**20462571**
北　京	4541147	213940	71369	239819	1115671	2751421	148927
天　津	3435461	7169	283142	151039	2568503	283650	141958
河　北	4723550	173246	526714	499227	900478	2411230	212655
山　西	2661762	129072	193656	144642	924548	1251781	18063
内蒙古	1772559	65071	123617	286114	919107	272419	106231
辽　宁	3760785	80833	188197	596288	10050	1618139	1267278
吉　林	1372145	21842	195465	164251	122763	858513	9311
黑龙江	662999	5862	111984	280785	7534	167635	89199
上　海	2907774	3553	262245	161993		2363306	116677
江　苏	21462067	660487	5673271	409972	4372	12414303	2299662
浙　江	16847300	261626	550205	2292739	736202	8382319	4624209
安　徽	6490775	108638	474496	403390	61510	4379756	1062985
福　建	4884583	22385	475433	581799	240922	3267112	296932
江　西	2294208	50310	106319	297066	80586	1383987	375940
山　东	16098200	1045638	1856469	1436070	1324799	8629814	1805410
河　南	9890956	221416	779281	437603	306387	6329825	1816444
湖　北	5842620	335309	505940	323657	337944	3819900	519870
湖　南	7214952	240527	617398	1384374	1532498	3229813	210342
广　东	15480067	529911	804005	1832248	2759824	7622889	1931190
广　西	3989390	151207	384174	290668	273573	2841232	48536
海　南	1149040	56587	100414	62839	51673	682437	195090
重　庆	5422309	365764	2194245	414555	47	2311790	135908
四　川	6769138	251330	1275954	3898820	2604	956852	383578
贵　州	3317593	92170	673949	276223	143824	1999920	131507
云　南	9904636	310016	958736	601530	1876444	4962207	1195703
西　藏	214196		58412	47010	16502	88622	3650
陕　西	6115904	407698	747084	624224	1059210	2178341	1099347
甘　肃	1088208	33117	223947	256258	289340	284856	690
青　海	528604	59846	117828	74791	31082	211216	33841
宁　夏	646220	90981	108172	38667	39165	320926	48309
新　疆	1393963	64065	205409	84765	173262	733333	133129

2-15 各地区按资质等级分的房地产开发企业别墅、高档公寓完成投资

单位：万元

地区	总计	一级	二级	三级	四级	暂定	其他
全国总计	**38757138**	**1328231**	**4041344**	**4620743**	**3926779**	**20829116**	**4010925**
北京	1656234	185438	4589	62543	354238	1039374	10052
天津	1125583	2500	44731	117077	801498	141056	18721
河北	422949	8276	28294	5996	152038	219628	8717
山西	143055		3171	39122	58487	42275	
内蒙古	192030	16319	3901	42051	76551	40046	13162
辽宁	871446	7899	94757	95772	2300	311846	358872
吉林	282931		43281	9976	7070	222104	500
黑龙江	113438		20706	51961		37849	2922
上海	3987289		70640	190311		3455007	271331
江苏	5374073	61906	1151335	292083	4872	3315383	548494
浙江	4002452	71364	149174	428504	239041	2057492	1056877
安徽	945642	301	61232	107166	23212	619582	134149
福建	918339	3791	93774	140647	52734	536927	90466
江西	409972	19214	8794	71511	38745	253150	18558
山东	1834017	56641	186350	122186	130982	1082642	255216
河南	486268	4420	36730	31625	11630	373760	28103
湖北	820023	66301	49298	42647	65215	532567	63995
湖南	736557	70341	75983	243385	99985	240237	6626
广东	5425610	436646	438075	965392	729004	2389943	466550
广西	337030	6050	15563	48445	4648	262024	300
海南	845687		93160	108338	58225	528038	57926
重庆	1821958	31686	604694	305626		862414	17538
四川	1202330	10254	108009	791845	576	196621	95025
贵州	608002		163140	10901	22099	402260	9602
云南	3148162	161012	369986	220739	761543	1251288	383594
西藏	41475		470	24775	2750	10830	2650
陕西	532745	89299	46959	14305	150843	167963	63376
甘肃	96250	14035	20667	10729	28219	22600	
青海	24152	1500	22529	92	31		
宁夏	75914		21445	712	3956	40245	9556
新疆	275525	3038	9907	24281	46287	173965	18047

2-16 各地区按登记注册类型分的房地产开发企业办公楼完成投资

单位：万元

地 区	总 计	内 资	国 有	集 体	股份合作	国有联营	集体联营
全国总计	**61625969**	**55277592**	**85119**	**64714**	**1**		
北 京	3798523	3703020	4510	20240			
天 津	581033	499576					
河 北	1414162	1203979					
山 西	452789	452789	59				
内蒙古	141756	141756					
辽 宁	494867	396446					
吉 林	485313	478862					
黑龙江	131429	131429					
上 海	6893621	5384771					
江 苏	4023507	3439169	10400	11245			
浙 江	4198747	3708066	221				
安 徽	1572212	1547444	8352				
福 建	2727150	2509457	5760				
江 西	686094	669786					
山 东	3607979	3294316	1654	8149			
河 南	2563912	2515372	25256				
湖 北	2330057	2039528	18749	410			
湖 南	1664036	1621067	671				
广 东	13149577	11346880	4072	21119	1		
广 西	1052316	993867	200	33			
海 南	344490	321627	4702				
重 庆	1128508	985115					
四 川	2747552	2525163					
贵 州	946087	930463					
云 南	1501308	1455596					
西 藏	39365	39365					
陕 西	2148613	2141717	81	3518			
甘 肃	252307	252307	432				
青 海	111058	111058					
宁 夏	68940	68940					
新 疆	368661	368661					

2-16 续表 1

单位：万元

地区	内资						
	国有与集体联营	其他联营	国有独资公司	其他有限责任公司	股份有限公司	私营独资	私营合伙
全国总计			**4212056**	**34670799**	**1378017**	**20300**	
北京			363256	3078037	62110		
天津			63255	333184	3711		
河北			9675	549675	15939		
山西			31346	202181	434		
内蒙古			5312	44355	1349		
辽宁			211	165728	12224	7500	
吉林			25184	287496	30909		
黑龙江			7254	91283	811		
上海			385668	3217628	198144		
江苏			115240	1951006	85823		
浙江			184667	1498939	18159		
安徽			49477	969117	200891		
福建			321874	1394156			
江西			19268	441031	27607		
山东			490047	2045995	52487		
河南			1560	2095531	35028		
湖北			190852	1240111	189116	381	
湖南			86994	1032486	43435		
广东			1166329	7281312	220494	6590	
广西			27289	700253	15244		
海南			11189	238544	16164		
重庆			153619	472275	29750		
四川			112348	1694585	40385		
贵州			88904	668605	3757		
云南			34668	1103405	42118		
西藏			4350	32217			
陕西			182569	1469903	26538	5829	
甘肃			6856	141167	4063		
青海			38497	45382	1174		
宁夏			100	36888			
新疆			34198	148324	153		

2-16　续表 2　　单位：万元

地　区	内资			港澳台商投资			
	私营有限责任公司	私营股份有限公司	其他内资企业		合资经营	合作经营	独资
全国总计	**14461209**	**385377**		**4657395**	**1407519**	**120126**	**3042150**
北　京	174867			16306	7567	8739	
天　津	99426			15174	10871		4303
河　北	628690			26713			26713
山　西	218759	10					
内蒙古	88524	2216					
辽　宁	207783	3000		89101	3320		85781
吉　林	132748	2525		6451	6451		
黑龙江	30580	1501					
上　海	1347991	235340		1295240	442827		852413
江　苏	1261155	4300		467205	232957	15818	218360
浙　江	1987475	18605		290299	61266		229033
安　徽	319107	500		24768	20546		4222
福　建	787422	245		195700	126723	2980	65997
江　西	173183	8697		16308	9519		6481
山　东	691792	4192		233516	128884	2804	97957
河　南	343332	14665		41540	15453		26087
湖　北	399843	66		200176	16311		183865
湖　南	442487	14994		42969	13721		16491
广　东	2646045	918		1414826	191245	89785	1065594
广　西	242751	8097		43197			43197
海　南	51028			22863	12002		10861
重　庆	300213	29258		74415	37836		34187
四　川	657083	20762		84610	70020		14590
贵　州	166047	3150		3410			3410
云　南	272260	3145		45712			45712
西　藏	2798						
陕　西	451571	1708		6896			6896
甘　肃	96119	3670					
青　海	26005						
宁　夏	31359	593					
新　疆	182766	3220					

2-16 续表 3

单位：万元

地　区	港澳台商投资		外商投资					
	股份有限	其　他		合资经营	合作经营	独　资	股份有限	其　他
全国总计	**60259**	**27341**	**1690982**	**695908**	**167813**	**749433**	**36326**	**41502**
北　京			79197	40136		39061		
天　津			66283	56558		1494	8231	
河　北			183470	41352		142118		
山　西								
内蒙古								
辽　宁			9320	1245		8075		
吉　林								
黑龙江								
上　海			213610	112356	45837	55221	196	
江　苏	70		117133	72045	3716	33274		8098
浙　江			200382	74146		126236		
安　徽								
福　建			21993	2523		15801		3669
江　西	308							
山　东		3871	80147	55183		24964		
河　南			7000	7000				
湖　北			90353	39630		50388		335
湖　南		12757						
广　东	59881	8321	387871	166518	22867	148086	21000	29400
广　西			15252			15252		
海　南								
重　庆		2392	68978	15002		47077	6899	
四　川			137779		95393	42386		
贵　州			12214	12214				
云　南								
西　藏								
陕　西								
甘　肃								
青　海								
宁　夏								
新　疆								

2-17　各地区按资质等级分的房地产开发企业办公楼完成投资

单位：万元

地　区	总 计	一 级	二 级	三 级	四 级	暂 定	其 他
全国总计	**61625969**	**1843634**	**5796263**	**5481523**	**6056031**	**32009225**	**10439293**
北　京	3798523	75647	289687	178013	1230058	1724903	300215
天　津	581033	579	35832	8865	444438	85776	5543
河　北	1414162	265570	159833	63956	294095	533251	97457
山　西	452789	7899	19014	66658	112460	239998	6760
内蒙古	141756	217	9233	13371	46402	67273	5260
辽　宁	494867	3899	536	55852		270999	163581
吉　林	485313	543	101254	37039	1045	345432	
黑龙江	131429		5003	79561	898	39925	6042
上　海	6893621	38817	129202	91176		5475443	1158983
江　苏	4023507	28555	1079795	85002		2086612	743543
浙　江	4198747	29324	115607	535519	64221	1946318	1507758
安　徽	1572212	49031	75068	255397	2597	961881	228238
福　建	2727150	13033	537598	267126	497465	1235288	176640
江　西	686094	12477	10884	55261	30480	465464	111528
山　东	3607979	201771	340950	245814	121039	2310603	387802
河　南	2563912	96997	221177	155543	53663	1790505	246027
湖　北	2330057	77835	393590	91287	27383	1516621	223341
湖　南	1664036	19872	88287	344878	402399	775977	32623
广　东	13149577	382463	268937	863356	1771515	5660012	4203294
广　西	1052316	1367	73077	40611	158459	777625	1177
海　南	344490	368	24145	43386	204	260607	15780
重　庆	1128508	96860	436506	76679	5000	477980	35483
四　川	2747552	122150	581555	1547920	6758	331380	157789
贵　州	946087		300514	23988	44123	522538	54924
云　南	1501308	133382	126626	11574	130867	880223	218636
西　藏	39365	100	1000	12140	6498	19627	
陕　西	2148613	171383	231307	108324	450985	870247	316367
甘　肃	252307	5857	86309	42546	68507	48688	400
青　海	111058		25579	37772	6372	18188	23147
宁　夏	68940	7271	5134	4664	27235	24636	
新　疆	368661	367	23024	38245	50865	245205	10955

2-18 各地区按登记注册类型分的房地产开发企业商业营业用房完成投资

单位：万元

地区	总计	内资	国有	集体	股份合作	国有联营	集体联营
全国总计	**132258547**	**123402001**	**276186**	**118228**	**14248**		
北京	2592747	2496005	195	8294			
天津	1689876	1500717	2878	643			
河北	3357113	3285694	231				
山西	1384146	1382762	13855	1000			
内蒙古	1286663	1272100	800				
辽宁	3255188	2948446	29				
吉林	1639682	1518958					
黑龙江	1474395	1416570	4037		2250		
上海	4572309	3629405	1188	149			
江苏	10691561	9334651	47190	10210	2657		
浙江	7837947	7016069	622				
安徽	7677406	7516722	22444				
福建	4500127	4004148	21382				
江西	3234055	3196784	4091				
山东	7799239	7495789	41669	18946			
河南	6586313	6543167	2005				
湖北	4974995	4670650	23565	20743			
湖南	6003028	5844025	9898	437			
广东	14731955	12711309	13131	31899	9341		
广西	3219798	3092557	272	687			
海南	1359045	1285595	15910	100			
重庆	5294754	4761160	5615				
四川	8993968	8699311	503	10941			
贵州	4514066	4492051	3590				
云南	4983273	4795127	4900				
西藏	186492	186492					
陕西	3554137	3472008	7409	14072			
甘肃	1759732	1748006	28777	107			
青海	602279	602279					
宁夏	619449	603114					
新疆	1882809	1880330					

2-18　续表 1　　　　单位：万元

地　区	内　资						
	国有与集体联　营	其他联营	国有独资公　司	其他有限责任公司	股份有限公　司	私营独资	私营合伙
全国总计		**5100**	**4953033**	**65844768**	**2864838**	**15243**	**3950**
北　京			186418	1824579	25662		
天　津			131481	872707	30185		
河　北			21165	1319782	14042		
山　西			47311	548016	18802		
内蒙古			21132	585492	26989		
辽　宁			87446	1467029	65876	2421	
吉　林			117091	814676	66033		
黑龙江			28365	805218	75202		
上　海			283468	2218506	79598		
江　苏			428374	4170405	258441	948	3000
浙　江			187861	2625876	71375		
安　徽			91604	4454204	211818		
福　建			195704	1808708	11750		
江　西			184576	1505612	111598		
山　东			400589	4264495	230640		
河　南			46683	4558119	211674	2102	
湖　北			189143	2699774	175507	3412	
湖　南			231923	2642421	115323	1738	150
广　东		5100	536948	7962137	333139	747	
广　西			92209	1769328	30278		
海　南			51464	895703	68944		
重　庆			257331	2313641	166901		
四　川			443628	5150696	130863		
贵　州			194442	2273713	32188		
云　南			113558	2359393	120140		
西　藏			55655	49789	1000		
陕　西			102874	2092631	95508	3875	
甘　肃			68315	720869	38915		800
青　海			48068	209177	1915		
宁　夏			44487	127423	8926		
新　疆			63720	734649	35606		

2-18 续表 2 单位：万元

地区	内资			港澳台商投资			
	私营有限责任公司	私营股份有限公司	其他内资企业		合资经营	合作经营	独资
全国总计	**48077959**	**1220696**	**7752**	**6390577**	**2308895**	**141016**	**3808191**
北京	450702	155		39896	4416	8577	26903
天津	462623	200		63838	28630		35208
河北	1912914	17560		40210			40210
山西	749214	4564					
内蒙古	609054	28633		14563	14563		
辽宁	1317363	8282		195580	41527		154053
吉林	517853	3305		75047	68761		6286
黑龙江	492770	8728		44849	2236		42613
上海	1008933	37563		715005	313572	1	401432
江苏	4365157	48269		1222177	653718	27446	541009
浙江	4122390	7945		534090	205331		328759
安徽	2580677	148900	7075	159666	72528		76138
福建	1961403	5201		400584	252026	805	133313
江西	1305005	85902		30453	15512		14384
山东	2506700	32750		208578	45470	4221	99529
河南	1645104	77480		30541	18194		12347
湖北	1515532	42974		187592	48634	102	133946
湖南	2741310	100193	632	103305	19110	1287	79908
广东	3787477	31345	45	1616628	319861	64854	1201021
广西	1185458	14325		52612	17223		35389
海南	243661	9813		58476	11067	17813	28168
重庆	1955336	62336		282833	67487	14900	198655
四川	2836751	125929		192746	49771		142975
贵州	1926994	61124		6130	1850		4280
云南	2105925	91211		60326	3091		55280
西藏	72951	7097					
陕西	1112047	43592		30535	10000	1010	16385
甘肃	861373	28850		9526	9526		
青海	304944	38175					
宁夏	398796	23482		12312	12312		
新疆	1021542	24813		2479	2479		

2-18 续表 3　　　　单位：万元

地 区	港澳台商投资		外商投资					
	股份有限	其 他		合资经营	合作经营	独 资	股份有限	其 他
全国总计	**53944**	**78531**	**2465969**	**1043279**	**220964**	**1039057**	**48227**	**114442**
北 京			56846	31500	4416	20930		
天 津			125321	89280		30762	5279	
河 北			31209	12562		17533	1114	
山 西			1384			1384		
内蒙古								
辽 宁			111162	24604		70147		16411
吉 林			45677			28754		16923
黑龙江			12976	12779		197		
上 海			227899	89086	53359	85355	99	
江 苏	4		134733	93557	2873	36457	200	1646
浙 江			287788	82200	24923	180562		103
安 徽	11000		1018	40		763		215
福 建	14440		95395	20569		66750	5895	2181
江 西	557		6818	270		5198		1350
山 东		59358	94872	86002	1534	6768	488	80
河 南			12605	3673		7932		1000
湖 北	4910		116753	38135		30256		48362
湖 南		3000	55698	27050	18356	9792		500
广 东	18465	12427	404018	171570	16745	202080	10184	3439
广 西			74629	11531		22229	21558	19311
海 南	1428		14974	2994	4079	7901		
重 庆		1791	250761	61845	59905	123592	2498	2921
四 川			101911	33653	28685	39573		
贵 州			15885	9796	6089			
云 南		1955	127820	127008			812	
西 藏								
陕 西	3140		51594	12482		39012	100	
甘 肃			2200			2200		
青 海								
宁 夏			4023	1093		2930		
新 疆								

2-19 各地区按资质等级分的房地产开发企业商业营业用房完成投资

单位：万元

地 区	总 计	一 级	二 级	三 级	四 级	暂 定	其 他
全国总计	**132258547**	**3677524**	**14318486**	**15626896**	**13153851**	**69123546**	**16358244**
北 京	2592747	45294	56708	30828	733224	1633055	93638
天 津	1689876	12783	68719	32023	1115580	299806	160965
河 北	3357113	109037	384217	303636	977017	1441960	141246
山 西	1384146	80489	135582	130058	461206	559539	17272
内蒙古	1286663	20375	91506	217776	653722	202508	100776
辽 宁	3255188	46687	234960	364123	11392	1752775	845251
吉 林	1639682	2839	213912	221799	68652	1098593	33887
黑龙江	1474395	9500	120352	660825	27754	487516	168448
上 海	4572309	32690	288943	33461		3790961	426254
江 苏	10691561	261199	2359248	231946	669	6114423	1724076
浙 江	7837947	131031	227893	955069	276513	3676016	2571425
安 徽	7677406	56024	455556	884247	80352	5199981	1001246
福 建	4500127	104037	447147	405528	278063	2941186	324166
江 西	3234055	53928	176354	272201	196774	1989832	544966
山 东	7799239	563311	483918	688286	641817	4595669	826238
河 南	6586313	277056	589589	462100	201589	3930563	1125416
湖 北	4974995	225060	373763	231733	383319	3390737	370383
湖 南	6003028	311755	396322	1237952	1235724	2568117	253158
广 东	14731955	315371	371597	1232332	2446629	7410828	2955198
广 西	3219798	149538	197761	238757	129008	2444629	60105
海 南	1359045	339	56376	111215	100633	912826	-177656
重 庆	5294754	187968	2290128	283417	14354	2422408	96479
四 川	8993968	284885	1797578	4610037	36565	1559539	705364
贵 州	4514066	16932	721182	457374	263327	2881194	174057
云 南	4983273	94396	447038	174826	1263597	2521656	481760
西 藏	186492	500	15325	22185	32637	113619	2226
陕 西	3554137	54838	553611	415431	879405	919505	731347
甘 肃	1759732	95624	263286	359297	377229	657228	7068
青 海	602279	38256	103758	116506	60311	192250	91198
宁 夏	619449	51560	216102	72776	29875	223135	26001
新 疆	1882809	44222	180055	169152	176914	1191492	120974

2-20 各地区按资质等级分的房地产开发企业本年新增固定资产

单位：万元

地区	总计	一级	二级	三级	四级	暂定	其他
全国总计	**430095705**	**23196154**	**71971370**	**68872848**	**50457040**	**185167092**	**30431201**
北京	11181552	1215173	2148805	557572	4692227	2545799	21976
天津	9595517	186179	773238	491534	6473579	1469194	201793
河北	9295897	820424	1471795	1380109	2295277	3045818	282474
山西	9593261	598263	1584476	1236275	3732937	2427169	14141
内蒙古	3041347	8068	214262	481311	1727663	495807	114236
辽宁	8692115	248344	585695	2284003	31527	4547197	995349
吉林	4057956	59766	877577	540924	410582	2135717	33390
黑龙江	3433410	29270	841775	1401991	181165	880514	98695
上海	19514919	243568	1794865	878504		15408008	1189974
江苏	52131549	3287386	14644199	1882977	2500	27342621	4971866
浙江	32900690	644070	1991947	5544938	1700699	16807611	6211425
安徽	22328585	546508	1978887	4805304	395911	12393604	2208371
福建	14412620	171586	1123310	5095081	1196136	6627820	198687
江西	7987123	369931	540631	1458451	1248573	4062748	306789
山东	32846564	2548919	3376384	4926360	4103374	15687241	2204286
河南	20202910	1148818	4323636	2196063	959304	9801780	1773309
湖北	10681423	755076	1893428	1402673	907444	5174485	548317
湖南	13070064	1166844	1666329	4532247	2900389	2594406	209849
广东	56259602	4021009	4945476	10972782	8680380	23022984	4616971
广西	7400453	175582	1573737	1155881	384121	4072746	38386
海南	6147329	25024	401685	748362	998879	3511722	461657
重庆	24785034	1803199	11515430	1666281	19634	9407254	373236
四川	20541833	1557150	5472096	9193428	72863	3609216	637080
贵州	3010405	32233	845945	489613	394837	1086956	160821
云南	8820695	168440	730015	721165	2671439	2917180	1612456
西藏	128558	3223	58545	18711	32100	11721	4258
陕西	7272348	285187	1836808	907977	2275919	1081641	884816
甘肃	3557655	425000	617042	1065014	669970	778629	2000
青海	374576		91800	113583	157787	8743	2663
宁夏	3126803	345112	1315604	410276	441809	614002	
新疆	3702912	306802	735948	313458	698015	1596759	51930

2-21 各地区房地产开发企业实际到位资金情况

单位：万元

地区	本年实际到位资金合计	上年末结余资金	本年实际到位资金			
				国内贷款		
					银行贷款	非银行金融机构贷款
全国总计	**2457906047**	**671820098**	**1786085949**	**252287708**	**202542790**	**49744918**
北京	95448789	38723543	56725246	13462281	9181790	4280491
天津	70630566	26851156	43779410	8403522	5188970	3214552
河北	66833628	16469239	50364389	5942698	4869710	1072988
山西	27445418	5851180	21594238	1475901	1239437	236464
内蒙古	16964472	3149522	13814950	788066	639781	148285
辽宁	50730551	13833231	36897320	3599515	2764637	834878
吉林	20945151	5086550	15858601	561578	555328	6250
黑龙江	15220174	2796698	12423476	914073	762434	151639
上海	82590221	28143347	54446874	13665937	12048944	1616993
江苏	267593229	68850861	198742368	30911613	25085656	5825957
浙江	215782732	62347214	153435518	25861073	20155961	5705112
安徽	116545267	32345300	84199967	8261624	6419840	1841784
福建	90691467	21953829	68737638	8223156	7130552	1092604
江西	46507008	12301271	34205737	4187368	3402360	785008
山东	163575554	40158234	123417320	16804516	13188298	3616218
河南	98055273	18872446	79182827	6592034	5611230	980804
湖北	93008735	24761076	68247659	10657317	7118582	3538735
湖南	77874011	19387576	58486435	6773697	5783805	989892
广东	358808966	119728479	239080487	43453405	38504347	4949058
广西	67667041	17128154	50538887	6932708	5904567	1028141
海南	21784664	5727722	16056942	1649671	1467189	182482
重庆	80275546	20746832	59528714	10368916	8083093	2285823
四川	116536003	23038840	93497163	11181713	8374129	2807584
贵州	41079241	11685103	29394138	1014352	606663	407689
云南	48211044	10567210	37643834	2919378	1940749	978629
西藏	1391161	286137	1105024	169517	168117	1400
陕西	61489073	12376911	49112162	3729864	3127170	602694
甘肃	15994371	3528558	12465813	1826990	1584386	242604
青海	5539875	1083054	4456821	436875	298048	138827
宁夏	7066386	1248743	5817643	645208	625098	20110
新疆	15620430	2792082	12828348	873142	711919	161223

2-21　续表　　　　　　单位：万元

地　区	利用外资	自筹资金	定金及预收款	个人按揭贷款	其他到位资金	本年各项应付款合计	#工程款
全国总计	**1757231**	**581578422**	**613588843**	**272810306**	**64063439**	**418843005**	**229647591**
北　京	17760	12050189	25167058	3622251	2405707	4510221	2166575
天　津	170000	12773849	17912562	2322565	2196912	10183092	3581869
河　北		25566065	13039267	5152862	663497	13359470	5989990
山　西		9762385	6404649	2712848	1238455	5184369	2809802
内蒙古	850	6295067	4559852	1549637	621478	4133633	2404595
辽　宁	58132	13754252	12678606	5609990	1196825	10959598	5682483
吉　林	60	6491981	5335768	3015971	453243	2943775	1557278
黑龙江	14694	5912122	3515892	1635912	430783	2445376	1126994
上　海	63462	18066966	16036128	3615384	2998997	9795929	5380321
江　苏	312015	44913279	79962399	34373272	8269790	45246666	26609425
浙　江	17700	42734278	59848485	20756523	4217459	25225876	13961865
安　徽	45228	24460397	28334540	19190863	3907315	22934944	13482085
福　建	225693	28718389	17402231	11314574	2853595	16182357	8172466
江　西	903	8873755	11753839	8494874	894998	8595559	5298895
山　东	342518	39956355	44902919	16609505	4801507	27917201	16356268
河　南	7166	46356693	16579605	8777619	869710	16504307	7461598
湖　北	103331	20942452	23167068	11255373	2122118	16996154	9151777
湖　南		18354964	18578866	12259076	2519832	16601690	10019741
广　东	132108	72183074	80957792	36644637	5709471	52904248	28405623
广　西	9097	14229356	16837577	9791050	2739099	14164815	8156700
海　南		6960072	5821427	750866	874906	7134547	3196249
重　庆	14992	11623884	22577639	11205892	3737391	17008875	9210724
四　川	65485	30398238	34825182	14994897	2031648	20186927	11554007
贵　州		10847707	8496058	7796683	1239338	10169062	5857464
云　南	154137	12625257	12759641	7461957	1723464	13892878	7561601
西　藏		587455	238901	88582	20569	835292	329744
陕　西		22538933	14429508	6131051	2282806	10441447	6205379
甘　肃		5300699	3251842	1781680	304602	6070010	4009793
青　海		2069010	1279804	476532	194600	1191485	581859
宁　夏		1258871	2722260	1054734	136570	1589633	1038503
新　疆	1900	4972428	4211478	2362646	406754	3533569	2325918

2-22 各地区按登记注册类型分的房地产开发企业本年实际到位资金

单位：万元

地区	总计	内资					
			国有	集体	股份合作	国有联营	集体联营
全国总计	**1786085949**	**1678862849**	**7310287**	**1604761**	**469083**		**1765**
北京	56725246	55314345	197299	40000	12955		
天津	43779410	40865714	26680	1793			
河北	50364389	49609597	48830				
山西	21594238	21501493	264040	2790			
内蒙古	13814950	13704087	2580				
辽宁	36897320	32840679	1555	378			
吉林	15858601	14719300	25915				
黑龙江	12423476	11782052	25019		16323		
上海	54446874	48065223	586318	25130			
江苏	198742368	175726530	1153200	55605	339833		
浙江	153435518	146930007	56497	10			
安徽	84199967	82592885	418687				
福建	68737638	62873942	596596	9910			
江西	34205737	33053823	70794				
山东	123417320	117047956	638655	636843			
河南	79182827	78603347	272674				
湖北	68247659	65007930	783275	40762			
湖南	58486435	56117407	197293	2106			
广东	239080487	213414656	370000	660593	87939		1765
广西	50538887	47654381	158876	11481			
海南	16056942	14848166	161200	9359			
重庆	59528714	55224593	173364		33		
四川	93497163	91343065	34240	38528			
贵州	29394138	28857224	103319				
云南	37643834	36510851	34899				
西藏	1105024	1105024					
陕西	49112162	48501569	587128	44873			
甘肃	12465813	12382065	321325	24600			
青海	4456821	4456821					
宁夏	5817643	5406226					
新疆	12828348	12801891	29		12000		

2-22　续表 1　　　　单位：万元

地区	内资 国有与集体联营	其他联营	国有独资公司	其他有限责任公司	股份有限公司	私营独资	私营合伙
全国总计		**75700**	**76795334**	**949234753**	**37968445**	**310139**	**212549**
北京			2560980	46067602	1273658		
天津			4186558	24656770	825948		
河北			812333	22985381	1030184		
山西			1005182	9870239	203138		
内蒙古			548555	6239922	462487		138552
辽宁			496670	18081729	735387	10200	
吉林			747146	8468106	1119449		
黑龙江			418457	7543623	647720		
上海			4522399	30148416	921381		
江苏			9570107	86951929	5026048	35828	44600
浙江			4707107	58141106	761274		
安徽			2006754	53764032	2172597	74671	
福建			4846398	27088244	103834		300
江西			1003956	16804295	1020385		
山东			5942867	70508734	3107459		
河南			1752188	54542701	1901931	77318	
湖北			2967730	39753839	2568500	3823	
湖南			2530981	27968528	1782746	34378	6297
广东		75700	6832391	134939109	5116917	22825	
广西			2900033	27538837	433753		
海南			831408	10695249	567635		
重庆			4788066	25357557	2316810		
四川			3311359	57209201	1884427		
贵州			1411318	15125885	293415		
云南			1210395	20512111	644153	9200	
西藏			280607	432688	2000		
陕西			2816468	32434006	564081	39376	
甘肃			558364	5477165	251317		22800
青海			393942	2167707	93044		
宁夏			222483	2032887	18213		
新疆			612132	5727155	118554	2520	

2-22 续表 2

单位：万元

地区	内资 私营有限责任公司	内资 私营股份有限公司	内资 其他内资企业	港澳台商投资	合资经营	合作经营	独资
全国总计	**590503396**	**13932913**	**443724**	**72710286**	**31119900**	**3329499**	**36270960**
北京	5021331	5898	134622	1041077	185995	121860	733222
天津	11132422	35543		1770713	721603	39000	1009609
河北	24572849	160020		348401	124775		223626
山西	10073568	82536		55355	1543		16069
内蒙古	6108086	203905		110863	110863		
辽宁	12412088	1102672		2724559	1111355		1613204
吉林	4192219	166465		888812	741065		147747
黑龙江	3038201	92709		466221	82348	10500	373373
上海	10966926	894653		4324838	2596964	18486	1682463
江苏	71991132	558248		16658794	9307077	68071	6836134
浙江	83112744	151269		3335173	1370379		1964794
安徽	22859407	1105258	191479	1430427	712366		680861
福建	30107906	120754		4174059	2878000	20474	1255585
江西	12990918	1163475		821919	490915		329127
山东	35338780	874618		4767200	2284562	48131	2337039
河南	19213210	843325		327549	38684	2690	263872
湖北	18398297	491704		2193376	1289132	107824	774558
湖南	22561022	1022252	11804	1763568	594585	26505	1023942
广东	64491125	710473	105819	16329395	3775812	2737087	9324380
广西	16374976	236425		1638740	631744	47778	959218
海南	2481349	101966		895269	93260	34478	603460
重庆	21880096	708667		3636390	946520	24810	2497249
四川	28086522	778788		915380	252631		661145
贵州	11664681	258606		458083	182052		276031
云南	13332082	768011		824308	50402		454108
西藏	374829	14900					
陕西	11644086	371551		430463	165914	21805	230144
甘肃	5498099	228395		75298	75298		
青海	1743093	59035					
宁夏	2614005	518638		277599	277599		
新疆	6227347	102154		26457	26457		

2-22　续表 3　　　　单位：万元

地　区	港澳台商投资		外商投资					
	股份有限	其　他		合资经营	合作经营	独　资	股份有限	其　他
全国总计	**999455**	**990472**	**34512814**	**17296262**	**1687602**	**12875530**	**1200676**	**1452744**
北　京			369824	177350	156151	36323		
天　津		501	1142983	317585		376690	448708	
河　北			406391	91354		291202	23835	
山　西	37743		37390			37390		
内蒙古								
辽　宁			1332082	734371		563643		34068
吉　林			250489			56349		194140
黑龙江			175203	164006		11197		
上　海	26925		2056813	997320	571465	486447	1581	
江　苏	219033	228479	6357044	3635955	71349	2486085	14247	149408
浙　江			3170338	1170603	7550	1933068		59117
安　徽	37200		176655	7966		156363		12326
福　建	20000		1689637	384991		1292502	3835	8309
江　西	1877		329995	161761		166234		2000
山　东	7858	89610	1602164	1074642	204724	202523	27525	92750
河　南	16698	5605	251931	58285		120610		73036
湖　北	21862		1046353	361386		404816		280151
湖　南	120	118416	605460	462992	16985	99483		26000
广　东	280378	211738	9336436	5567039	338232	2744820	398096	288249
广　西			1245766	527361		446272	83657	188476
海　南	162988	1083	313507	235435	34722	19350		24000
重　庆	152569	15242	667731	196030	82375	261171	119584	8571
四　川	1604		1238718	554634	174467	509617		
贵　州			78831	49249	29582			
云　南		319798	308675	232306			76369	
西　藏								
陕　西	12600		180130	76564		88184	3239	12143
甘　肃			8450	300		8150		
青　海								
宁　夏			133818	56777		77041		
新　疆								

2-23 各地区按资质等级分的房地产开发企业本年实际到位资金

单位：万元

地　区	总 计	一 级	二 级	三 级	四 级	暂 定	其 他
全国总计	**1786085949**	**63629775**	**201688166**	**199137484**	**165606693**	**945453106**	**210570725**
北　京	56725246	4256800	3047345	1994403	15740860	29201480	2484358
天　津	43779410	699999	3091974	2460667	25620404	8405743	3500623
河　北	50364389	2379225	4777939	5743690	11526182	23363818	2573535
山　西	21594238	636043	1764537	1567911	7393567	9516264	715916
内蒙古	13814950	450225	1044048	1660409	6419144	3136102	1105022
辽　宁	36897320	1120730	2292190	5859645	91799	19033014	8499942
吉　林	15858601	809006	2265339	1934197	1036439	9498774	314846
黑龙江	12423476	109826	1565085	5165046	176656	3722564	1684299
上　海	54446874	1235224	3827585	1636914	94290	44847392	2805469
江　苏	198742368	6024998	47615906	3281791	18935	117490954	24309784
浙　江	153435518	2798645	5121650	18089311	5935766	78887226	42602920
安　徽	84199967	2358161	4805174	8487842	1168503	56565540	10814747
福　建	68737638	2344303	6522433	9149760	2660853	42690625	5369664
江　西	34205737	510136	1512295	3204633	2162584	23160033	3656056
山　东	123417320	7201732	12143066	10996683	8463737	70834596	13777506
河　南	79182827	3324505	6627736	4814375	2300756	50129718	11985737
湖　北	68247659	2424934	7167004	3762893	3884310	46257592	4750926
湖　南	58486435	2456170	6691651	13575817	10319342	23735344	1708111
广　东	239080487	8340620	11149723	23214999	35405932	120275686	40693527
广　西	50538887	1631364	3484182	3466524	1163609	39489429	1303779
海　南	16056942	226516	806677	1509318	1205411	10526765	1782255
重　庆	59528714	4529231	23320414	3400656	117162	27140779	1020472
四　川	93497163	3064315	19755504	49539577	210881	16201021	4725865
贵　州	29394138	432738	4598147	3048764	1787227	17877189	1650073
云　南	37643834	1023960	3269624	1795422	6945673	19495570	5113585
西　藏	1105024	12605	195871	167188	120316	593954	15090
陕　西	49112162	1246207	7403405	4588609	8554174	16847464	10472303
甘　肃	12465813	494950	1795821	2297737	2997235	4816441	63629
青　海	4456821	337251	895730	741865	337560	1770545	373870
宁　夏	5817643	792281	1649393	711462	550402	1911682	202423
新　疆	12828348	357075	1480718	1269376	1196984	8029802	494393

2-24 各地区按登记注册类型分的房地产开发企业国内贷款

单位：万元

地区	总计	内资					
			国有	集体	股份合作	国有联营	集体联营
全国总计	**252287708**	**236589938**	**1402915**	**189626**	**203900**		
北京	13462281	13099601	11533				
天津	8403522	7509456	6382				
河北	5942698	5914798	7300				
山西	1475901	1466501	2750				
内蒙古	788066	788066					
辽宁	3599515	2908749					
吉林	561578	521578					
黑龙江	914073	888073	5462				
上海	13665937	12185539	17945				
江苏	30911613	27623795	99851		184900		
浙江	25861073	24910714	76				
安徽	8261624	7979914	122038				
福建	8223156	7707313	362550				
江西	4187368	4100061	5510				
山东	16804516	15717228	131277	150000			
河南	6592034	6570301	49823				
湖北	10657317	9556692	7600	15100			
湖南	6773697	6654792	14224				
广东	43453405	40053083	158981	23026	19000		
广西	6932708	6701554					
海南	1649671	1542606	5400				
重庆	10368916	9865380	74132				
四川	11181713	10991283					
贵州	1014352	1013154	24090				
云南	2919378	2723611	11060				
西藏	169517	169517					
陕西	3729864	3646864	106831				
甘肃	1826990	1826990	178100	1500			
青海	436875	436875					
宁夏	645208	642708					
新疆	873142	873142					

2-24 续表 1 单位：万元

地　区	内资						
	国有与集体联营	其他联营	国有独资公司	其他有限责任公司	股份有限公司	私营独资	私营合伙
全国总计		**60000**	**20515753**	**138414386**	**6751010**	**6183**	**51000**
北　京			1193018	10093719	150000		
天　津			1690225	4272917	23314		
河　北			128989	2943934	532499		
山　西			122022	836416			
内蒙古			177525	448180	28503		28000
辽　宁			26714	1338304	110000		
吉　林			82318	222182	6841		
黑龙江			41599	485751	143090		
上　海			1210054	7367265	358732		
江　苏			2402242	14371813	961496		23000
浙　江			1799513	11611542	134349		
安　徽			110220	5751175	212273		
福　建			1518025	3403979			
江　西			223450	2331299	174500		
山　东			1729620	10405950	240388		
河　南			520824	4765185	110618		
湖　北			962333	6594344	414646		
湖　南			698580	3449171	420234		
广　东		60000	1595319	24059843	1571893	6183	
广　西			475915	4535226	57179		
海　南			225849	1072748	47465		
重　庆			1249746	3904254	726530		
四　川			920693	7627666	128379		
贵　州			197641	412921	32890		
云　南			39317	2112008	13344		
西　藏			110917	56000	500		
陕　西			807282	2023558	51604		
甘　肃			160672	954865	28400		
青　海			16000	349307	1090		
宁　夏			9513	223371			
新　疆			69618	389493	70253		

2-24　续表 2　　　　　　　　　　　　　　　　　　　　　　　　单位：万元

地　　区	内资			港澳台商投资			
	私营有限责任公司	私营股份有限公司	其他内资企业		合资经营	合作经营	独资
全国总计	**66903401**	**2042764**	**49000**	**10198903**	**5006908**	**206773**	**4589343**
北　京	1648846	2485		303851	35547	52126	216178
天　津	1514661	1957		610566	344958	24500	241108
河　北	2287223	14853		13900	7900		6000
山　西	505313						
内蒙古	103623	2235					
辽　宁	1028267	405464		389927	132000		257927
吉　林	184107	26130					
黑龙江	209672	2499					
上　海	3011626	219917		1062700	544902		491848
江　苏	9500574	79919		2397642	1595571		703071
浙　江	11270534	94700		349862	114875		234987
安　徽	1444908	339300		281710	263065		18645
福　建	2420919	1840		389851	264260		125591
江　西	1175961	189341		87307	24500		62807
山　东	3029927	30066		702167	339594		349573
河　南	1079943	43908		20783	2855		1000
湖　北	1556579	6090		915025	755097	904	157476
湖　南	2017227	55356		29450	19450		10000
广　东	12390263	119575	49000	1812109	374068	119243	1233158
广　西	1630834	2400		88510	42110		46400
海　南	171204	19940		107065	11750		90869
重　庆	3834018	76700		316568	96000	10000	206468
四　川	2296675	17870		114135	37898		76237
贵　州	342167	3445		508	508		
云　南	523342	24540		142267			
西　藏	2100						
陕　西	623897	33692		63000			60000
甘　肃	467604	35849					
青　海	70278	200					
宁　夏	217331	192493					
新　疆	343778						

2-24 续表 3

单位：万元

地区	港澳台商投资		外商投资					
	股份有限	其他		合资经营	合作经营	独资	股份有限	其他
全国总计	**128642**	**267237**	**5498867**	**2847365**	**448850**	**1739765**	**252475**	**210412**
北京			58829	53979	4850			
天津			283500	215000		68500		
河北			14000	14000				
山西			9400			9400		
内蒙古								
辽宁			300839	272000		28839		
吉林			40000					40000
黑龙江			26000	26000				
上海	25950		417698	201350	125653	90695		
江苏	64000	35000	890176	435920		447598		6658
浙江			600497	116445		484052		
安徽								
福建			125992	47900		78092		
江西								
山东		13000	385121	261754	90000	12222	1145	20000
河南	16698	230	950			950		
湖北	1548		185600	20600		65000		100000
湖南			89455	74465	10990	4000		
广东	8900	76740	1588213	980981	157183	305325	101970	42754
广西			142644	74980		58664	9000	
海南	4446							
重庆	4100		186968		50000	41108	94860	1000
四川			76295	23301	10174	42820		
贵州			690	690				
云南		142267	53500	8000			45500	
西藏								
陕西	3000		20000	20000				
甘肃								
青海								
宁夏			2500			2500		
新疆								

2-25　各地区按资质等级分的房地产开发企业国内贷款

单位：万元

地　区	总　计	一　级	二　级	三　级	四　级	暂　定	其　他
全国总计	**252287708**	**11173723**	**26818818**	**22984717**	**22360076**	**138847859**	**30102515**
北　京	13462281	860612	842530	374613	4004542	7093094	286890
天　津	8403522	481738	981996	253685	4693228	1215010	777865
河　北	5942698	825756	735554	594222	828722	2774744	183700
山　西	1475901	7900	220051	12412	413436	713413	108689
内蒙古	788066	106150	28427	74200	465129	101660	12500
辽　宁	3599515	147398	153961	321226	9817	2225139	741974
吉　林	561578		115615	10873	69173	341607	24310
黑龙江	914073		66350	524765	8974	191296	122688
上　海	13665937	34204	705522	614704		11508716	802791
江　苏	30911613	1039212	5501240	643528		19870001	3857632
浙　江	25861073	168000	471041	2783935	905928	14187969	7344200
安　徽	8261624	412503	451324	606867	67060	5465925	1257945
福　建	8223156	463787	811357	1055638	117081	5490796	284497
江　西	4187368	5000	260510	64785	240041	3315950	301082
山　东	16804516	561588	2345413	823566	494005	10341294	2238650
河　南	6592034	741168	250970	255389	146675	3946040	1251792
湖　北	10657317	286907	793704	479328	236897	8259192	601289
湖　南	6773697	196341	734156	1845020	1102853	2616429	278898
广　东	43453405	1963512	1571944	4068394	6696954	21751145	7401456
广　西	6932708	247394	783715	369773	87341	5400162	44323
海　南	1649671		178385	332517	67995	912747	158027
重　庆	10368916	849703	4622114	241664	42400	4472160	140875
四　川	11181713	650261	2045310	5779716	68050	2036479	601897
贵　州	1014352	35000	310467	69510	16504	497271	85600
云　南	2919378	60553	289533	17247	223336	1739877	588832
西　藏	169517		38000	11517	18000	102000	
陕　西	3729864	464135	911111	243712	907449	640443	563014
甘　肃	1826990	193090	238067	268708	285571	841554	
青　海	436875	76000	66310	31197	27446	198090	37832
宁　夏	645208	270350	72964	56076	59059	184759	2000
新　疆	873142	25461	221177	155930	56410	412897	1267

2-26 各地区按登记注册类型分的房地产开发企业自筹资金

单位：万元

地 区	总 计	内 资					
			国 有	集 体	股份合作	国有联营	集体联营
全国总计	**581578422**	**556271401**	**3221511**	**693029**	**50969**		
北 京	12050189	11515547	10332	40000	12955		
天 津	12773849	12241140	14777	270			
河 北	25566065	25029451					
山 西	9762385	9755292	228038	2790			
内 蒙 古	6295067	6184204	2580				
辽 宁	13754252	12910954	326				
吉 林	6491981	6376302	25915				
黑 龙 江	5912122	5637853	19727		16323		
上 海	18066966	16480682	179524	25130			
江 苏	44913279	40814663	657976	43525			
浙 江	42734278	40772671	26285				
安 徽	24460397	23912524	262120				
福 建	28718389	26545149	102544				
江 西	8873755	8337224	29491				
山 东	39956355	38082875	293815	372225			
河 南	46356693	45985477	195987				
湖 北	20942452	20524900	263552	3682			
湖 南	18354964	17333967	93996				
广 东	72183074	67259923	183886	125928	9691		
广 西	14229356	14121075	55077	8100			
海 南	6960072	6326382	58364	5943			
重 庆	11623884	10888793	450				
四 川	30398238	29588753	34240	33715			
贵 州	10847707	10704309	12780				
云 南	12625257	12436459	18000				
西 藏	587455	587455					
陕 西	22538933	22387538	331560	31721			
甘 肃	5300699	5299169	120169				
青 海	2069010	2069010					
宁 夏	1258871	1215689					
新 疆	4972428	4945971			12000		

2-26　续表 1　　　　单位：万元

地　区	内资						
	国有与集体联营	其他联营	国有独资公司	其他有限责任公司	股份有限公司	私营独资	私营合伙
全国总计		**15700**	**25668955**	**306794233**	**12754962**	**86143**	**47800**
北　京			584886	9721519	234038		
天　津			1460313	7638262	103538		
河　北			435905	11219792	174142		
山　西			160263	4335738	56485		
内蒙古			50554	2655161	337938		41500
辽　宁			67608	6914191	474042		
吉　林			196747	3061430	368490		
黑龙江			365679	2989838	437505		
上　海			1867802	10015489	121527		
江　苏			2399464	20458895	1203004		
浙　江			1792256	18774316	67662		
安　徽			603873	13619493	932989		
福　建			1514135	12625785	61967		300
江　西			327601	3588631	310306		
山　东			2216940	21511882	1338073		
河　南			749828	31187853	1366202	27318	
湖　北			771108	12566396	1269392	3823	
湖　南			742741	7075715	651930	8315	
广　东		15700	2859484	41716834	1044832	8944	
广　西			1034551	7677916	60875		
海　南			426660	4506525	281157		
重　庆			1129056	4163998	348041		
四　川			835891	17119744	545475		
贵　州			655965	5420421	77227		
云　南			616314	6053396	295463	9200	
西　藏			109199	235731			
陕　西			950624	15003272	300660	26023	
甘　肃			97118	1994642	195663		6000
青　海			208815	648724	66977		
宁　夏			92590	298085	4000		
新　疆			344985	1994559	25362	2520	

2-26 续表 2

单位：万元

地　区	内资 私营有限责任公司	内资 私营股份有限公司	内资 其他内资企业	港澳台商投资	合资经营	合作经营	独资
全国总计	**201962441**	**4819204**	**156454**	**17139301**	**6180486**	**525010**	**10068968**
北　京	910443	1374		442322	58550	21594	362178
天　津	3021298	2682		263707	45457	14500	203750
河　北	13081180	118432		173606	115075		58531
山　西	4924904	47074		1543	1543		
内蒙古	2963161	133310		110863	110863		
辽　宁	5433979	20808		710942	132006		578936
吉　林	2666984	56736		58330	18060		40270
黑龙江	1736041	72740		268972		9168	259804
上　海	4014259	256951		1251573	616447		635126
江　苏	15952069	99730		3128576	1708873	24741	1309276
浙　江	20089569	22583		1028607	217403		811204
安　徽	8079601	296694	117754	441707	70674		371033
福　建	12172762	67656		1440549	1090291	3380	326878
江　西	3884823	196372		323227	219130		103426
山　东	12087399	262541		1338386	543264	24042	745790
河　南	11794755	663534		137735	25166	2690	108539
湖　北	5519935	127012		290452	73960		215399
湖　南	8201003	558567	1700	942341	134961	26229	781031
广　东	20997131	260493	37000	3321420	634026	327929	2196889
广　西	5271734	12822		68033	14597	31000	22436
海　南	998066	49667		354905	52507	34478	199859
重　庆	4953545	293703		437302	162088	5259	269955
四　川	10689742	329946		245356	60054		185302
贵　州	4453963	83953		106582	30425		76157
云　南	5201233	242853		137091	18609		118482
西　藏	231213	11312					
陕　西	5505885	237793		88717			88717
甘　肃	2762211	123366					
青　海	1105550	38944					
宁　夏	721930	99084					
新　疆	2536073	30472		26457	26457		

2-26　续表 3　　　　单位：万元

地　区	港澳台商投资		外商投资					
	股份有限	其　他		合资经营	合作经营	独　资	股份有限	其　他
全国总计	**260181**	**104656**	**8167720**	**3139226**	**455659**	**4105236**	**101929**	**365670**
北　京			92320	61040	31280			
天　津			269002	66938		188064	14000	
河　北			363008	68570		285769	8669	
山　西			5550			5550		
内蒙古								
辽　宁			132356	29937		68351		34068
吉　林			57349			56349		1000
黑龙江			5297			5297		
上　海			334711		197900	136811		
江　苏	85686		970040	642565		327475		
浙　江			933000	242013		680669		10318
安　徽			106166			106166		
福　建	20000		732691	85702		639846	3835	3308
江　西	671		213304	90000		121304		2000
山　东		25290	535094	241983	98927	122184		72000
河　南		1340	233481	40785		119660		73036
湖　北	1093		127100	50891		58058		18151
湖　南	120		78656	11423		67233		
广　东	85450	77126	1601731	849457	63892	522739	49219	116424
广　西			40248	16020		24228		
海　南	67161	900	278785	235435		19350		24000
重　庆			297789	119932	5239	165434	7184	
四　川			564129	174519	58421	331189		
贵　州			36816	36816				
云　南			51707	32685			19022	
西　藏								
陕　西			62678	33		51280		11365
甘　肃			1530	300		1230		
青　海								
宁　夏			43182	42182		1000		
新　疆								

2-27 各地区按资质等级分的房地产开发企业自筹资金

单位：万元

地 区	总 计	一 级	二 级	三 级	四 级	暂 定	其 他
全国总计	**581578422**	**12858323**	**49292540**	**58960364**	**51451138**	**326245856**	**82770201**
北 京	12050189	899287	776732	491402	3032193	5311785	1538790
天 津	12773849	77164	544989	932889	6695985	2787844	1734978
河 北	25566065	576056	1729357	2504000	6276934	12705794	1773924
山 西	9762385	294108	426021	667964	2912746	5103636	357910
内蒙古	6295067	149378	397340	865736	2812065	1573286	497262
辽 宁	13754252	505632	582374	2172396	53308	6769449	3671093
吉 林	6491981	6852	714336	599800	594599	4450857	125537
黑龙江	5912122	57983	511093	2096408	156058	2072420	1018160
上 海	18066966	116016	1136625	533459		15168537	1112329
江 苏	44913279	782655	10298185	941907	2502	27004422	5883608
浙 江	42734278	335342	1161394	4612356	1095004	23130680	12399502
安 徽	24460397	716601	1411204	2269348	350886	16442242	3270116
福 建	28718389	328763	1754993	2015133	1317241	19644891	3657368
江 西	8873755	290990	200482	634255	320434	6167108	1260486
山 东	39956355	1871440	2671953	3552920	3091135	23658842	5110065
河 南	46356693	1067779	2696061	2601444	1380138	29959625	8651646
湖 北	20942452	329820	2360942	1017499	1185592	14517484	1531115
湖 南	18354964	307265	1589219	3428744	3146204	9090501	793031
广 东	72183074	1971430	2511255	4422503	7247457	39398641	16631788
广 西	14229356	227233	215239	831694	466379	12266468	222343
海 南	6960072	207111	286760	565243	598487	4645359	657112
重 庆	11623884	557399	3278352	736934	8056	6687062	356081
四 川	30398238	288205	6452262	15714495	45043	5877743	2020490
贵 州	10847707	820	831474	714882	708165	8000677	591689
云 南	12625257	262728	1003058	583275	2396719	6637865	1741612
西 藏	587455	9805	68049	85416	52419	356676	15090
陕 西	22538933	228912	2134577	1633945	3503678	9668706	5369115
甘 肃	5300699	85485	531761	1026322	1239749	2379950	37432
青 海	2069010	28680	399482	190941	216843	955220	277844
宁 夏	1258871	143527	315196	137582	47104	561230	54232
新 疆	4972428	133857	301775	379472	498015	3250856	408453

2-28　各地区按资质等级分的房地产开发企业利用外资

单位：万元

地　区	总　计	一　级	二　级	三　级	四　级	暂　定	其　他
全国总计	**1757231**		**59170**	**121685**	**71246**	**1253528**	**251602**
北　京	17760				17760		
天　津	170000					170000	
河　北							
山　西							
内蒙古	850		600		250		
辽　宁	58132			130		5098	52904
吉　林	60			60			
黑龙江	14694			14114	80	500	
上　海	63462					63462	
江　苏	312015		53900			247703	10412
浙　江	17700						17700
安　徽	45228					45228	
福　建	225693		1000	27213		197480	
江　西	903					903	
山　东	342518					330473	12045
河　南	7166					7166	
湖　北	103331					103331	
湖　南							
广　东	132108			2	53156	59865	19085
广　西	9097					9097	
海　南							
重　庆	14992		3670			11322	
四　川	65485			65485			
贵　州							
云　南	154137			14681			139456
西　藏							
陕　西							
甘　肃							
青　海							
宁　夏							
新　疆	1900					1900	

2-29 各地区按资质等级分的房地产开发企业定金及预收款

单位：万元

地区	总计	一级	二级	三级	四级	暂定	其他
全国总计	**613588843**	**24315793**	**79589159**	**73254327**	**59763349**	**311250289**	**65415926**
北京	25167058	2114170	934995	974135	6772359	13733196	638203
天津	17912562	102682	953050	949168	11497188	3594953	815521
河北	13039267	751712	1585081	1813585	2895154	5636340	357395
山西	6404649	271397	732458	575502	2683304	2042021	99967
内蒙古	4559852	151001	383667	531583	2196318	860678	436605
辽宁	12678606	253102	1005361	2185942	17929	6573083	2643189
吉林	5335768	660316	745982	746786	235118	2809439	138127
黑龙江	3515892	40435	668918	1545152	5431	885279	370677
上海	16036128	750475	1267429	374422	79009	12999696	565097
江苏	79962399	2645827	20278802	1001629	15814	46484519	9535808
浙江	59848485	1385521	2490709	7676024	2273230	29392897	16630104
安徽	28334540	659922	1622114	2904568	380359	19372835	3394742
福建	17402231	790194	1821077	3162167	612242	10173905	842646
江西	11753839	121965	661773	1536305	779017	7574796	1079983
山东	44902919	2961357	5257498	4047574	2908914	25643509	4084067
河南	16579605	896024	2333099	1232104	445037	10250008	1423333
湖北	23167068	1152619	2586077	1247018	1270719	15098620	1812015
湖南	18578866	1334476	2724564	4331551	3165369	6678119	344787
广东	80957792	1894627	5441715	9314567	13519041	39293069	11494773
广西	16837577	533279	1492539	1185451	247037	12748512	630759
海南	5821427	19405	302199	395268	390631	3943278	770646
重庆	22577639	1702705	9153057	1512891	62356	9772472	374158
四川	34825182	1501638	7436429	18590479	28679	5954035	1313922
贵州	8496058	174171	1666799	1068330	466543	4599908	520307
云南	12759641	348851	1139237	680004	2465013	6350892	1775644
西藏	238901	2800	59396	44162	38823	93720	
陕西	14429508	383744	2635473	1732231	2642514	3957094	3078452
甘肃	3251842	169940	562394	617578	889511	993179	19240
青海	1279804	173055	236060	443491	69982	336101	21115
宁夏	2722260	248891	837791	343396	314761	833494	143927
新疆	4211478	119492	573416	491264	395947	2570642	60717

2-30　各地区按资质等级分的房地产开发企业个人按揭贷款

单位：万元

地　区	总　计	一　级	二　级	三　级	四　级	暂　定	其　他
全国总计	**272810306**	**10412747**	**37111849**	**37146903**	**24839042**	**137947574**	**25352191**
北　京	3622251	355813	203919	45384	713390	2303745	
天　津	2322565	9431	171325	137604	1486717	377779	139709
河　北	5152862	194626	646361	728688	1333640	2043165	206382
山　西	2712848	60938	322733	231704	995898	1101575	
内蒙古	1549637	43396	172444	123942	694402	424168	91285
辽　宁	5609990	208843	458920	977887	9889	2942683	1011768
吉　林	3015971	141838	597702	535306	94186	1637474	9465
黑龙江	1635912	11408	226104	724573	5807	514246	153774
上　海	3615384	314529	335112	35290	15281	2855433	59739
江　苏	34373272	1296956	9274633	505764	619	19247698	4047602
浙　江	20756523	847194	875553	2549649	1120127	10215238	5148762
安　徽	19190863	448950	1171795	2237144	336349	12591307	2405318
福　建	11314574	377457	1298415	2355262	491057	6343115	449268
江　西	8494874	86381	368160	931969	768484	5512559	827321
山　东	16609505	1380096	1535235	2141470	1522547	8639720	1390437
河　南	8777619	430170	1254510	671244	276971	5580103	564621
湖　北	11255373	332651	1294264	937708	1026959	6989316	674475
湖　南	12259076	578374	1365112	3300858	2513356	4293867	207509
广　东	36644637	706296	1491042	5035181	7134408	17682245	4595465
广　西	9791050	257699	769559	969202	310479	7196435	287676
海　南	750866		22054	79665	74407	493173	81567
重　庆	11205892	780443	5021684	754503	4350	4499464	145448
四　川	14994897	582744	3461872	8211634	21593	2089547	627507
贵　州	7796683	217773	1606840	1044443	510701	3984119	432807
云　南	7461957	281223	742165	441799	1467953	3911687	617130
西　藏	88582		29730	8785	11074	38993	
陕　西	6131051	157503	1248069	629536	1061556	1909973	1124414
甘　肃	1781680	46435	380921	348925	494933	505266	5200
青　海	476532	59516	99454	65233	8801	216108	27420
宁　夏	1054734	129222	358420	155188	113510	296130	2264
新　疆	2362646	74842	307742	231363	219598	1511243	17858

2-31 各地区按资质等级分的房地产开发企业其他到位资金

单位：万元

地区	总计	一级	二级	三级	四级	暂定	其他
全国总计	**64063439**	**4869189**	**8816630**	**6669488**	**7121842**	**29908000**	**6678290**
北京	2405707	26918	289169	108869	1200616	759660	20475
天津	2196912	28984	440614	187321	1247286	260157	32550
河北	663497	31075	81586	103195	191732	203775	52134
山西	1238455	1700	63274	80329	388183	555619	149350
内蒙古	621478	300	61570	64948	250980	176310	67370
辽宁	1196825	5755	91574	202064	856	517562	379014
吉林	453243		91704	41372	43363	259397	17407
黑龙江	430783		92620	260034	306	58823	19000
上海	2998997	20000	382897	79039		2251548	265513
江苏	8269790	260348	2209146	188963		4636611	974722
浙江	4217459	62588	122953	467347	541477	1960442	1062652
安徽	3907315	120185	148737	469915	33849	2648003	486626
福建	2853595	384102	835591	534347	123232	840438	135885
江西	894998	5800	21370	37319	54608	588717	187184
山东	4801507	427251	332967	431153	447136	2220758	942242
河南	869710	189364	93096	54194	51935	386776	94345
湖北	2122118	322937	132017	81340	164143	1289649	132032
湖南	2519832	39714	278600	669644	391560	1056428	83886
广东	5709471	1804755	133767	374352	754916	2090721	550960
广西	2739099	365759	223130	110404	52373	1868755	118678
海南	874906		17279	136625	73891	532208	114903
重庆	3737391	638981	1241537	154664		1698299	3910
四川	2031648	41467	359631	1177768	47516	243217	162049
贵州	1239338	4974	182567	151599	85314	795214	19670
云南	1723464	70605	95631	58416	392652	855249	250911
西藏	20569		696	17308		2565	
陕西	2282806	11913	474175	349185	438977	671248	337308
甘肃	304602		82678	36204	87471	96492	1757
青海	194600		94424	11003	14488	65026	9659
宁夏	136570	291	65022	19220	15968	36069	
新疆	406754	3423	76608	11347	27014	282264	6098

2-32 各地区按资质等级分的房地产开发企业各项应付款合计

单位：万元

地区	总计	一级	二级	三级	四级	暂定	其他
全国总计	**418843005**	**11223625**	**49095091**	**50706641**	**44135314**	**216107278**	**47575056**
北京	4510221	205642	195235	129085	1997933	1559406	422920
天津	10183092	77063	741582	1081827	5496358	1514949	1271313
河北	13359470	378333	1422440	1270179	3854967	5675028	758523
山西	5184369	168314	512864	504770	1897765	1985161	115495
内蒙古	4133633	108736	430368	538388	2088287	682661	285193
辽宁	10959598	178028	758379	2089469	36903	5943360	1953459
吉林	2943775	11703	434432	310433	305210	1760194	121803
黑龙江	2445376	2850	403212	991725	33538	854324	159727
上海	9795929	78763	354428	393399		8002378	966961
江苏	45246666	805009	11761540	1323097	8450	25969200	5379370
浙江	25225876	483036	599935	3289919	1599358	11760852	7492776
安徽	22934944	897087	1475662	2450730	421140	14982536	2707789
福建	16182357	315133	1241256	2100474	581065	10296888	1647541
江西	8595559	58142	347866	866528	679841	5593397	1049785
山东	27917201	1094134	2762819	3105550	2549612	15782657	2622429
河南	16504307	629673	1266221	1352039	501432	10383007	2371935
湖北	16996154	973665	1939323	964267	1341167	10406765	1370967
湖南	16601690	353804	2247651	4138142	3431651	6038145	392297
广东	52904248	779718	1533230	4942030	8027661	27840878	9780731
广西	14164815	407160	1135331	987990	356302	10800945	477087
海南	7134547	71860	551612	639159	407610	4801097	663209
重庆	17008875	1289980	6262094	1068053	42546	7917184	429018
四川	20186927	384683	4466850	11080716	118171	3301938	834569
贵州	10169062	64137	1202574	1001921	719612	6788448	392370
云南	13892878	776860	1368102	785290	2788420	6278725	1895481
西藏	835292	3223	80555	120167	62634	554213	14500
陕西	10441447	161998	1557527	1360006	2500060	3142922	1718934
甘肃	6070010	265034	923191	1115648	1709270	2031667	25200
青海	1191485	42941	292656	292468	95166	353886	114368
宁夏	1589633	42911	475613	207565	124544	708567	30433
新疆	3533569	114005	350543	205607	358641	2395900	108873

第三章

房屋开竣工面积、商品房销售及土地情况

3-1　各地区按用途分的房地产开发企业房屋施工面积

单位：平方米

地　区	房屋施工面　积	住　宅	#别　墅、高档公寓	办公楼	商业营业用房	其　他
全国总计	**8938208892**	**6276734235**	**229375161**	**372518170**	**1003894934**	**1285061553**
北　京	125149895	56401061	4388440	19510183	10519884	38718767
天　津	114534251	81569405	4256158	5624030	10578293	16762523
河　北	298529650	230234044	2500228	6849408	25288319	36157879
山　西	195485452	143237617	1774511	5540418	19939378	26768039
内蒙古	158890841	108082770	2154985	3875921	26476478	20455672
辽　宁	237874897	174295942	5533839	5260346	35685181	22633428
吉　林	124037278	86140344	2792389	5497490	17670376	14729068
黑龙江	114411959	82163622	1761386	2143277	17290111	12814949
上　海	148029679	74464276	13833196	21305372	17754986	34505045
江　苏	656867508	490108522	26549625	24565413	64013271	78180302
浙　江	496046058	311759411	19453774	28648421	46934645	108703581
安　徽	435911500	319537453	5945012	12683133	55160956	48529958
福　建	341401806	224569703	7491795	20307503	32538923	63985677
江　西	235569754	176614266	5492312	5982354	30299401	22673733
山　东	757674220	559419778	13852407	30188601	70952374	97113467
河　南	575670995	439712635	4380337	18569506	61300656	56088198
湖　北	338250696	255408414	6789156	11732445	33233555	37876282
湖　南	400451156	292526760	7245561	10369572	49515440	48039384
广　东	868248712	596643613	30094078	51592670	78462608	141549821
广　西	298070253	220611900	4043402	8355690	28312409	40790254
海　南	92215615	66864977	7683570	2588942	11498439	11263257
重　庆	279866382	184661215	10978077	7277288	34747448	53180431
四　川	491137533	321519649	10651013	20298022	57040809	92279053
贵　州	277750734	184265222	4973383	8243850	42530798	42710864
云　南	263140521	175316873	14784079	9291751	36113594	42418303
西　藏	7641619	5498107	202899	200492	1063996	879024
陕　西	277283922	201546247	4341548	14200311	31123505	30413859
甘　肃	109773338	74732863	841381	2789045	15634865	16616565
青　海	29223779	19311708	96724	875615	5003240	4033216
宁　夏	59365935	37892867	1089504	2645799	9727165	9100104
新　疆	129702954	81622971	3400392	5505302	27483831	15090850

3-2 各地区按资质等级分的房地产开发企业房屋施工面积

单位：平方米

地　区	总　计	一　级	二　级	三　级	四　级	暂　定	其　他
全国总计	**8938208892**	**339476609**	**1243277350**	**1396624490**	**1093762034**	**4131523199**	**733545210**
北　京	125149895	8513978	10628247	6747740	50959184	41905528	6395218
天　津	114534251	2782711	11137511	5120361	74771698	15398716	5323254
河　北	298529650	15179461	36642916	42867150	76091116	113636136	14112871
山　西	195485452	7939203	21766677	20694711	78894039	63625265	2565557
内蒙古	158890841	7034093	24552386	20712177	77010098	22125871	7456216
辽　宁	237874897	6208045	23057090	48894791	1556647	128211323	29947001
吉　林	124037278	3546235	28441912	14900672	11656135	63535615	1956709
黑龙江	114411959	1834937	19904385	48670335	3700206	27363244	12938852
上　海	148029679	4975204	11634248	6327416	124922	115399202	9568687
江　苏	656867508	21352392	195971060	15150296	290950	347092885	77009925
浙　江	496046058	11156678	24697374	77365565	26164024	244579402	112083015
安　徽	435911500	11636802	36497107	72805717	9035082	268320421	37616371
福　建	341401806	13190056	40664633	71789979	23287383	176792398	15677357
江　西	235569754	3722039	14432371	38303523	23302635	134656302	21152884
山　东	757674220	46209744	80873902	101356781	90954741	381437985	56841067
河　南	575670995	28044318	71524735	58413749	27938344	322777931	66971918
湖　北	338250696	14529876	47028319	30609299	37393895	188345424	20343883
湖　南	400451156	18597329	41496554	120954136	80615308	127779304	11008525
广　东	868248712	22416927	43659956	112930775	159996171	425616548	103628335
广　西	298070253	11480654	27254244	37967854	15072612	198678282	7616607
海　南	92215615	2237056	5354502	10842982	7505078	58544906	7731091
重　庆	279866382	19503991	110999784	25437206	1049675	117801550	5074176
四　川	491137533	22322399	112654819	245134594	1326964	87143863	22554894
贵　州	277750734	3688581	46141926	42412022	25152761	152557801	7797643
云　南	263140521	10634374	32854085	19343429	67170154	110214488	22923991
西　藏	7641619	46485	894676	1199021	908321	4480410	112706
陕　西	277283922	7378586	55369925	43089542	65053439	68071953	38320477
甘　肃	109773338	3527301	22401843	24069460	27398957	31274745	1101032
青　海	29223779	1295107	8956517	5381463	3937962	7614587	2038143
宁　夏	59365935	4152053	20087064	8981605	6847063	18122331	1175819
新　疆	129702954	4339994	15696582	18150139	18596470	68418783	4500986

3-3　各地区按资质等级分的房地产开发企业住宅施工面积

单位：平方米

地　区	总　计	一　级	二　级	三　级	四　级	暂　定	其　他
全国总计	**6276734235**	**242452072**	**874413724**	**978233478**	**757313071**	**2916978540**	**507343350**
北　京	56401061	5042451	5245653	2931697	21566850	19733755	1880655
天　津	81569405	2207736	8143506	4195730	51804719	11230167	3987547
河　北	230234044	11917174	28196031	32796286	59368554	86227130	11728869
山　西	143237617	6022582	15679210	15244902	55490640	48837925	1962358
内蒙古	108082770	4684819	16783129	13540415	51697519	16244045	5132843
辽　宁	174295942	4369913	16806857	37734740	1193214	92009860	22181358
吉　林	86140344	2597610	18700020	10629597	8805309	43835397	1572411
黑龙江	82163622	1536932	14727943	33619022	2900304	20010712	9368709
上　海	74464276	3581148	6710188	3509653	84004	57201085	3378198
江　苏	490108522	15849798	146083110	10863813	220772	260588865	56502164
浙　江	311759411	7300800	16314260	47544254	17736341	154576184	68287572
安　徽	319537453	8640884	26212857	51217375	7155380	198967028	27343929
福　建	224569703	10169521	25778661	47292409	12490532	118761605	10076975
江　西	176614266	3124304	10540447	29274575	17294100	100127044	16253796
山　东	559419778	33681244	59464151	77028804	71757084	275243316	42245179
河　南	439712635	21290254	53241011	44410817	21988008	248603505	50179040
湖　北	255408414	10884065	34932861	23144766	29115586	141131095	16200041
湖　南	292526760	13555360	30574906	91181719	56079066	92746213	8389496
广　东	596643613	15090006	30039493	76735789	108839258	299510506	66428561
广　西	220611900	8716850	20089977	29959921	11616247	143950225	6278680
海　南	66864977	824298	3835358	7899934	6241938	42631795	5431654
重　庆	184661215	14100416	71966466	18050176	628009	76584247	3331901
四　川	321519649	13731412	75693369	157628789	871680	59419663	14174736
贵　州	184265222	2451786	28447003	28651432	16988360	102698546	5028095
云　南	175316873	6769101	23298911	12650994	43434454	74132859	15030554
西　藏	5498107		521005	750156	525066	3627871	74009
陕　西	201546247	4512426	40954818	31919252	44297981	50480086	29381684
甘　肃	74732863	2687319	15150900	16797956	18693082	20519191	884415
青　海	19311708	941622	5795958	3270877	2601240	5485873	1216138
宁　夏	37892867	2918473	13474029	5762026	4353434	10523497	861408
新　疆	81622971	3251768	11011636	11995602	11474340	41339250	2550375

3-4 各地区按用途分的房地产开发企业房屋新开工面积

单位：平方米

地区	房屋新开工面积	住宅	#别墅、高档公寓	办公楼	商业营业用房	其他
全国总计	**2271535829**	**1674634262**	**42273363**	**70835862**	**189362791**	**336702914**
北京	20732060	10037165	492874	1704971	1395483	7594441
天津	25448399	19738124	679277	440045	2151420	3118810
河北	94526775	74043976	575044	2093598	6023069	12366132
山西	48790890	37716996	286743	738740	3603785	6731369
内蒙古	37060621	27838743	581883	367500	3239988	5614390
辽宁	41425109	31909679	1341512	806951	4045750	4662729
吉林	29470050	21698273	343154	1154399	2808434	3808944
黑龙江	24461091	17755874	211287	377934	3408451	2918832
上海	30634437	15729021	1763836	3888730	2868282	8148404
江苏	162274699	124784294	4436566	3972635	12372052	21145718
浙江	127309195	83459084	3788902	5068676	9114161	29667274
安徽	111174569	87044527	965805	2656796	9032312	12440934
福建	63983636	46149975	759892	2016661	3315434	12501566
江西	58625652	46666379	1200544	1041134	5817581	5100558
山东	226589035	170969018	2866687	7659064	16032501	31928452
河南	158365267	126076497	454630	4281351	12986763	15020656
湖北	87088545	68494260	1169773	2034233	6907758	9652294
湖南	119332264	90528308	1835857	3130372	12003794	13669790
广东	184373766	129049232	4413049	10631641	12833173	31859720
广西	82185249	65339548	906396	810715	5666472	10368514
海南	12195613	8284411	565091	530416	1715024	1665762
重庆	67253973	45931729	2420937	1264185	5798188	14259871
四川	153254967	102947002	1911217	6573994	15349892	28384079
贵州	72398873	52358499	1105613	1223336	7743213	11073825
云南	80185089	56954459	5374334	2585614	7548570	13096446
西藏	4168936	3339913	106827	142088	376296	310639
陕西	64312100	48735243	1028682	2688501	5530598	7357758
甘肃	33072639	24066371	121198	318566	3143075	5544627
青海	8658969	6404211	86139	79861	1091783	1083114
宁夏	11856731	8838538	75167	51785	1090760	1875648
新疆	30326630	21744913	404447	501370	4348729	3731618

3-5　各地区按资质等级分的房地产开发企业房屋新开工面积

单位：平方米

地　区	总　计	一　级	二　级	三　级	四　级	暂　定	其　他
全国总计	**2271535829**	**59550023**	**240339184**	**273962353**	**219651818**	**1235546876**	**242485575**
北　京	20732060	1321129	1355300	270983	5154789	10672668	1957191
天　津	25448399	422025	2371731	1131348	14549754	5195822	1777719
河　北	94526775	3308151	8843920	11028348	20896919	43213149	7236288
山　西	48790890	2244100	2707637	3028292	17192065	22981462	637334
内蒙古	37060621	1310001	2451327	4807733	17147539	8083617	3260404
辽　宁	41425109	719856	2765459	6788799	79020	20554668	10517307
吉　林	29470050	11164	3375898	3472604	3528464	17677212	1404708
黑龙江	24461091	28103	3348662	7873539	766446	8793585	3650756
上　海	30634437	263894	2769711	1133052		23910981	2556799
江　苏	162274699	3333710	35729243	2685944		100187784	20338018
浙　江	127309195	2303783	4388932	14602107	5023851	67716522	33274000
安　徽	111174569	2220210	6752358	11597669	1882926	76567196	12154210
福　建	63983636	1121917	4576540	5361302	2109839	46441626	4372412
江　西	58625652	954799	2722516	5516879	2118852	39912230	7400376
山　东	226589035	12318366	23125763	21910243	21017324	126044432	22172907
河　南	158365267	5274354	11252984	8930787	4352261	100763030	27791851
湖　北	87088545	1669413	6068424	5943333	6502315	59422789	7482271
湖　南	119332264	2589513	7936863	26073842	20935240	57881934	3914872
广　东	184373766	1360789	3364139	14957410	25734183	109865872	29091373
广　西	82185249	2464303	4083520	7488331	2731225	63739082	1678788
海　南	12195613	98135	803952	1398454	940529	6980619	1973924
重　庆	67253973	4820411	24341039	4334538	170813	32476928	1110244
四　川	153254967	2823063	35159878	75904933	237420	29918267	9211406
贵　州	72398873	720010	6859378	6189641	5422117	50280074	2927653
云　南	80185089	1664651	7660237	3612836	15355872	42015898	9875595
西　藏	4168936	46485	321095	338077	351553	3040776	70950
陕　西	64312100	806723	9023704	8026664	12524268	22590105	11340636
甘　肃	33072639	893558	5847657	4766668	8203813	13170288	190655
青　海	8658969	362737	1996424	1025913	468213	4107861	697821
宁　夏	11856731	1390893	3940061	1016189	568814	3854544	1086230
新　疆	30326630	683777	4394832	2745895	3685394	17485855	1330877

3-6 各地区按资质等级分的房地产开发企业住宅新开工面积

单位：平方米

地　区	总　计	一　级	二　级	三　级	四　级	暂　定	其　他
全国总计	**1674634262**	**42808735**	**174314281**	**199191320**	**161295239**	**922538016**	**174486671**
北　京	10037165	814008	741622	192517	2558641	5024510	705867
天　津	19738124	243811	2052161	1046201	11184674	4001342	1209935
河　北	74043976	2298408	6647033	8467886	16154998	34368715	6106936
山　西	37716996	1714659	1965589	2533640	13032579	17958471	512058
内蒙古	27838743	960175	1895352	3399891	12791452	6435338	2356535
辽　宁	31909679	502126	2243612	5177404	65239	16244349	7676949
吉　林	21698273	447	2518137	2779704	2545344	12705068	1149573
黑龙江	17755874	28103	2569772	5858997	554027	6243626	2501349
上　海	15729021	217065	1694107	724180		12291954	801715
江　苏	124784294	2750623	27316345	1919170		77696873	15101283
浙　江	83459084	1415753	2685658	8940506	3345800	45634948	21436419
安　徽	87044527	1924265	5338480	8960164	1576540	59681828	9563250
福　建	46149975	896575	2834890	3974448	1510071	33901329	3032662
江　西	46666379	876388	2025413	4549041	1700893	31685274	5829370
山　东	170969018	8119841	17552303	17097707	16719840	94867019	16612308
河　南	126076497	4232681	8493523	7283629	3499485	80627444	21939735
湖　北	68494260	1528143	4688069	4651917	5447105	45838303	6340723
湖　南	90528308	2105647	6277237	20533802	14680854	44137289	2793479
广　东	129049232	821479	2355558	10180127	17489592	79019113	19183363
广　西	65339548	1920356	3208422	5775488	2340398	50605932	1488952
海　南	8284411	91444	401466	731978	719121	5049118	1291284
重　庆	45931729	3109768	15750073	3100462	71448	23102338	797640
四　川	102947002	1469823	23764261	50046597	191715	22190934	5283672
贵　州	52358499	525462	4439666	4735549	4061959	36381984	2213879
云　南	56954459	1155259	5706158	2896971	10697458	29285047	7213566
西　藏	3339913		243846	204078	230033	2616285	45671
陕　西	48735243	582122	7003665	6333542	8782924	17173991	8858999
甘　肃	24066371	553232	4111617	3657257	5908607	9702483	133175
青　海	6404211	301558	1341048	777780	364992	3097460	521373
宁　夏	8838538	1039027	3090692	649528	379948	2859832	819511
新　疆	21744913	610487	3358506	2011159	2689502	12109819	965440

3-7 各地区按用途分的房地产开发企业房屋竣工面积

单位：平方米

地区	房屋竣工面积	住宅	#别墅、高档公寓	办公楼	商业营业用房	其他
全国总计	**959415331**	**680111077**	**24501434**	**39233927**	**108141772**	**131928555**
北京	13432804	5831955	604080	2902753	985994	3712102
天津	16555018	11866859	724096	419926	1475064	2793169
河北	26799607	20426708	216465	765437	2753028	2854434
山西	27392161	19852854	103904	835125	3580703	3123479
内蒙古	9505595	6897444	83928	214556	1252486	1141109
辽宁	18176275	13742580	371624	396029	2546113	1491553
吉林	12221689	8932745	83181	358246	1437103	1493595
黑龙江	12040810	9409277		171499	1288128	1171906
上海	26696731	14532750	3198396	2593632	3245544	6324805
江苏	93690823	69688876	3810704	3576591	9375576	11049780
浙江	57388158	35511103	2243605	3328479	5765585	12782991
安徽	56738950	42508137	733465	1600479	6280867	6349467
福建	28822875	18139032	284746	1775943	3679148	5228752
江西	22307580	16701941	521828	546023	3587122	1472494
山东	101792488	77346533	1816709	3814238	10220422	10411295
河南	65712114	51626861	105761	2400643	6940914	4743696
湖北	25586028	20192873	755914	700396	2474154	2218605
湖南	39752412	29693464	859272	846661	4463877	4748410
广东	99555355	65781742	1488206	6400967	9395089	17977557
广西	20378529	15159929	117346	592132	1980213	2646255
海南	13022635	10999384	1199491	75408	841921	1105922
重庆	50691741	34000779	2025090	991106	6131770	9568086
四川	45800446	29401080	816224	1319828	6122538	8957000
贵州	9548487	6344973	362766	266114	1640014	1297386
云南	18444906	12254000	1454243	538890	2968588	2683428
西藏	188674	81200			71570	35904
陕西	17821319	12816732	328060	895080	2577325	1532182
甘肃	6741361	4705061	37585	124861	1242160	669279
青海	1332685	862824		100180	206276	163405
宁夏	10110482	7181069	55096	313523	1526881	1089009
新疆	11166593	7620312	99649	369182	2085599	1091500

3-8 各地区按资质等级分的房地产开发企业房屋竣工面积

单位：平方米

地区	总计	一级	二级	三级	四级	暂定	其他
全国总计	**959415331**	**53168455**	**157903425**	**164482870**	**123004938**	**397735138**	**63120505**
北京	13432804	2125631	1469762	918931	5521237	3362008	35235
天津	16555018	511078	1845822	736535	11047378	2274787	139418
河北	26799607	2583892	3906008	5141740	6188933	8265618	713416
山西	27392161	2111706	3536325	4490373	10414737	6723629	115391
内蒙古	9505595	38418	1034124	1262910	5569454	1131500	469189
辽宁	18176275	672338	1799129	4597342	98116	9073887	1935463
吉林	12221689	298830	2411730	1600187	1867531	5898555	144856
黑龙江	12040810	123048	3042691	4628515	792330	3029325	424901
上海	26696731	415525	2683696	1287675		20937994	1371841
江苏	93690823	4846395	29096517	2352601	5584	48269321	9120405
浙江	57388158	942227	3674443	8840365	4172364	29916297	9842462
安徽	56738950	1499474	5705595	13371353	986443	31448243	3727842
福建	28822875	409397	2615201	8976715	2615003	13665535	541024
江西	22307580	579957	1729074	3911335	2644272	11877485	1565457
山东	101792488	7870337	11067573	15244700	14156832	46845951	6607095
河南	65712114	3292332	10215527	6710179	3512628	33848934	8132514
湖北	25586028	1973001	3556505	3776428	3286214	12014820	979060
湖南	39752412	2961408	5442295	13932625	9416484	7229000	770600
广东	99555355	7628877	6560184	19260162	17057079	41464482	7584571
广西	20378529	718091	4883904	3565857	1718041	9324219	168417
海南	13022635	98135	877186	1766082	2284602	7352702	643928
重庆	50691741	4036327	23444603	4656932	88082	17729382	736415
四川	45800446	3549871	9646368	22686067	215713	7964612	1737815
贵州	9548487	168808	2663230	1579813	1215632	3187067	733937
云南	18444906	472929	1235380	1632871	7091002	5819470	2193254
西藏	188674		8626	115846	20503	33281	10418
陕西	17821319	943191	4787418	2639341	5125062	1783839	2542468
甘肃	6741361		1262449	2083492	1961607	1432013	1800
青海	1332685		299089	360504	645088	20990	7014
宁夏	10110482	1120735	5086058	1301342	1152472	1449875	
新疆	11166593	1176497	2316913	1054052	2134515	4360317	124299

3-9　各地区按资质等级分的房地产开发企业住宅竣工面积

单位：平方米

地　区	总 计	一 级	二 级	三 级	四 级	暂 定	其 他
全国总计	**680111077**	**38968735**	**114727626**	**115521440**	**85707108**	**282001463**	**43184705**
北　京	5831955	1517941	226827	505838	2155000	1426349	
天　津	11866859	402114	1436682	665270	7388670	1896531	77592
河　北	20426708	2192387	3199148	3822454	4522587	6147379	542753
山　西	19852854	1649285	2413362	3206300	7312415	5174279	97213
内蒙古	6897444		871555	915974	3889323	844424	376168
辽　宁	13742580	444966	1423536	3566545	62665	6769767	1475101
吉　林	8932745	226169	1771660	1130528	1407377	4273784	123227
黑龙江	9409277	109215	2622603	3238515	596447	2450443	392054
上　海	14532750	311025	1710286	791676		11134704	585059
江　苏	69688876	3637760	22117651	1707857	4872	36228776	5991960
浙　江	35511103	719890	2754793	5359802	2718557	18516144	5441917
安　徽	42508137	904142	4561834	9847035	779337	23454522	2961267
福　建	18139032	264568	1518305	6521074	1341630	8271720	221735
江　西	16701941	568267	1357255	2782361	1942638	8643479	1407941
山　东	77346533	5869692	8696335	11751487	11257374	34700711	5070934
河　南	51626861	2733409	6973004	5032401	2934599	27472475	6480973
湖　北	20192873	1737094	2653640	3029151	2718779	9333779	720430
湖　南	29693464	2189188	3938736	10952738	6577759	5495954	539089
广　东	65781742	4882678	4527191	11912834	11755846	27948290	4754903
广　西	15159929	638645	4038156	2387461	1203230	6731689	160748
海　南	10999384	91444	688754	1486561	2193553	5956754	582318
重　庆	34000779	2776763	16008732	3298851	40819	11516677	358937
四　川	29401080	2233065	6447530	13985687	126792	5435821	1172185
贵　州	6344973	116322	1722926	1158846	730752	2106988	509139
云　南	12254000	344219	900389	1096087	4968624	4125941	818740
西　藏	81200		8626	72574			
陕　西	12816732	688388	3333963	2067048	3368147	1119470	2239716
甘　肃	4705061		896910	1340801	1384787	1080763	1800
青　海	862824		292735	290769	262431	11684	5205
宁　夏	7181069	837053	3824203	852039	664233	1003541	
新　疆	7620312	883046	1790299	744876	1397865	2728625	75601

3-10 各地区按资质等级分的房地产开发企业90平方米及以下住宅竣工面积

单位：平方米

地　区	总　计	一　级	二　级	三　级	四　级	暂　定	其　他
全国总计	**149107811**	**8657006**	**26270681**	**26328131**	**18067833**	**61235409**	**8548751**
北　京	3123460	1030863	226827	255817	818889	791064	
天　津	5052320	402114	441196	215723	3324722	666470	2095
河　北	4240568	307863	716032	754021	752600	1590245	119807
山　西	3517800	488261	423888	781845	1197370	612225	14211
内蒙古	1289368		386935	163750	598451	85301	54931
辽　宁	5858312	151707	368499	1540780	5071	3233051	559204
吉　林	4646046	113568	1066721	450820	622507	2356254	36176
黑龙江	4459717	68834	887412	1674192	310766	1281559	236954
上　海	5707580	95474	759364	162889		4585818	104035
江　苏	12542484	723890	4602710	161474		6198557	855853
浙　江	6822416	68931	562908	620563	654843	3450946	1464225
安　徽	7002664	203547	780976	2753581	93363	2821961	349236
福　建	3624657	80676	349680	1288366	314450	1578235	13250
江　西	2454468	66856	588284	334126	314253	1139031	11918
山　东	9997657	413602	996806	1478813	1850027	4780013	478396
河　南	11153512	750929	1680252	1004794	483601	6385144	848792
湖　北	3467731	618437	251139	594115	259011	1592012	153017
湖　南	2430781	246234	321634	1073205	373392	358478	57838
广　东	11521385	708400	591850	2317021	2042630	4651654	1209830
广　西	2552311		591968	273426	221834	1365730	99353
海　南	7431752	69895	247575	1146501	1521355	4098552	347874
重　庆	10676763	308919	4700043	1501694	3501	3968725	193881
四　川	9521147	655597	2348491	4413082	31344	1808047	264586
贵　州	884782	3960	357456	96606	31825	240280	154655
云　南	1566340	259931	81143	155274	518315	519844	31833
西　藏							
陕　西	3478052	551217	323643	633327	1015797	72821	881247
甘　肃	850966		43641	221139	406202	179635	349
青　海	306831		239938	5999	55689		5205
宁　夏	1070779	40999	693126	102662	142547	91445	
新　疆	1855162	226302	640544	152526	103478	732312	

3-11　各地区按资质等级分的房地产开发企业别墅、高档公寓竣工面积

单位：平方米

地　区	总　计	一　级	二　级	三　级	四　级	暂　定	其　他
全国总计	**24501434**	**458306**	**4066103**	**3880436**	**2827688**	**11851432**	**1417469**
北　京	604080	113736		5432	470774	14138	
天　津	724096		86400	73426	433445	123285	7540
河　北	216465		2000	7855	144903	61707	
山　西	103904			25596	43352	34956	
内蒙古	83928			21910	28229	18441	15348
辽　宁	371624	10000	30847	58565	31562	240650	
吉　林	83181					83181	
黑龙江							
上　海	3198396		153810	70208		2731782	242596
江　苏	3810704	8937	834453	391657		2356489	219168
浙　江	2243605	28558	248881	740448	158115	909577	158026
安　徽	733465	31221	119970	147682	30703	390829	13060
福　建	284746		13556	134364		136826	
江　西	521828		5500	203753	45752	239414	27409
山　东	1816709	68222	154287	320360	252101	824562	197177
河　南	105761		22000		44644	39117	
湖　北	755914	38911	158354	87919	48700	405455	16575
湖　南	859272	25299	41433	267741	140295	384504	
广　东	1488206	29687	170967	320221	230056	672520	64755
广　西	117346					117346	
海　南	1199491		92684	223078	95422	609442	178865
重　庆	2025090	16404	1300300	240529		467857	
四　川	816224	35686	109244	286443		189846	195005
贵　州	362766		128053	19092		215621	
云　南	1454243	28939	97496	172342	621912	470244	63310
西　藏							
陕　西	328060		267857	48103			12100
甘　肃	37585				5402	32183	
青　海							
宁　夏	55096		28011	13712		13373	
新　疆	99649	22706			2321	68087	6535

3-12 各地区按用途分的房地产开发企业不可销售面积

单位：平方米

地　区	不可销售面　积	住　宅	#别　墅、高档公寓	办公楼	商业营业用房	其　他
全国总计	**58450627**	**18170808**	**171050**	**2306632**	**9308474**	**28664713**
北　京	3338649	936718	3702	565603	235870	1600458
天　津	2243886	1717009	1156	100535	197452	228890
河　北	1848449	880179	3300	23547	362243	582480
山　西	2508448	1003470		120602	491262	893114
内蒙古	565609	186779		32700	106709	239421
辽　宁	561177	90133	1020	11612	49660	409772
吉　林	709061	225122		5419	67335	411185
黑龙江	983721	632409		5536	166347	179429
上　海	2868646	114934	22273	251508	689657	1812547
江　苏	5504765	1555392	6505	84706	1009349	2855318
浙　江	7180363	1289306	39071	259218	1182165	4449674
安　徽	2391456	500452		28177	620696	1242131
福　建	1946044	567551		134483	251710	992300
江　西	551748	127605	915	18719	202328	203096
山　东	2846002	1066708	17450	135728	452715	1190851
河　南	1762340	831221		12002	117650	801467
湖　北	1445159	204613	32250	62525	307395	870626
湖　南	1251114	224349	15703	49671	75242	901852
广　东	6522215	1261133	18594	115547	720510	4425025
广　西	679691	112590	2708	6671	189156	371274
海　南	574397	183864		850	66175	323508
重　庆	1800806	562882	605	58190	498033	681701
四　川	1447356	229010		22540	274668	921138
贵　州	365449	134382		2136	31833	197098
云　南	948063	293027	5798	9954	183239	461843
西　藏	500				500	
陕　西	1817063	762260		120462	411381	522960
甘　肃	531563	337219		2705	39598	152041
青　海	274614	258941				15673
宁　夏	1728551	1161094		58191	116193	393073
新　疆	1253722	720456		7095	191403	334768

3-13　各地区按资质等级分的房地产开发企业不可销售面积

单位：平方米

地　区	总　计	一　级	二　级	三　级	四　级	暂　定	其　他
全国总计	**58450627**	**2578434**	**10701216**	**9498843**	**8579230**	**23756764**	**3336140**
北　京	3338649	860376	135010	294012	1124303	924948	
天　津	2243886		1025		2007762	217833	17266
河　北	1848449	16054	419218	704096	502076	205460	1545
山　西	2508448	104474	415153	273059	828970	886792	
内蒙古	565609	9510	62388	66135	198050	227021	2505
辽　宁	561177	3271	70538	186785	518	260300	39765
吉　林	709061		179291	66550	143783	319437	
黑龙江	983721	85247	181708	354207	25479	266989	70091
上　海	2868646	55569	209251	78764		2414100	110962
江　苏	5504765	202448	2375635	62634		2383538	480510
浙　江	7180363	127047	880406	1350587	332926	3727255	762142
安　徽	2391456	8805	115086	538871	9569	1631765	87360
福　建	1946044	37271	77971	880602	87494	860158	2548
江　西	551748	4400	11303	141780	12183	371623	10459
山　东	2846002	212914	117681	291083	167320	1682618	374386
河　南	1762340	30023	414036	57304	29554	1035857	195566
湖　北	1445159		160266	177020	179167	910200	18506
湖　南	1251114	159673	126568	418106	376926	164583	5258
广　东	6522215	221346	414383	1800534	1039004	2357624	689324
广　西	679691		117234	125538	54979	381940	
海　南	574397		96248	213595	29401	216360	18793
重　庆	1800806	169911	413801	32190	936	1173182	10786
四　川	1447356	157130	344856	716013	34	116262	113061
贵　州	365449		74220	122410	21212	41273	106334
云　南	948063	6184	91223	9099	470866	302092	68599
西　藏	500						500
陕　西	1817063	38082	851673	196476	314867	266805	149160
甘　肃	531563		43502	164935	273640	49486	
青　海	274614		239938	29047	500	4415	714
宁　夏	1728551	63453	1401303	110310	117773	35712	
新　疆	1253722	5246	660301	37101	229938	321136	

3-14 各地区按用途分的房地产开发企业住宅竣工套数

单位：套

地 区	住 宅	#90平方米及以下住宅	#144平方米以上住宅	#别墅、高档公寓
全国总计	**6452838**	**2016590**	**537007**	**141022**
北 京	62367	46079	4848	1481
天 津	131137	79252	4581	5142
河 北	186404	56127	9125	1303
山 西	173581	45833	21032	865
内蒙古	62638	17225	7589	289
辽 宁	140321	76819	7039	1936
吉 林	98228	61714	3908	224
黑龙江	102690	60116	3448	
上 海	142001	76238	12258	21800
江 苏	592808	161443	61534	18929
浙 江	292944	88879	38011	8701
安 徽	707369	86001	18493	3641
福 建	164317	53283	12845	1644
江 西	149213	31651	14130	3108
山 东	634381	129641	76919	10258
河 南	451982	140107	39773	451
湖 北	174301	43641	12338	3612
湖 南	238493	33964	29203	5340
广 东	586849	160328	65912	9462
广 西	130016	37635	11954	448
海 南	143822	116966	5202	12014
重 庆	322022	138091	21110	10485
四 川	296444	122952	12840	8294
贵 州	56685	13128	4416	2595
云 南	95110	24741	18631	6241
西 藏	328		263	
陕 西	115123	43935	8161	1752
甘 肃	43568	11583	1271	158
青 海	7644	3503	826	
宁 夏	63710	15023	2971	308
新 疆	86342	40692	6376	541

3-15　各地区按资质等级分的房地产开发企业住宅竣工套数

单位：套

地　区	总　计	一　级	二　级	三　级	四　级	暂　定	其　他
全国总计	**6452838**	**688782**	**1027062**	**1069014**	**773726**	**2523775**	**370479**
北　京	62367	19496	3270	5981	17589	16031	
天　津	131137	4904	13965	6226	88669	16801	572
河　北	186404	19425	29478	33585	40723	58865	4328
山　西	173581	15317	22491	28204	63582	43069	918
内蒙古	62638		8805	8189	35212	7459	2973
辽　宁	140321	4687	12978	39476	456	66964	15760
吉　林	98228	2328	19884	11994	15189	47459	1374
黑龙江	102690	1387	27301	35905	6131	27620	4346
上　海	142001	2892	16322	7255		110440	5092
江　苏	592808	30572	193293	13746	30	304368	50799
浙　江	292944	5508	23192	40295	23781	152445	47723
安　徽	707369	341304	41506	89996	6764	204336	23463
福　建	164317	2525	14610	57855	11727	76380	1220
江　西	149213	8007	13332	24839	17011	76484	9540
山　东	634381	46801	72140	97988	91943	286756	38753
河　南	451982	25932	61788	44803	25525	239008	54926
湖　北	174301	15857	21594	25843	22606	82621	5780
湖　南	238493	17901	32313	90587	49087	44450	4155
广　东	586849	39923	39313	111242	106027	246906	43438
广　西	130016	7083	31017	21155	10213	58835	1713
海　南	143822	1714	7181	19725	27986	80822	6394
重　庆	322022	24909	145242	34040	392	114128	3311
四　川	296444	21161	67012	137122	1220	58613	11316
贵　州	56685	852	16573	9126	6411	17802	5921
云　南	95110	6026	5904	8976	39384	29866	4954
西　藏	328		65	263			
陕　西	115123	7255	22057	23801	31732	9288	20990
甘　肃	43568		7831	11754	13844	10111	28
青　海	7644		3018	2045	2268	254	59
宁　夏	63710	6493	34967	7776	6033	8441	
新　疆	86342	8523	18620	19222	12191	27153	633

3-16 各地区按资质等级分的房地产开发企业90平方米及以下住宅竣工套数

单位：套

地区	总计	一级	二级	三级	四级	暂定	其他
全国总计	**2016590**	**116389**	**346757**	**361698**	**259929**	**819644**	**112173**
北京	46079	16519	3270	4141	10845	11304	
天津	79252	4904	5731	2464	58754	7372	27
河北	56127	4539	8612	9933	10760	20841	1442
山西	45833	5977	5887	10355	15454	7988	172
内蒙古	17225		4521	1982	8654	1333	735
辽宁	76819	2093	4535	22099	62	40188	7842
吉林	61714	1262	13846	6556	8506	31053	491
黑龙江	60116	1043	13243	22214	4026	16667	2923
上海	76238	1490	8809	2080		62549	1310
江苏	161443	8565	58720	2307		80121	11730
浙江	88879	952	7141	8366	8171	44663	19586
安徽	86001	2585	10041	31419	1138	36833	3985
福建	53283	1064	5762	16743	4399	25124	191
江西	31651	1149	7134	4680	4078	14463	147
山东	129641	5147	12703	21399	23401	61058	5933
河南	140107	10836	22760	12655	6194	77505	10157
湖北	43641	7059	3091	7355	3444	20759	1933
湖南	33964	2977	4746	15125	5608	4804	704
广东	160328	8610	9843	31496	28339	66445	15595
广西	37635		9265	5668	2880	18622	1200
海南	116966	1355	3337	17000	22678	67058	5538
重庆	138091	4610	59859	18343	45	52709	2525
四川	122952	7803	31081	56252	387	23845	3584
贵州	13128	66	4574	1472	602	3325	3089
云南	24741	5467	934	1956	8540	7419	425
西藏							
陕西	43935	6243	3863	8508	13654	821	10846
甘肃	11583		762	3088	5404	2325	4
青海	3503		2666	112	666		59
宁夏	15023	464	9951	1228	1960	1420	
新疆	40692	3610	10070	14702	1280	11030	

3-17　各地区按资质等级分的房地产开发企业别墅、高档公寓竣工套数

单位：套

地　区	总　计	一　级	二　级	三　级	四　级	暂　定	其　他
全国总计	**141022**	**2331**	**20864**	**21216**	**18519**	**69169**	**8923**
北　京	1481	248		7	1180	46	
天　津	5142		456	496	3024	1140	26
河　北	1303		15	21	886	381	
山　西	865			70	479	316	
内蒙古	289			64	86	77	62
辽　宁	1936	72	239	374	141	1110	
吉　林	224					224	
黑龙江							
上　海	21800		1066	186		18864	1684
江　苏	18929	50	4533	1807		11455	1084
浙　江	8701	84	746	2488	694	3802	887
安　徽	3641	215	518	714	172	1982	40
福　建	1644		8	698		938	
江　西	3108		28	789	564	1615	112
山　东	10258	368	653	2415	2307	3836	679
河　南	451		48		141	262	
湖　北	3612	101	449	501	274	2223	64
湖　南	5340	561	382	1150	979	2268	
广　东	9462	140	549	1298	3893	3275	307
广　西	448					448	
海　南	12014		915	3019	916	6524	640
重　庆	10485	60	6308	2220		1897	
四　川	8294	123	675	1909		2519	3068
贵　州	2595		1150	84		1361	
云　南	6241	114	507	597	2755	2080	188
西　藏							
陕　西	1752		1488	204			60
甘　肃	158				16	142	
青　海							
宁　夏	308		131	105		72	
新　疆	541	195			12	312	22

3-18 各地区按用途分的房地产开发企业房屋竣工价值

单位：万元

地　区	房　屋竣工价值	住　宅	#别　墅、高档公寓	办公楼	商业营业用房	其　他
全国总计	**340459017**	**235792191**	**14167259**	**21061205**	**43806817**	**39798804**
北　京	6693146	2304468	207001	2253159	559661	1575858
天　津	7509363	4628457	382302	661891	1236607	982408
河　北	6905227	5496196	90135	147064	672857	589110
山　西	8593701	5643359	43066	644344	1642884	663114
内 蒙 古	2536042	1724883	20608	54114	443113	313932
辽　宁	6229841	4601215	178805	220658	1037732	370236
吉　林	3353017	2417381	18590	184726	415895	335015
黑 龙 江	2944950	2141513		78572	440155	284710
上　海	18336474	9653104	2658084	2526411	2527591	3629368
江　苏	39282837	29827478	2588975	1807719	4487149	3160491
浙　江	25183191	16502660	1596950	1728459	2735745	4216327
安　徽	17213541	12987226	255449	555652	2121677	1548986
福　建	9052729	5793214	89156	572085	1198854	1488576
江　西	6349426	4753519	191824	154873	1032218	408816
山　东	27170710	20767191	565098	1194350	2730562	2478607
河　南	15831727	12262643	25383	652379	1751714	1164991
湖　北	9616135	7345089	352614	465536	1216525	588985
湖　南	11540333	8417720	361879	319192	1617576	1185845
广　东	45699323	30425511	1480866	3746129	5189342	6338341
广　西	5824455	4268624	27807	303749	617081	635001
海　南	5489632	4559255	782304	45228	432387	452762
重　庆	22025472	15267464	1191754	865221	3035225	2857562
四　川	14617411	9490719	349622	602868	2292882	2230942
贵　州	2302481	1495320	118174	65246	447286	294629
云　南	6372006	3921913	410254	476203	1311894	661996
西　藏	39330	14670			19198	5462
陕　西	5545422	3620857	76333	387204	970667	566694
甘　肃	1977049	1385841	25632	60168	379219	151821
青　海	316615	199096		22437	53565	41517
宁　夏	2686685	1796688	16421	121665	474376	293956
新　疆	3220746	2078917	62173	143903	715180	282746

3-19 各地区按资质等级分的房地产开发企业房屋竣工价值

单位：万元

地区	总计	一级	二级	三级	四级	暂定	其他
全国总计	**340459017**	**19463670**	**56369773**	**53999815**	**39896227**	**147543440**	**23186092**
北京	6693146	785236	1507417	313960	2525023	1543111	18399
天津	7509363	186179	605125	374494	5251804	890038	201723
河北	6905227	745246	1166537	1184471	1608412	2053692	146869
山西	8593701	570652	1204263	1209894	3364742	2230012	14138
内蒙古	2536042	8068	202689	245330	1571144	410287	98524
辽宁	6229841	99063	553992	1593945	24861	3119619	838361
吉林	3353017	59766	702786	459265	390001	1708252	32947
黑龙江	2944950	29270	694179	1276087	171407	705916	68091
上海	18336474	242436	1495398	869001		14594085	1135554
江苏	39282837	2353921	11820942	1364770	930	20491579	3250695
浙江	25183191	503455	1346680	3997320	1423850	13612264	4299622
安徽	17213541	414671	1590438	3932434	340861	9426785	1508352
福建	9052729	132601	844842	2903982	805333	4194920	171051
江西	6349426	366036	496954	1191307	665081	3339265	290783
山东	27170710	2257891	2776711	4201793	3447776	12745854	1740685
河南	15831727	1008588	2824652	1387212	784553	8138463	1688259
湖北	9616135	540376	1829942	1225711	773325	4804553	442228
湖南	11540333	1086086	1528597	3991214	2523818	2241131	169487
广东	45699323	3663554	3346709	9114730	7268832	18573644	3731854
广西	5824455	171784	1403855	990832	361266	2862721	33997
海南	5489632	25024	289768	714649	897145	3319857	243189
重庆	22025472	1692226	10242617	1453888	19034	8261222	356485
四川	14617411	1387253	2945348	6918783	68404	2700658	596965
贵州	2302481	32233	785695	347615	278535	718377	140026
云南	6372006	156440	317128	678253	2149390	1866906	1203889
西藏	39330		3646	17605	2100	11721	4258
陕西	5545422	283661	1356315	716070	1704034	760016	725326
甘肃	1977049		477601	605273	451070	442515	590
青海	316615		61710	99241	148887	5877	900
宁夏	2686685	301846	1237808	380323	361238	405470	
新疆	3220746	360108	709429	240363	513371	1364630	32845

3-20 各地区按资质等级分的房地产开发企业住宅竣工价值

单位：万元

地　区	总　计	一　级	二　级	三　级	四　级	暂　定	其　他
全国总计	**235792191**	**14654568**	**39876988**	**37452359**	**25954339**	**102532400**	**15321537**
北　京	2304468	563774	84963	155774	812686	687271	
天　津	4628457	147184	488882	345199	2763220	766318	117654
河　北	5496196	634423	958267	875363	1265637	1651774	110732
山　西	5643359	470742	633052	883473	1998100	1646407	11585
内蒙古	1724883		175697	182827	1070205	222993	73161
辽　宁	4601215	67036	433852	1137993	16849	2244646	700839
吉　林	2417381	45234	547446	293193	304736	1199383	27389
黑龙江	2141513	26712	596187	755882	130285	572052	60395
上　海	9653104	187428	914145	454959		7626249	470323
江　苏	29827478	1845572	8840443	1056422	820	15782530	2301691
浙　江	16502660	419786	1069346	2650783	964428	8591286	2807031
安　徽	12987226	279667	1276090	2921502	279058	6983061	1247848
福　建	5793214	89997	532875	2132729	415244	2553741	68628
江　西	4753519	362287	381190	878161	486779	2391669	253433
山　东	20767191	1689702	2233834	3152018	2794069	9555216	1342352
河　南	12262643	850655	1707328	1134427	639010	6598165	1333058
湖　北	7345089	455552	1404466	939341	618836	3642679	284215
湖　南	8417720	825026	1092969	3150699	1732053	1514731	102242
广　东	30425511	2374513	2534972	5744173	4914866	12647879	2209108
广　西	4268624	152324	1119162	559171	259074	2149666	29227
海　南	4559255	23318	227232	606508	864273	2628396	209528
重　庆	15267464	1318185	7252800	1083324	7631	5360768	244756
四　川	9490719	973692	1920991	4253888	51235	1923872	367041
贵　州	1495320	19776	512359	251398	159356	458762	93669
云　南	3921913	115896	235633	449596	1528732	1294995	297061
西　藏	14670		3646	11024			
陕　西	3620857	227998	851339	562663	1006976	432926	538955
甘　肃	1385841		331370	385350	310458	358073	590
青　海	199096		59931	80174	55005	3271	715
宁　夏	1796688	212067	904204	224496	186628	269293	
新　疆	2078917	276022	552317	139849	318090	774328	18311

3-21　各地区房地产开发企业建造的房屋面积和造价

地　区	房屋施工面积(平方米)	房屋竣工面积(平方米)	房屋建筑面积竣工率(%)	房屋竣工价值(万元)	房屋竣工造价(元/平方米)
全国总计	**8938208892**	**959415331**	**10.7**	**340459017**	**3549**
北　京	125149895	13432804	10.7	6693146	4983
天　津	114534251	16555018	14.5	7509363	4536
河　北	298529650	26799607	9.0	6905227	2577
山　西	195485452	27392161	14.0	8593701	3137
内蒙古	158890841	9505595	6.0	2536042	2668
辽　宁	237874897	18176275	7.6	6229841	3427
吉　林	124037278	12221689	9.9	3353017	2743
黑龙江	114411959	12040810	10.5	2944950	2446
上　海	148029679	26696731	18.0	18336474	6868
江　苏	656867508	93690823	14.3	39282837	4193
浙　江	496046058	57388158	11.6	25183191	4388
安　徽	435911500	56738950	13.0	17213541	3034
福　建	341401806	28822875	8.4	9052729	3141
江　西	235569754	22307580	9.5	6349426	2846
山　东	757674220	101792488	13.4	27170710	2669
河　南	575670995	65712114	11.4	15831727	2409
湖　北	338250696	25586028	7.6	9616135	3758
湖　南	400451156	39752412	9.9	11540333	2903
广　东	868248712	99555355	11.5	45699323	4590
广　西	298070253	20378529	6.8	5824455	2858
海　南	92215615	13022635	14.1	5489632	4215
重　庆	279866382	50691741	18.1	22025472	4345
四　川	491137533	45800446	9.3	14617411	3192
贵　州	277750734	9548487	3.4	2302481	2411
云　南	263140521	18444906	7.0	6372006	3455
西　藏	7641619	188674	2.5	39330	2085
陕　西	277283922	17821319	6.4	5545422	3112
甘　肃	109773338	6741361	6.1	1977049	2933
青　海	29223779	1332685	4.6	316615	2376
宁　夏	59365935	10110482	17.0	2686685	2657
新　疆	129702954	11166593	8.6	3220746	2884

3-22 各地区房地产开发企业建造的住宅面积和造价

地　　区	住宅施工面　积(平方米)	住宅竣工面　积(平方米)	住宅建筑面积竣　工　率(%)	住宅竣工价　值(万元)	住宅竣工造　价(元/平方米)
全国总计	**6276734235**	**680111077**	**10.8**	**235792191**	**3467**
北　京	56401061	5831955	10.3	2304468	3951
天　津	81569405	11866859	14.5	4628457	3900
河　北	230234044	20426708	8.9	5496196	2691
山　西	143237617	19852854	13.9	5643359	2843
内蒙古	108082770	6897444	6.4	1724883	2501
辽　宁	174295942	13742580	7.9	4601215	3348
吉　林	86140344	8932745	10.4	2417381	2706
黑龙江	82163622	9409277	11.5	2141513	2276
上　海	74464276	14532750	19.5	9653104	6642
江　苏	490108522	69688876	14.2	29827478	4280
浙　江	311759411	35511103	11.4	16502660	4647
安　徽	319537453	42508137	13.3	12987226	3055
福　建	224569703	18139032	8.1	5793214	3194
江　西	176614266	16701941	9.5	4753519	2846
山　东	559419778	77346533	13.8	20767191	2685
河　南	439712635	51626861	11.7	12262643	2375
湖　北	255408414	20192873	7.9	7345089	3637
湖　南	292526760	29693464	10.2	8417720	2835
广　东	596643613	65781742	11.0	30425511	4625
广　西	220611900	15159929	6.9	4268624	2816
海　南	66864977	10999384	16.5	4559255	4145
重　庆	184661215	34000779	18.4	15267464	4490
四　川	321519649	29401080	9.1	9490719	3228
贵　州	184265222	6344973	3.4	1495320	2357
云　南	175316873	12254000	7.0	3921913	3201
西　藏	5498107	81200	1.5	14670	1807
陕　西	201546247	12816732	6.4	3620857	2825
甘　肃	74732863	4705061	6.3	1385841	2945
青　海	19311708	862824	4.5	199096	2307
宁　夏	37892867	7181069	19.0	1796688	2502
新　疆	81622971	7620312	9.3	2078917	2728

3-23　各地区按用途分的房地产开发企业房屋出租面积

单位：平方米

地　区	房　屋出租面积	住宅	#别　墅、高档公寓	办公楼	商业营业用房	其　他
全国总计	**36178210**	**2481520**	**655050**	**11550328**	**16248098**	**5898264**
北　京	2651380	68086	39233	1026774	1181535	374985
天　津	359794	2535		142042	163165	52052
河　北	118821				64445	54376
山　西	70334				57034	13300
内 蒙 古	37838			3530	34308	
辽　宁	150080	529		46380	103171	
吉　林	507648			21668	363635	122345
黑 龙 江	377374	124769		7542	190173	54890
上　海	20359378	1296222	547518	8098546	7078942	3885668
江　苏	1345409	25610	4745	237334	977998	104467
浙　江	1188949	117158	25197	456654	553969	61168
安　徽	297463	1000		89616	69195	137652
福　建	1138863	115244	29233	141592	627996	254031
江　西	12053				3004	9049
山　东	1322675	25834		281094	813292	202455
河　南	22941			10203	12738	
湖　北	372050	10344			341926	19780
湖　南	278471	7989		67404	139267	63811
广　东	1971249	108594	9124	507845	1176183	178627
广　西	264122	119242		42669	100746	1465
海　南	156402	13775		16851	103653	22123
重　庆	309045	5668			252504	50873
四　川	209389	355		29503	150402	29129
贵　州	84310	10196		9994	56160	7960
云　南	1122194	407508		225089	423465	66132
西　藏	4832					4832
陕　西	609978			30256	488304	91418
甘　肃	96251				94251	2000
青　海						
宁　夏	448045	20862		27075	383747	16361
新　疆	290872			30667	242890	17315

3-24 各地区按资质等级分的房地产开发企业房屋出租面积

单位：平方米

地 区	总 计	一 级	二 级	三 级	四 级	暂 定	其 他
全国总计	**36178210**	**3546394**	**5384175**	**4711276**	**2550595**	**15456666**	**4529104**
北 京	2651380	246502	490743	109668	1137562	221578	445327
天 津	359794		245554	8440	105800		
河 北	118821		2640	92115	1706	22360	
山 西	70334		10867	8838	20290	30339	
内蒙古	37838			14380	23458		
辽 宁	150080	23034		107531		19515	
吉 林	507648		166213	96745	1296	243394	
黑龙江	377374	55053	96184	195382		30755	
上 海	20359378	2501370	2699431	1331880	6955	11260699	2559043
江 苏	1345409	24517	364979	54360		662317	239236
浙 江	1188949	115866	97447	370496	51539	390612	162989
安 徽	297463		5951	146501	9868	59253	75890
福 建	1138863		59152	659576	148269	271866	
江 西	12053	2027				977	9049
山 东	1322675	276137	73200	194308	92512	369469	317049
河 南	22941		8521			9281	5139
湖 北	372050	96333		1485	1808	270591	1833
湖 南	278471	20748	6146	135673	49988	65916	
广 东	1971249	87750	116463	694350	351160	661647	59879
广 西	264122		19106	139068	47414	52264	6270
海 南	156402			18407	3575	134420	
重 庆	309045	127	59970	59352		189596	
四 川	209389	20192	6942	70440	3926	102768	5121
贵 州	84310		4675	60547		19088	
云 南	1122194		471656	16584	116546	5029	512379
西 藏	4832				4832		
陕 西	609978	65438	89730	35494	173132	116284	129900
甘 肃	96251		52000		17913	26338	
青 海							
宁 夏	448045	11300	236605	33564	145581	20995	
新 疆	290872			56092	35465	199315	

3-25　各地区按资质等级分的房地产开发企业住宅出租面积

单位：平方米

地　区	总　计	一　级	二　级	三　级	四　级	暂　定	其　他
全国总计	**2481520**	**702674**	**572338**	**230522**	**104196**	**766875**	**104915**
北　京	68086	16435	16855		6007	28133	656
天　津	2535		2535				
河　北							
山　西							
内蒙古							
辽　宁	529			529			
吉　林							
黑龙江	124769	52070	33190	19509		20000	
上　海	1296222	634169	66604	34867	5596	466123	88863
江　苏	25610		6833	5303		865	12609
浙　江	117158			25197		91961	
安　徽	1000			1000			
福　建	115244			690		114554	
江　西							
山　东	25834		12298	567		12969	
河　南							
湖　北	10344					10344	
湖　南	7989			6486	1503		
广　东	108594		1965	8436	87610	7796	2787
广　西	119242		1500	117742			
海　南	13775					13775	
重　庆	5668		5668				
四　川	355					355	
贵　州	10196			10196			
云　南	407508		407508				
西　藏							
陕　西							
甘　肃							
青　海							
宁　夏	20862		17382		3480		
新　疆							

3-26 各地区房地产开发企业90平方米及以下住房开发规模及竣工情况

地 区	施工面积(平方米)	新开工面积(平方米)	竣工面积(平方米)	不可销售面积(平方米)	竣工套数(套)	出租面积(平方米)
全国总计	**1310461034**	**242046799**	**149107811**	**7345300**	**2016590**	**1253501**
北 京	32623535	5617401	3123460	734809	46079	2031
天 津	26381191	5959366	5052320	1517918	79252	
河 北	59231393	13583079	4240568	273852	56127	
山 西	23716611	3650213	3517800	149709	45833	
内蒙古	18469552	2899099	1289368	45706	17225	
辽 宁	74083727	9360534	5858312	54981	76819	
吉 林	34428551	6167955	4646046	182347	61714	
黑龙江	37898715	5389417	4459717	507476	60116	68814
上 海	34703479	7388575	5707580	27529	76238	576162
江 苏	80372943	13003669	12542484	101595	161443	530
浙 江	51801000	14149913	6822416	284829	88879	
安 徽	48257629	6677241	7002664	140691	86001	
福 建	56856683	10533781	3624657	208895	53283	15174
江 西	21526371	3284489	2454468	8423	31651	
山 东	76954354	14153253	9997657	375843	129641	12458
河 南	89562683	18741698	11153512	128486	140107	
湖 北	41889059	6848501	3467731	34772	43641	
湖 南	27739686	5625559	2430781	42894	33964	6037
广 东	124700669	24582316	11521385	281110	160328	24216
广 西	43134902	9844228	2552311	10693	37635	117270
海 南	33261371	3367376	7431752	112070	116966	6184
重 庆	57983991	10128474	10676763	410069	138091	
四 川	78537807	19239294	9521147	77617	122952	355
贵 州	23605720	3384252	884782	25150	13128	
云 南	34284581	8513590	1566340	106260	24741	407508
西 藏	890637	308833				
陕 西	41695200	5173351	3478052	62654	43935	
甘 肃	13029897	1687336	850966	143628	11583	
青 海	4408450	850391	306831	239938	3503	
宁 夏	4124219	297869	1070779	523264	15023	16762
新 疆	14306428	1635746	1855162	532092	40692	

3-27 各地区按用途分的房地产开发企业商品房销售面积

单位：平方米

地区	商品房销售面积	住宅	#别墅、高档公寓	办公楼	商业营业用房	其他
全国总计	**1715578676**	**1501443249**	**39097316**	**37227571**	**101728651**	**75179205**
北京	9388623	7890165	729053	533815	327719	636924
天津	14786795	13826264	665877	239900	559919	160712
河北	52827021	47703779	355318	1126816	2223048	1773378
山西	23661143	21693266	267649	434882	906992	626003
内蒙古	20081856	18035454	328872	120214	1062030	864158
辽宁	36962672	34125191	723042	162056	1913489	761936
吉林	21223373	18739917	383017	356672	1501454	625330
黑龙江	16844978	14611244	242771	106093	1617400	510241
上海	16963432	13536992	2346227	1008329	884848	1533263
江苏	139728504	125450411	5224328	2460774	7503273	4314046
浙江	93783066	78039882	4232859	3478287	5146564	7118333
安徽	92293794	83238850	1096013	1309389	5993961	1751594
福建	64561297	50737318	1260254	3311708	4259278	6252993
江西	64588593	56789785	1300693	1051712	5416536	1330560
山东	127272548	114290058	1472308	2016724	5821262	5144504
河南	142775523	129816337	534256	2171176	8818858	1969152
湖北	86020390	79670887	1034309	1352455	3727591	1269457
湖南	91035015	80732485	1282432	1142121	6135977	3024432
广东	138465413	118726142	4224784	5115407	6545262	8078602
广西	67117740	60768795	890032	648120	3068581	2632244
海南	8293413	7215745	296336	287782	466038	323848
重庆	61046831	51490817	2404485	836373	4178816	4540825
四川	129786076	104510512	1827393	3676597	10219525	11379442
贵州	53233145	46121270	1273896	1017392	4942320	1152163
云南	48354056	40645243	3651284	782011	3031054	3895748
西藏	1277118	1104884	109835	6719	110623	54892
陕西	44010642	38182513	379254	1846893	1950416	2030820
甘肃	17053109	15691556	53453	125832	966165	269556
青海	4805248	4066554	2267	80462	417017	241215
宁夏	10095464	8873477	219697	127425	736022	358540
新疆	17241798	15117456	285322	293435	1276613	554294

3-28 各地区按资质等级分的房地产开发企业商品房销售面积

单位：平方米

地　　区	总　计	一　级	二　级	三　级	四　级	暂　定	其　他
全国总计	**1715578676**	**55997672**	**213896310**	**258805321**	**176527472**	**852802980**	**157548921**
北　京	9388623	1045930	532715	365469	2228618	5012529	203362
天　津	14786795	115298	1256604	792204	9101743	2632872	888074
河　北	52827021	2482057	5592761	7286098	14198079	20641771	2626255
山　西	23661143	902214	2278188	2384241	9097238	8757097	242165
内蒙古	20081856	377317	1794368	2297176	10305095	3792517	1515383
辽　宁	36962672	848877	3246224	6751747	161495	19538711	6415618
吉　林	21223373	581893	3321359	2450837	2199037	12209488	460759
黑龙江	16844978	144496	3051757	7360287	767203	4195491	1325744
上　海	16963432	491611	2337735	944285	41559	12126771	1021471
江　苏	139728504	4817721	37681606	2403878	39475	77660230	17125594
浙　江	93783066	2217478	3103973	13493805	4386511	49215744	21365555
安　徽	92293794	1603254	6834465	12938723	1520720	60169697	9226935
福　建	64561297	2187242	5747578	11731096	3295379	37556186	4043816
江　西	64588593	862041	2740058	9088642	4854880	39520328	7522644
山　东	127272548	6910384	13277511	15436636	14067840	66988379	10591798
河　南	142775523	5738824	14361517	11760371	6936935	84207363	19770513
湖　北	86020390	2801522	9762439	7731349	8345309	50634015	6745756
湖　南	91035015	2871446	8027550	24405677	19069464	33508750	3152128
广　东	138465413	2765638	5583195	14353762	26661488	72246541	16854789
广　西	67117740	2127866	4769407	7185044	2640600	48460312	1934511
海　南	8293413	286552	269527	713706	965666	5342656	715306
重　庆	61046831	3279525	22217467	5967687	225639	28401261	955252
四　川	129786076	3883908	27780402	66629180	377682	24810127	6304777
贵　州	53233145	954255	7570150	6806107	4563773	30960711	2378149
云　南	48354056	1997744	4697512	3348608	12253372	21198886	4857934
西　藏	1277118		179476	381993	168504	520243	26902
陕　西	44010642	950742	7340329	5616088	9670368	12651695	7781420
甘　肃	17053109	551299	2351966	3884221	4580389	5451958	233276
青　海	4805248	310414	779021	865136	553450	2014493	282734
宁　夏	10095464	1177948	3122748	1576482	907614	2903733	406939
新　疆	17241798	712176	2286702	1854786	2342347	9472425	573362

3-29　各地区按用途分的房地产开发企业商品房现房销售面积

单位：平方米

地　　区	现房销售面　　积	住　宅	#别　　墅、高档公寓	办公楼	商业营业用房	其　他
全国总计	**248937370**	**182152073**	**6550682**	**9433015**	**32373967**	**24978315**
北　　京	3191750	2265310	314136	279269	274967	372204
天　　津	2048044	1720878	113298	113326	187365	26475
河　　北	7005218	6224561	39752	81198	429807	269652
山　　西	4884321	4204210	30862	139706	305302	235103
内 蒙 古	4675900	3929154	77309	33678	467155	245913
辽　　宁	9204185	7832576	199479	96036	950162	325411
吉　　林	4696587	3625643	55142	132253	698045	240646
黑 龙 江	5899383	4775196	96738	43756	799248	281183
上　　海	7312329	4934049	785874	600506	561385	1216389
江　　苏	25245980	19207184	1060243	1124121	3159572	1755103
浙　　江	9035660	4908975	593108	1142396	1843462	1140827
安　　徽	8883390	6455265	63393	321996	1657638	448491
福　　建	8043066	4539249	166819	308121	1454429	1741267
江　　西	8788721	6809441	270868	160923	1491298	327059
山　　东	14216165	10875086	110875	606236	1621029	1113814
河　　南	28964223	24767938	97115	416332	2960113	819840
湖　　北	11714741	9862189	140388	343416	1072854	436282
湖　　南	11234924	8549336	185416	345117	1355287	985184
广　　东	23378056	15331902	777183	1268422	2196107	4581625
广　　西	6078638	4879503	63500	71963	674116	453056
海　　南	2046511	1668166	208748	114601	156206	107538
重　　庆	7828514	3163168	157538	369936	1507801	2787609
四　　川	10613061	4463597	276776	251252	2456850	3441362
贵　　州	4717999	2927706	51559	379073	1291690	119530
云　　南	5705730	3860953	424394	185040	856922	802815
西　　藏	143757	114788	41037	1457	17375	10137
陕　　西	4345752	3123712	22415	293255	564641	364144
甘　　肃	3361092	2849243	6977	13648	424872	73329
青　　海	441980	346285	1667	11476	76178	8041
宁　　夏	2471478	1772487	53749	103298	431304	164389
新　　疆	2760215	2164323	64324	81208	430787	83897

3-30 各地区按资质等级分的房地产开发企业商品房现房销售面积

单位：平方米

地　区	总 计	一 级	二 级	三 级	四 级	暂 定	其 他
全国总计	**248937370**	**9377099**	**41674257**	**48514562**	**36349178**	**92880919**	**20141355**
北　京	3191750	606808	363540	287577	1224233	674747	34845
天　津	2048044	78816	530905	77455	1071399	202849	86620
河　北	7005218	422092	1095845	1217875	1968882	2099597	200927
山　西	4884321	172886	745486	603785	2165781	1043293	153090
内蒙古	4675900	86653	499695	698656	2501910	524502	364484
辽　宁	9204185	366727	903483	2028000	78731	5292088	535156
吉　林	4696587	8766	998660	710710	909225	2045311	23915
黑龙江	5899383	85253	1440527	2825145	459895	927798	160765
上　海	7312329	12082	1410754	619111		4733994	536388
江　苏	25245980	1970028	9644895	1052936	38525	10202487	2337109
浙　江	9035660	200373	573682	2031521	1010960	3563746	1655378
安　徽	8883390	133915	966173	3045136	217001	3963033	558132
福　建	8043066	688547	855161	2554304	1046347	2521185	377522
江　西	8788721	22317	437280	2633572	1359260	3032247	1304045
山　东	14216165	470392	1867237	2282744	2691630	6173875	730287
河　南	28964223	594138	2388620	2634627	2499937	15547237	5299664
湖　北	11714741	248010	2915023	1647086	1936002	4513323	455297
湖　南	11234924	365470	927359	4197536	2764288	2371763	608508
广　东	23378056	998348	1450805	3956743	5868503	8580365	2523292
广　西	6078638	172009	439190	1328964	455339	3292604	390532
海　南	2046511	147876	73905	170829	394811	1152023	107067
重　庆	7828514	488103	3376277	1400226	89870	2366894	107144
四　川	10613061	527602	2399326	5686784	61372	1604350	333627
贵　州	4717999		1476500	640416	655831	1607810	337442
云　南	5705730	141394	782481	726302	1881330	1934550	239673
西　藏	143757		10330	106905	10332	16190	
陕　西	4345752	65237	1064158	1131451	1014331	607916	462659
甘　肃	3361092	3084	504078	887775	996236	785579	184340
青　海	441980	17091	194412	83743	30114	116620	
宁　夏	2471478	206599	935295	713571	284319	331694	
新　疆	2760215	76483	403175	533077	662784	1051249	33447

3-31　各地区按用途分的房地产开发企业商品房期房销售面积

单位：平方米

地　区	期房销售面积	住　宅	#别　墅、高档公寓	办公楼	商业营业用房	其　他
全国总计	**1466641306**	**1319291176**	**32546634**	**27794556**	**69354684**	**50200890**
北　京	6196873	5624855	414917	254546	52752	264720
天　津	12738751	12105386	552579	126574	372554	134237
河　北	45821803	41479218	315566	1045618	1793241	1503726
山　西	18776822	17489056	236787	295176	601690	390900
内蒙古	15405956	14106300	251563	86536	594875	618245
辽　宁	27758487	26292615	523563	66020	963327	436525
吉　林	16526786	15114274	327875	224419	803409	384684
黑龙江	10945595	9836048	146033	62337	818152	229058
上　海	9651103	8602943	1560353	407823	323463	316874
江　苏	114482524	106243227	4164085	1336653	4343701	2558943
浙　江	84747406	73130907	3639751	2335891	3303102	5977506
安　徽	83410404	76783585	1032620	987393	4336323	1303103
福　建	56518231	46198069	1093435	3003587	2804849	4511726
江　西	55799872	49980344	1029825	890789	3925238	1003501
山　东	113056383	103414972	1361433	1410488	4200233	4030690
河　南	113811300	105048399	437141	1754844	5858745	1149312
湖　北	74305649	69808698	893921	1009039	2654737	833175
湖　南	79800091	72183149	1097016	797004	4780690	2039248
广　东	115087357	103394240	3447601	3846985	4349155	3496977
广　西	61039102	55889292	826532	576157	2394465	2179188
海　南	6246902	5547579	87588	173181	309832	216310
重　庆	53218317	48327649	2246947	466437	2671015	1753216
四　川	119173015	100046915	1550617	3425345	7762675	7938080
贵　州	48515146	43193564	1222337	638319	3650630	1032633
云　南	42648326	36784290	3226890	596971	2174132	3092933
西　藏	1133361	990096	68798	5262	93248	44755
陕　西	39664890	35058801	356839	1553638	1385775	1666676
甘　肃	13692017	12842313	46476	112184	541293	196227
青　海	4363268	3720269	600	68986	340839	233174
宁　夏	7623986	7100990	165948	24127	304718	194151
新　疆	14481583	12953133	220998	212227	845826	470397

3-32 各地区按资质等级分的房地产开发企业商品房期房销售面积

单位：平方米

地　区	总　计	一　级	二　级	三　级	四　级	暂　定	其　他
全国总计	**1466641306**	**46620573**	**172222053**	**210290759**	**140178294**	**759922061**	**137407566**
北　京	6196873	439122	169175	77892	1004385	4337782	168517
天　津	12738751	36482	725699	714749	8030344	2430023	801454
河　北	45821803	2059965	4496916	6068223	12229197	18542174	2425328
山　西	18776822	729328	1532702	1780456	6931457	7713804	89075
内蒙古	15405956	290664	1294673	1598520	7803185	3268015	1150899
辽　宁	27758487	482150	2342741	4723747	82764	14246623	5880462
吉　林	16526786	573127	2322699	1740127	1289812	10164177	436844
黑龙江	10945595	59243	1611230	4535142	307308	3267693	1164979
上　海	9651103	479529	926981	325174	41559	7392777	485083
江　苏	114482524	2847693	28036711	1350942	950	67457743	14788485
浙　江	84747406	2017105	2530291	11462284	3375551	45651998	19710177
安　徽	83410404	1469339	5868292	9893587	1303719	56206664	8668803
福　建	56518231	1498695	4892417	9176792	2249032	35035001	3666294
江　西	55799872	839724	2302778	6455070	3495620	36488081	6218599
山　东	113056383	6439992	11410274	13153892	11376210	60814504	9861511
河　南	113811300	5144686	11972897	9125744	4436998	68660126	14470849
湖　北	74305649	2553512	6847416	6084263	6409307	46120692	6290459
湖　南	79800091	2505976	7100191	20208141	16305176	31136987	2543620
广　东	115087357	1767290	4132390	10397019	20792985	63666176	14331497
广　西	61039102	1955857	4330217	5856080	2185261	45167708	1543979
海　南	6246902	138676	195622	542877	570855	4190633	608239
重　庆	53218317	2791422	18841190	4567461	135769	26034367	848108
四　川	119173015	3356306	25381076	60942396	316310	23205777	5971150
贵　州	48515146	954255	6093650	6165691	3907942	29352901	2040707
云　南	42648326	1856350	3915031	2622306	10372042	19264336	4618261
西　藏	1133361		169146	275088	158172	504053	26902
陕　西	39664890	885505	6276171	4484637	8656037	12043779	7318761
甘　肃	13692017	548215	1847888	2996446	3584153	4666379	48936
青　海	4363268	293323	584609	781393	523336	1897873	282734
宁　夏	7623986	971349	2187453	862911	623295	2572039	406939
新　疆	14481583	635693	1883527	1321709	1679563	8421176	539915

3-33　各地区按资质等级分的房地产开发企业商品住宅销售面积

单位：平方米

地　区	总　计	一　级	二　级	三　级	四　级	暂　定	其　他
全国总计	**1501443249**	**48262995**	**182854860**	**219609870**	**152321560**	**758167361**	**140226603**
北　京	7890165	930431	483380	291746	1648252	4380242	156114
天　津	13826264	113066	1184112	754781	8457196	2477144	839965
河　北	47703779	2232133	5000684	6562561	13154046	18325187	2429168
山　西	21693266	811863	2168813	2165416	8411995	7904883	230296
内蒙古	18035454	353866	1542812	2075499	9132276	3565272	1365729
辽　宁	34125191	783176	3083424	6177314	152197	17907150	6021930
吉　林	18739917	531937	2917170	2023440	2005937	10804858	456575
黑龙江	14611244	120052	2630647	6398571	622650	3731037	1108287
上　海	13536992	434929	2009388	728819	41559	9500560	821737
江　苏	125450411	4286978	33204271	1997271	34980	70302283	15624628
浙　江	78039882	1913381	2438320	10918739	3513245	40826791	18429406
安　徽	83238850	1339458	6116118	11124006	1378784	54851601	8428883
福　建	50737318	1796570	4196772	9316836	1902502	30277204	3247434
江　西	56789785	818484	2390362	7811327	4005528	35049231	6714853
山　东	114290058	6014329	11901156	13798650	12338047	60546072	9691804
河　南	129816337	5302228	12804396	10270978	6323722	77309455	17805558
湖　北	79670887	2686508	8722942	6871008	7764070	47247660	6378699
湖　南	80732485	2513563	7077154	21597189	16423184	30345353	2776042
广　东	118726142	2258077	4717975	11962844	21941355	63986309	13859582
广　西	60768795	1906869	4257068	6531595	2312247	43937453	1823563
海　南	7215745	238213	222024	661179	862303	4613148	618878
重　庆	51490817	2592136	18079125	5013843	129664	24857617	818432
四　川	104510512	2567863	22600001	53235722	285348	20395927	5425651
贵　州	46121270	904751	5876545	6061689	3960129	27173481	2144675
云　南	40645243	1529796	3696180	2717992	10205654	18187707	4307914
西　藏	1104884		124991	365531	104246	484214	25902
陕　西	38182513	726393	5890178	5047579	7787199	11469778	7261386
甘　肃	15691556	542500	2085926	3594295	4278568	4972257	218010
青　海	4066554	298546	650539	686851	348791	1843986	237841
宁　夏	8873477	1073253	2753652	1322709	769410	2551106	403347
新　疆	15117456	641646	2028735	1523890	2026476	8342395	554314

3-34 各地区按资质等级分的房地产开发企业90平方米及以下住宅销售面积

单位：平方米

地　区	总 计	一 级	二 级	三 级	四 级	暂 定	其 他
全国总计	**216371601**	**9486281**	**30647647**	**35295043**	**21902858**	**100574623**	**18465149**
北　京	4386982	645195	303779	116410	621043	2626724	73831
天　津	3080976	55155	398528	206413	1786604	541055	93221
河　北	9260404	503747	1164981	1196484	2564062	3333316	497814
山　西	1808067	11047	140025	147062	793929	671153	44851
内蒙古	1594421	5576	190840	152069	967758	210880	67298
辽　宁	12251288	364075	1264143	1981339	67908	6541638	2032185
吉　林	5840018	122109	943055	806332	716406	3144969	107147
黑龙江	5792939	32425	1018308	2398132	376014	1610187	357873
上　海	5135824	347012	636042	167287	10388	3675206	299889
江　苏	12236080	790162	3414565	442296		5928572	1660485
浙　江	10644784	269211	547245	1305094	493099	5265997	2764138
安　徽	7218368	196339	1379708	1532993	193845	3031684	883799
福　建	10741649	1207125	1063050	1804917	419994	5571937	674626
江　西	4043769	47958	267578	669793	440597	2039735	578108
山　东	9722986	179144	691099	1028345	1662460	5616283	545655
河　南	21680532	1993481	2085862	1896037	966313	12949261	1789578
湖　北	7560496	386237	1972471	710273	694535	3215748	581232
湖　南	4406605	136553	452824	1579727	1047790	1096232	93479
广　东	19398030	254926	1028867	1627557	3872568	10039423	2574689
广　西	8886823	398625	489971	803243	265223	6571534	358227
海　南	3000555	83849	21842	285937	474939	1871985	262003
重　庆	9526716	589247	3513273	990779	7115	4303985	122317
四　川	21406333	455906	5072988	10867590	41741	4315889	652219
贵　州	3925075	1153	463118	599354	243361	2306886	311203
云　南	4708062	142052	518162	272671	1398224	1972490	404463
西　藏	131140		52137	4147	20976	44079	9801
陕　西	3655354	74121	811690	621174	780393	784958	583018
甘　肃	2044376	58888	192529	659749	703150	427260	2800
青　海	404126	69378	57765	27733	45656	194554	9040
宁　夏	419589	24001	189456	79830	72682	53620	
新　疆	1459234	41584	301746	314276	154085	617383	30160

3-35 各地区按资质等级分的房地产开发企业144平方米以上住宅销售面积

单位：平方米

地区	总计	一级	二级	三级	四级	暂定	其他
全国总计	**216775485**	**7967836**	**28789101**	**31052420**	**26375469**	**102560618**	**20030041**
北京	1887549	139155	72097	120667	697761	827201	30668
天津	1558308	13502	142221	71813	1079263	145111	106398
河北	5399058	423902	600051	866720	1039973	2325697	142715
山西	3793722	189177	298029	234872	1455094	1586886	29664
内蒙古	3593328	119839	371785	380065	2031420	478166	212053
辽宁	3599854	95118	349054	773155	21083	1833504	527940
吉林	2254375	47133	369398	182443	192501	1424400	38500
黑龙江	1265536	52764	217387	726493	32302	173725	62865
上海	1880734	17106	265385	117425		1408032	72786
江苏	20334697	712933	5846342	402476	29077	10681200	2662669
浙江	13369402	373896	647851	2106473	983689	6761850	2495643
安徽	6456566	66719	519041	586373	46255	4451281	786897
福建	5005386	136241	649106	1345023	308257	2384098	182661
江西	5994263	72917	432753	1208328	467914	2716833	1095518
山东	24248585	1304109	3268413	2209735	2529900	12974553	1961875
河南	15330574	444359	1940314	1039526	820712	9235847	1849816
湖北	10467389	264662	1360836	1092416	769812	6296661	683002
湖南	16020527	462137	1537546	4144869	3277023	6228235	370717
广东	17416025	269321	765713	2529529	3860603	7953019	2037840
广西	6735057	248828	586427	1064977	278031	4372742	184052
海南	710387	132284	23496	12841	120989	356370	64407
重庆	5905103	197057	2726209	492968		2407435	81434
四川	9522029	495316	1611886	5462600	9783	1322262	620182
贵州	7006945	497687	773708	902332	422444	4061825	348949
云南	13900690	536721	1227336	1020001	3863361	5552082	1701189
西藏	310287		33200	103518	65261	103050	5258
陕西	6703228	122596	1001031	989195	1293581	1917650	1379175
甘肃	1441484	2738	264093	409613	276018	463241	25781
青海	777132	79213	176045	66032	67138	278654	110050
宁夏	1655957	259832	411241	204353	87098	652442	40991
新疆	2231308	190574	301107	185589	249126	1186566	118346

3-36 各地区按资质等级分的房地产开发企业别墅、高档公寓销售面积

单位：平方米

地　区	总　计	一　级	二　级	三　级	四　级	暂　定	其　他
全国总计	**39097316**	**935461**	**5593125**	**5523336**	**5235744**	**18700604**	**3109046**
北　京	729053	86023	12289	56520	273852	299873	496
天　津	665877	1552	26146	55190	425643	131412	25934
河　北	355318	4200	21138	30096	98099	200758	1027
山　西	267649	9634	2834	59692	118484	77005	
内蒙古	328872	4177	19038	16930	74374	183808	30545
辽　宁	723042	15806	55959	134120	11050	290311	215796
吉　林	383017		47836	45246	5862	272051	12022
黑龙江	242771	18817	25549	162633		35484	288
上　海	2346227		138126	153769		1835465	218867
江　苏	5224328	48992	1844032	272804	3160	2589383	465957
浙　江	4232859	60309	210736	853055	437408	2036478	634873
安　徽	1096013	6210	96444	181205	19509	740147	52498
福　建	1260254	9861	148137	312293	68237	695848	25878
江　西	1300693	43198	16050	353481	94524	701232	92208
山　东	1472308	80831	154426	96279	185894	785250	169628
河　南	534256	97	41453	23806	39325	361166	68409
湖　北	1034309	38922	127804	39263	205404	541788	81128
湖　南	1282432	68339	100004	322873	382775	406120	2321
广　东	4224784	121459	419379	755498	917988	1699162	311298
广　西	890032	29866	51422	40939	30783	731900	5122
海　南	296336		38484	6830	131078	115497	4447
重　庆	2404485	31678	953122	271974		1133626	14085
四　川	1827393	15678	350942	976606	5626	379013	99528
贵　州	1273896		152176	50478	95163	817010	159069
云　南	3651284	214850	368611	136443	1456938	1126416	348026
西　藏	109835			39299	45973	19305	5258
陕　西	379254	10982	76912	18062	72521	149290	51487
甘　肃	53453		9167	8356	899	35031	
青　海	2267		600			1667	
宁　夏	219697	9803	61926	13007	12019	121091	1851
新　疆	285322	4177	22383	36589	23156	188017	11000

3-37　各地区按资质等级分的房地产开发企业办公楼销售面积

单位：平方米

地　区	总　计	一　级	二　级	三　级	四　级	暂　定	其　他
全国总计	**37227571**	**1398447**	**5150819**	**6041715**	**3713560**	**17279774**	**3643256**
北　京	533815	42221	7060	31080	222118	227741	3595
天　津	239900	1059	51967		133052	53553	269
河　北	1126816	98103	220220	6054	148529	613244	40666
山　西	434882	8437	14953	57237	224094	130161	
内蒙古	120214		23630	26312	45640	24632	
辽　宁	162056		2681	28662		83352	47361
吉　林	356672	154	67834	90425	142	198117	
黑龙江	106093	45	21460	62628	140	19614	2206
上　海	1008329	49035	7834	64063		810073	77324
江　苏	2460774	31218	865443	78014	424	1166090	319585
浙　江	3478287	28578	152127	744722	90901	1638449	823510
安　徽	1309389	33112	67606	198845	5608	771591	232627
福　建	3311708	15510	610853	567265	235417	1793669	88994
江　西	1051712	4870	6311	110324	87283	768312	74612
山　东	2016724	152156	197022	92190	133164	1258492	183700
河　南	2171176	64004	543703	206767	43027	1148753	164922
湖　北	1352455	59872	214038	177792	2142	862337	36274
湖　南	1142121	29869	127423	231004	309843	411112	32870
广　东	5115407	283376	211750	466102	831033	2222066	1101080
广　西	648120	8776	28604	36617	69748	480873	23502
海　南	287782	29653		26425		214877	16827
重　庆	836373	20294	368590	25404	7563	407771	6751
四　川	3676597	183586	356502	2360974	2050	568811	204674
贵　州	1017392		339719	79533	46009	486628	65503
云　南	782011	101975	92582	42051	163331	364278	17794
西　藏	6719			1457	3200	2062	
陕　西	1846893	143028	462872	62385	827173	272825	78610
甘　肃	125832		32541	10106	12908	70277	
青　海	80462		12225	66244		1993	
宁　夏	127425	7748	36857	56742	4204	21874	
新　疆	293435	1768	6412	34291	64817	186147	

3-38 各地区按资质等级分的房地产开发企业商业营业用房销售面积

单位：平方米

地区	总计	一级	二级	三级	四级	暂定	其他
全国总计	**101728651**	**2356302**	**13259441**	**18754122**	**11771623**	**47897651**	**7689512**
北京	327719	9744	12117	5323	148834	135357	16344
天津	559919	1173	12177	26165	416625	60873	42906
河北	2223048	105006	229419	228198	453672	1110290	96463
山西	906992	32288	68737	121007	298341	386271	348
内蒙古	1062030	5679	100469	140522	571479	165300	78581
辽宁	1913489	38919	122785	417661	7616	1116138	210370
吉林	1501454	15941	274707	185396	118437	902789	4184
黑龙江	1617400	23810	331733	638246	101567	353100	168944
上海	884848	3200	116654	27864		680774	56356
江苏	7503273	194777	2281973	252706	3399	4115457	654961
浙江	5146564	45084	229166	805353	389251	2752838	924872
安徽	5993961	101024	453016	1237398	92183	3666221	444119
福建	4259278	96435	347335	687192	495713	2537851	94752
江西	5416536	33572	291445	926532	530072	3028219	606696
山东	5821262	213497	442199	838246	800216	3079757	447347
河南	8818858	288923	610084	1044394	422877	4887747	1564833
湖北	3727591	48872	632885	418336	515713	1809768	302017
湖南	6135977	145142	406745	1519749	1616521	2191084	256736
广东	6545262	66161	247568	714092	1662025	3104075	751341
广西	3068581	63866	212223	350233	213536	2159256	69467
海南	466038	17981	18269	14791	65694	296610	52693
重庆	4178816	229395	1552623	550140	58326	1708575	79757
四川	10219525	376316	1892468	5564212	40871	2025751	319907
贵州	4942320	14672	1131245	586107	461552	2609116	139628
云南	3031054	58947	210103	339132	1040672	1256883	125317
西藏	110623		13568	5623	58483	31949	1000
陕西	1950416	39934	420742	375009	591098	400479	123154
甘肃	966165	6503	136025	214580	230409	364676	13972
青海	417017	11868	99817	85511	134531	64193	21097
宁夏	736022	38271	253389	173750	52819	215403	2390
新疆	1276613	29302	107755	260654	179091	680851	18960

3-39　各地区按用途分的房地产开发企业商品房销售额

单位：万元

地　区	商品房销售额	住　宅	#别墅、高档公寓	办公楼	商业营业用房	其　他
全国总计	**1597251223**	**1394399683**	**69930643**	**53289632**	**111413871**	**38148037**
北　京	33709815	30324019	4172038	1672709	1016497	696590
天　津	22741385	21324757	1090842	342002	947574	127052
河　北	41385746	37145705	425318	1116838	2158473	964730
山　西	16317570	14523970	286012	425025	1053754	314821
内蒙古	12439086	11041021	254187	110813	894491	392761
辽　宁	30490567	28148583	1063614	149132	1794157	398695
吉　林	15814708	13735355	429397	299467	1332697	447189
黑龙江	12681789	10699658	330907	134429	1524867	322835
上　海	52038175	44571638	15016557	3820567	2566351	1079619
江　苏	162596096	148947699	9167261	2727504	8646689	2274204
浙　江	143521133	127231045	8353588	5146057	7581159	3562872
安　徽	68235234	61266921	1003288	1035521	5309671	623121
福　建	69387888	56852549	1894321	4254679	4727316	3553344
江　西	47104220	40380217	1144898	889037	5050160	784806
山　东	102711542	92871120	1805182	2131368	5639691	2069363
河　南	90099808	80169331	548280	2267663	6635875	1026939
湖　北	77517901	69037036	1234129	2694512	4750802	1035551
湖　南	55779856	47214318	1178746	1373391	6018110	1174037
广　东	197482119	167580062	9223708	12801864	11075983	6024210
广　西	43662356	39134020	639718	688399	2754144	1085793
海　南	12757631	10905637	656094	558232	905025	388737
重　庆	51294213	44577816	2723041	1022910	4226010	1467477
四　川	96667321	78690359	2315152	3449198	10838536	3689228
贵　州	31835675	25274055	1241844	748588	5375930	437102
云　南	38461891	32558441	2653689	658674	2968841	2275935
西　藏	967828	812104	111015	6139	123510	26075
陕　西	39602074	33591672	500153	2237839	2374629	1397934
甘　肃	10192843	9070679	60342	140547	843797	137820
青　海	3672765	2955903	1142	74242	558413	84207
宁　夏	5738999	4985123	186839	80834	556455	116587
新　疆	10342989	8778870	219341	231452	1164264	168403

3-40 各地区按资质等级分的房地产开发企业商品房销售额

单位：万元

地　区	总　计	一　级	二　级	三　级	四　级	暂　定	其他
全国总计	**1597251223**	**57615651**	**188746509**	**204835381**	**148302141**	**822643124**	**175108417**
北　京	33709815	2976100	1199022	1430702	8283224	18995748	825019
天　津	22741385	130658	1629279	1183936	14351805	4127777	1317930
河　北	41385746	2550943	4455484	5208477	10165628	17367278	1637936
山　西	16317570	491962	1328760	1307205	5775177	7288793	125673
内蒙古	12439086	283666	1087014	1274900	6212266	2630692	950548
辽　宁	30490567	805546	2317808	4888780	63836	15782882	6631715
吉　林	15814708	632235	2457409	1870555	992912	9579925	281672
黑龙江	12681789	138872	2191207	5700895	269275	3340603	1040937
上　海	52038175	1349844	5066185	2291276	149276	40284825	2896769
江　苏	162596096	5442718	40657585	2173815	20421	93938945	20362612
浙　江	143521133	3582060	4823972	19467732	4925771	73797421	36924177
安　徽	68235234	1466052	4596290	8404822	929433	45138237	7700400
福　建	69387888	3061813	6523117	10999575	3672675	40637540	4493168
江　西	47104220	703388	1928323	5714364	3262569	29944601	5550975
山　东	102711542	5685677	10770808	10925119	8447043	58047252	8835643
河　南	90099808	3636462	9238788	6499090	3452894	55447609	11824965
湖　北	77517901	2877066	9840644	5578437	4248791	49277124	5695839
湖　南	55779856	2296134	5484120	13292591	11585788	21475850	1645373
广　东	197482119	6983300	8685840	22174919	36592880	91983100	31062080
广　西	43662356	1555206	3481103	4090017	1298193	32148694	1089143
海　南	12757631	440344	493555	952661	1357352	7972313	1541406
重　庆	51294213	2777534	18942556	3888225	139452	24592254	954192
四　川	96667321	3027698	20236560	50884934	201719	17121744	5194666
贵　州	31835675	445077	5890084	3681036	2226992	18028984	1563502
云　南	38461891	1476429	4066225	1986182	7825151	17641442	5466462
西　藏	967828		117713	256156	158167	417895	17897
陕　西	39602074	1029110	6118728	3983530	7165117	12811036	8494553
甘　肃	10192843	320003	1572065	2407945	2509562	3287788	95480
青　海	3672765	297511	471991	573726	437383	1617338	274816
宁　夏	5738999	722814	1728994	760771	517821	1737301	271298
新　疆	10342989	429429	1345280	983008	1063568	6180133	341571

3-41　各地区按用途分的房地产开发企业商品房现房销售额

单位：万元

地　区	现房销售额	住　宅	#别　墅、高档公寓	办公楼	商业营业用房	其　他
全国总计	**198158383**	**141441288**	**13959797**	**12883577**	**31782730**	**12050788**
北　京	9519379	7533791	2087784	867024	785390	333174
天　津	2804618	2305835	268807	160299	315683	22801
河　北	4720134	4185116	34014	71486	365268	98264
山　西	2169416	1761968	19385	106674	227184	73590
内蒙古	1934056	1502783	37733	25283	293026	112964
辽　宁	5910726	4891436	228398	88289	735585	195416
吉　林	2406282	1664820	64392	97357	464539	179566
黑龙江	3420401	2526310	106441	47335	677130	169626
上　海	16729697	12178521	4399162	2244744	1459041	847391
江　苏	21009148	16011097	1749639	1092798	3159801	745452
浙　江	10561640	6405667	900081	1380469	2205916	569588
安　徽	5032170	3338447	57303	224101	1322655	146967
福　建	6793081	4101089	240784	436370	1452200	803422
江　西	5164563	3574296	228865	136046	1313674	140547
山　东	8579109	6278713	104202	601089	1258585	440722
河　南	13298479	10623724	89091	333393	1998097	343265
湖　北	8279362	6327173	111515	408630	1206177	337382
湖　南	6088561	4163825	146393	453568	1125109	346059
广　东	32597787	24014695	1382423	2233777	3168953	3180362
广　西	3141771	2346510	61508	78489	512379	204393
海　南	2630072	2069306	411472	212679	258891	89196
重　庆	4950852	2337430	269273	446208	1345900	821314
四　川	6481723	3128000	463466	245275	2121116	987332
贵　州	3279268	1182912	32111	257425	1797889	41042
云　南	3582517	2249852	334497	157230	714136	461299
西　藏	100186	76566	33805	1827	18489	3304
陕　西	2872238	1740910	25477	336212	551096	244020
甘　肃	1574766	1255278	5217	12004	275190	32294
青　海	212455	142975	842	9520	57149	2811
宁　夏	1099664	692056	34093	58654	298728	50226
新　疆	1214262	830187	31624	59322	297754	26999

3-42 各地区按资质等级分的房地产开发企业商品房现房销售额

单位：万元

地　区	总 计	一 级	二 级	三 级	四 级	暂 定	其 他
全国总计	**198158383**	**10752161**	**32502807**	**34397333**	**28095772**	**75910553**	**16499757**
北　京	9519379	1739739	850541	1133804	3962723	1762267	70305
天　津	2804618	72253	484070	128723	1586900	347832	184840
河　北	4720134	287028	687691	676678	1376973	1579365	112399
山　西	2169416	92483	328217	268643	934247	500314	45512
内蒙古	1934056	64537	187860	279671	1064814	220489	116685
辽　宁	5910726	341128	567457	1188692	24655	3400499	388295
吉　林	2406282	5311	553125	383342	364364	1092556	7584
黑龙江	3420401	93450	981518	1658370	139585	485143	62335
上　海	16729697	49334	2555747	835790		12249508	1039318
江　苏	21009148	1501716	6996708	832725	19829	9536322	2121848
浙　江	10561640	262224	569483	1952166	1124400	4393718	2259649
安　徽	5032170	101313	607857	1810855	115508	2110408	286229
福　建	6793081	1091238	873113	1709951	926726	1972616	219437
江　西	5164563	21666	252325	1263430	1065263	1893022	668857
山　东	8579109	376448	1157207	1253253	1382028	4010721	399452
河　南	13298479	303881	1219367	1271297	1157891	6927064	2418979
湖　北	8279362	286670	2573248	1337562	834353	3024123	223406
湖　南	6088561	228930	587226	1915041	1670670	1398077	288617
广　东	32597787	2696570	2303937	7132941	6788193	9625305	4050841
广　西	3141771	122109	366349	629841	209105	1620271	194096
海　南	2630072	186832	118247	135911	452387	1534367	202328
重　庆	4950852	239772	1976079	773929	74730	1806025	80317
四　川	6481723	228894	1463273	3543272	26346	896562	323376
贵　州	3279268		1641926	340967	344682	815852	135841
云　南	3582517	96114	878341	370327	992370	1032333	213032
西　藏	100186		7104	68622	9797	14663	
陕　西	2872238	82393	686261	566029	638801	601133	297621
甘　肃	1574766	1805	259552	420055	423591	393461	76302
青　海	212455	15600	99125	33717	11303	52710	
宁　夏	1099664	121659	453599	285192	117913	121301	
新　疆	1214262	41064	216254	196537	255625	492526	12256

3-43　各地区按用途分的房地产开发企业商品房期房销售额

单位：万元

地区	期房销售额	住宅	#别墅、高档公寓	办公楼	商业营业用房	其他
全国总计	**1399092840**	**1252958395**	**55970846**	**40406055**	**79631141**	**26097249**
北京	24190436	22790228	2084254	805685	231107	363416
天津	19936767	19018922	822035	181703	631891	104251
河北	36665612	32960589	391304	1045352	1793205	866466
山西	14148154	12762002	266627	318351	826570	241231
内蒙古	10505030	9538238	216454	85530	601465	279797
辽宁	24579841	23257147	835216	60843	1058572	203279
吉林	13408426	12070535	365005	202110	868158	267623
黑龙江	9261388	8173348	224466	87094	847737	153209
上海	35308478	32393117	10617395	1575823	1107310	232228
江苏	141586948	132936602	7417622	1634706	5486888	1528752
浙江	132959493	120825378	7453507	3765588	5375243	2993284
安徽	63203064	57928474	945985	811420	3987016	476154
福建	62594807	52751460	1653537	3818309	3275116	2749922
江西	41939657	36805921	916033	752991	3736486	644259
山东	94132433	86592407	1700980	1530279	4381106	1628641
河南	76801329	69545607	459189	1934270	4637778	683674
湖北	69238539	62709863	1122614	2285882	3544625	698169
湖南	49691295	43050493	1032353	919823	4893001	827978
广东	164884332	143565367	7841285	10568087	7907030	2843848
广西	40520585	36787510	578210	609910	2241765	881400
海南	10127559	8836331	244622	345553	646134	299541
重庆	46343361	42240386	2453768	576702	2880110	646163
四川	90185598	75562359	1851686	3203923	8717420	2701896
贵州	28556407	24091143	1209733	491163	3578041	396060
云南	34879374	30308589	2319192	501444	2254705	1814636
西藏	867642	735538	77210	4312	105021	22771
陕西	36729836	31850762	474676	1901627	1823533	1153914
甘肃	8618077	7815401	55125	128543	568607	105526
青海	3460310	2812928	300	64722	501264	81396
宁夏	4639335	4293067	152746	22180	257727	66361
新疆	9128727	7948683	187717	172130	866510	141404

3-44 各地区按资质等级分的房地产开发企业商品房期房销售额

单位：万元

地　区	总　计	一　级	二　级	三　级	四　级	暂　定	其　他
全国总计	**1399092840**	**46863490**	**156243702**	**170438048**	**120206369**	**746732571**	**158608660**
北　京	24190436	1236361	348481	296898	4320501	17233481	754714
天　津	19936767	58405	1145209	1055213	12764905	3779945	1133090
河　北	36665612	2263915	3767793	4531799	8788655	15787913	1525537
山　西	14148154	399479	1000543	1038562	4840930	6788479	80161
内蒙古	10505030	219129	899154	995229	5147452	2410203	833863
辽　宁	24579841	464418	1750351	3700088	39181	12382383	6243420
吉　林	13408426	626924	1904284	1487213	628548	8487369	274088
黑龙江	9261388	45422	1209689	4042525	129690	2855460	978602
上　海	35308478	1300510	2510438	1455486	149276	28035317	1857451
江　苏	141586948	3941002	33660877	1341090	592	84402623	18240764
浙　江	132959493	3319836	4254489	17515566	3801371	69403703	34664528
安　徽	63203064	1364739	3988433	6593967	813925	43027829	7414171
福　建	62594807	1970575	5650004	9289624	2745949	38664924	4273731
江　西	41939657	681722	1675998	4450934	2197306	28051579	4882118
山　东	94132433	5309229	9613601	9671866	7065015	54036531	8436191
河　南	76801329	3332581	8019421	5227793	2295003	48520545	9405986
湖　北	69238539	2590396	7267396	4240875	3414438	46253001	5472433
湖　南	49691295	2067204	4896894	11377550	9915118	20077773	1356756
广　东	164884332	4286730	6381903	15041978	29804687	82357795	27011239
广　西	40520585	1433097	3114754	3460176	1089088	30528423	895047
海　南	10127559	253512	375308	816750	904965	6437946	1339078
重　庆	46343361	2537762	16966477	3114296	64722	22786229	873875
四　川	90185598	2798804	18773287	47341662	175373	16225182	4871290
贵　州	28556407	445077	4248158	3340069	1882310	17213132	1427661
云　南	34879374	1380315	3187884	1615855	6832781	16609109	5253430
西　藏	867642		110609	187534	148370	403232	17897
陕　西	36729836	946717	5432467	3417501	6526316	12209903	8196932
甘　肃	8618077	318198	1312513	1987890	2085971	2894327	19178
青　海	3460310	281911	372866	540009	426080	1564628	274816
宁　夏	4639335	601155	1275395	475579	399908	1616000	271298
新　疆	9128727	388365	1129026	786471	807943	5687607	329315

3-45　各地区按资质等级分的房地产开发企业商品住宅销售额

单位：万元

地　区	总　计	一　级	二　级	三　级	四　级	暂　定	其　他
全国总计	**1394399683**	**49816742**	**161752852**	**172875248**	**125712313**	**729311787**	**154930741**
北　京	30324019	2777335	1138974	1275101	6719797	17666691	746121
天　津	21324757	125863	1522652	1128579	13395315	3907552	1244796
河　北	37145705	2338512	3940474	4735701	9447422	15164020	1519576
山　西	14523970	427001	1238837	1071783	5125537	6538740	122072
内蒙古	11041021	267135	915322	1113869	5427648	2423593	893454
辽　宁	28148583	723188	2149830	4477662	59600	14443493	6294810
吉　林	13735355	588041	2132355	1487479	880226	8370045	277209
黑龙江	10699658	92144	1794923	4843023	194435	2909518	865615
上　海	44571638	1107960	4699617	1913986	149276	34356022	2344777
江　苏	148947699	5047000	36316148	1851898	17168	87014607	18700878
浙　江	127231045	3322554	4113234	16955003	4154997	65502510	33182747
安　徽	61266921	1248041	4140766	7015642	842682	40985768	7034022
福　建	56852549	2667282	5195502	8886024	2208691	33896137	3998913
江　西	40380217	638704	1627686	4582313	2581761	26074966	4874787
山　东	92871120	5069548	9758623	9826394	7527527	52558782	8130246
河　南	80169331	3242589	7859445	5505764	3049085	50116156	10396292
湖　北	69037036	2677002	8274637	4720114	3747787	44438819	5178677
湖　南	47214318	1970487	4709499	11332058	9425216	18365367	1411691
广　东	167580062	5282281	7601217	19052888	30927311	79623914	25092451
广　西	39134020	1425289	3089015	3670545	1081388	28866972	1000811
海　南	10905637	325369	451022	865856	1269610	6723089	1270691
重　庆	44577816	2388878	16085845	3378313	62250	21796536	865994
四　川	78690359	2215635	16704650	41016511	138883	14207796	4406884
贵　州	25274055	402029	3831679	3041899	1751300	14940990	1306158
云　南	32558441	1203042	3223321	1527774	6344499	15319517	4940288
西　藏	812104		77536	240793	96031	381204	16540
陕　西	33591672	639484	4762844	3411889	5343024	11527740	7906691
甘　肃	9070679	310945	1359400	2181544	2260892	2871397	86501
青　海	2955903	277875	366817	400607	185980	1488392	236232
宁　夏	4985123	648714	1477188	615081	447026	1527512	269602
新　疆	8778870	366815	1193794	749155	849949	5303942	315215

3-46 各地区按资质等级分的房地产开发企业90平方米及以下住宅销售额

单位：万元

地　区	总　计	一　级	二　级	三　级	四　级	暂　定	其　他
全国总计	**209633759**	**9157304**	**24751203**	**26995825**	**20676296**	**105851864**	**22201267**
北　京	12294661	1110302	379157	104532	1266571	9119159	314940
天　津	4166621	45588	457365	268414	2439715	836476	119063
河　北	7945038	549185	910052	1168422	2053598	2933974	329807
山　西	1152324	5196	91556	68798	413537	547060	26177
内蒙古	807381	3509	95438	65036	478529	115861	49008
辽　宁	8137210	300261	750319	1219922	26006	4105012	1735690
吉　林	3680121	121983	628779	516565	278495	2073175	61124
黑龙江	3235551	20442	643087	1194034	112896	1068205	196887
上　海	10095572	607612	743130	204725	36620	7946125	557360
江　苏	13093409	503608	3147577	330636		7461006	1650582
浙　江	14612391	444052	857872	1373694	598545	7440158	3898070
安　徽	4486205	162964	894915	661242	117133	2020069	629882
福　建	14422254	1627565	1301821	1929504	325418	7894729	1343217
江　西	3310219	42131	165100	456958	420876	1792862	432292
山　东	7337903	132165	468609	737585	992084	4468233	539227
河　南	15109985	1090222	1433696	1254201	431974	9708433	1191459
湖　北	6356516	345801	1665083	623530	362999	2988356	370747
湖　南	2594843	114633	293887	815084	638574	691013	41652
广　东	34168178	430192	1524344	4066337	6706395	14988614	6452296
广　西	6181725	287315	350443	564327	146789	4661545	171306
海　南	3886593	79198	25286	367465	664583	2309403	440658
重　庆	7546363	501115	2734749	613436	4504	3580910	111649
四　川	13712857	259156	3471903	6967292	19882	2564890	429734
贵　州	2144652	691	321060	375225	103976	1227738	115962
云　南	3940040	137317	472657	164202	1002687	1698910	464267
西　藏	94258		33585	2604	15835	35429	6805
陕　西	2743204	72526	484067	362237	555897	771305	497172
甘　肃	1200211	61215	130598	370596	352144	284538	1120
青　海	254054	57843	36421	15907	19148	112807	11928
宁　夏	190767	12999	86327	25995	42512	22934	
新　疆	732653	30518	152320	107320	48374	382935	11186

3-47　各地区按资质等级分的房地产开发企业144平方米以上住宅销售额

单位：万元

地　区	总　计	一　级	二　级	三　级	四　级	暂　定	其　他
全国总计	**262092521**	**10826372**	**36913454**	**33735622**	**27384359**	**126366280**	**26866434**
北　京	11204719	985727	333344	942451	4218481	4581365	143351
天　津	3053600	21864	238595	136193	2175818	317398	163732
河　北	5616294	636454	600377	729191	1011222	2508844	130206
山　西	3412952	125095	180535	125730	1389013	1561242	31337
内蒙古	2642963	114806	301700	274230	1525294	307626	119307
辽　宁	4424969	136056	456665	788345	9248	2202584	832071
吉　林	2103507	58338	354370	177671	107946	1388401	16781
黑龙江	1420721	36755	185502	961226	11566	175726	49946
上　海	13824383	106863	2258908	770570		10165660	522382
江　苏	30663817	1122430	9434964	669330	13174	15851353	3572566
浙　江	28178067	744916	1244628	4323960	1237783	14201762	6425018
安　徽	5917272	49301	456691	475500	26143	3964191	945446
福　建	7614198	344711	1481490	1309223	631337	3523589	323848
江　西	4886692	52073	352909	840084	315268	2408987	917371
山　东	22915694	1275072	2910180	1866666	1682430	13267506	1913840
河　南	11972187	323497	1378665	631610	422426	7845472	1370517
湖　北	12399437	278103	1859516	1017721	410227	8253414	580456
湖　南	10133886	501325	1138526	2284491	1950468	4064557	194519
广　东	26817020	1204672	1552842	4419889	5787743	10498335	3353539
广　西	4432922	277571	592280	579595	125568	2776797	81111
海　南	1259235	228240	76889	25790	179013	634076	115227
重　庆	7294124	270864	3473397	491593		2943491	114779
四　川	12595080	655356	2167605	7179816	6475	1672695	913133
贵　州	4516587	235859	698192	468397	222238	2560396	331505
云　南	10677610	512301	1168634	559897	2259756	4386269	1790753
西　藏	255844		23027	71318	67663	91554	2282
陕　西	7748348	132465	1244621	1044722	1188425	2498097	1640018
甘　肃	962021	1970	220820	305166	168361	257131	8573
青　海	652652	84306	100488	40029	48950	227973	150906
宁　夏	1172043	195020	257235	110101	67515	508885	33287
新　疆	1323677	114362	169859	115117	124808	720904	78627

3-48 各地区按资质等级分的房地产开发企业别墅、高档公寓销售额

单位：万元

地区	总计	一级	二级	三级	四级	暂定	其他
全国总计	**69930643**	**2092278**	**9690193**	**8689691**	**7448632**	**36132206**	**5877643**
北京	4172038	628344	41072	466363	1445016	1589054	2189
天津	1090842	5547	44360	73374	632576	273847	61138
河北	425318	5500	37145	22413	105921	253208	1131
山西	286012	6771	2179	70960	106884	99218	
内蒙古	254187	4367	10749	16793	76640	136238	9400
辽宁	1063614	37037	76154	181563	3799	361205	403856
吉林	429397		66953	78679	9665	265156	8944
黑龙江	330907	12807	52698	210543		54715	144
上海	15016557		1154663	914079		11631045	1316770
江苏	9167261	84242	3364699	612946	2821	4262760	839793
浙江	8353588	154533	571749	1379277	724972	4190712	1332345
安徽	1003288	5993	132543	154732	13652	645133	51235
福建	1894321	36431	315904	426279	142601	920123	52983
江西	1144898	31257	13633	318849	103233	607467	70459
山东	1805182	110058	223920	128040	147497	1022270	173397
河南	548280	57	55731	43866	22946	376241	49439
湖北	1234129	22600	182015	39579	141013	769234	79688
湖南	1178746	86204	161767	278856	297704	351094	3121
广东	9223708	500774	690584	1479361	2038833	3721141	793015
广西	639718	63260	51866	35260	15583	470672	3077
海南	656094		150410	26001	198075	267420	14188
重庆	2723041	47262	1033830	297359		1322956	21634
四川	2315152	15692	467256	1156757	2250	512393	160804
贵州	1241844		222506	67387	75852	735843	140256
云南	2653689	194434	435615	86904	942158	793464	201114
西藏	111015			31980	58340	18413	2282
陕西	500153	27541	49827	33635	118421	201880	68849
甘肃	60342		19607	10105	1109	29521	
青海	1142		300			842	
宁夏	186839	6617	49600	7916	10240	109676	2790
新疆	219341	4950	10858	39835	10831	139265	13602

3-49　各地区按资质等级分的房地产开发企业办公楼销售额

单位：万元

地　区	总　计	一　级	二　级	三　级	四　级	暂　定	其　他
全国总计	**53289632**	**3041769**	**6067644**	**6486964**	**5564383**	**25308070**	**6820802**
北　京	1672709	132300	22583	105301	796678	607375	8472
天　津	342002	1663	83611		181375	75044	309
河　北	1116838	79699	225526	2411	146964	621264	40974
山　西	425025	5062	13877	64593	213162	128331	
内蒙古	110813		33280	17891	43189	16453	
辽　宁	149132		2850	25838		73529	46915
吉　林	299467	180	52166	86355	138	160628	
黑龙江	134429	18	20871	90449	49	20649	2393
上　海	3820567	226248	19909	152817		3071256	350337
江　苏	2727504	31228	1082005	57043	124	1181119	375985
浙　江	5146057	29712	211578	771365	81505	2660861	1391036
安　徽	1035521	30907	62324	141988	2917	571741	225644
福　建	4254679	96784	651896	657763	495179	2255296	97761
江　西	889037	6401	2178	93194	82082	661592	43590
山　东	2131368	153258	216237	100477	84985	1392527	183884
河　南	2267663	77536	598487	205292	29803	1180220	176325
湖　北	2694512	95987	393220	307774	1170	1858225	38136
湖　南	1373391	36845	142929	234057	357600	581377	20583
广　东	12801864	1400209	441305	838467	1872593	5037998	3211292
广　西	688399	11790	27410	46830	70317	509098	22954
海　南	558232	75651		50022		352226	80333
重　庆	1022910	25487	490935	17135	15605	470104	3644
四　川	3449198	172266	364921	2118574	1599	571027	220811
贵　州	748588		254180	60533	34037	332006	67832
云　南	658674	60917	103404	38465	121137	326281	8470
西　藏	6139			1827	2645	1667	
陕　西	2237839	282390	479701	69176	862800	340650	203122
甘　肃	140547		29052	16541	12359	82595	
青　海	74242		8109	62821		3312	
宁　夏	80834	6665	29575	24647	5050	14897	
新　疆	231452	2566	3525	27318	49321	148722	

3-50 各地区按资质等级分的房地产开发企业商业营业用房销售额

单位：万元

地　区	总　计	一　级	二　级	三　级	四　级	暂　定	其　他
全国总计	**111413871**	**3104410**	**15338411**	**18599418**	**12549263**	**52331489**	**9490880**
北　京	1016497	19869	19331	14748	532374	393055	37120
天　津	947574	3132	12134	46976	684109	130108	71115
河　北	2158473	111444	219817	168426	395015	1205737	58034
山　西	1053754	44058	67361	156602	333740	451583	410
内蒙古	894491	7142	88413	115056	485589	161030	37261
辽　宁	1794157	72672	146147	325115	4019	1010432	235772
吉　林	1332697	30762	249605	184279	83007	780581	4463
黑龙江	1524867	46107	335891	587957	56221	347076	151615
上　海	2566351	12909	169584	76836		2131532	175490
江　苏	8646689	247215	2494902	232204	2755	4723762	945851
浙　江	7581159	87073	347274	1066248	497846	3944123	1638595
安　徽	5309671	144300	339610	1097777	64525	3263844	399615
福　建	4727316	124736	379739	873962	628983	2562731	157165
江　西	5050160	45609	276269	931175	506905	2763866	526336
山　东	5639691	256278	513327	721547	586642	3163194	398703
河　南	6635875	275945	575008	674858	311655	3721029	1077380
湖　北	4750802	96530	1021602	321238	468385	2386769	456278
湖　南	6018110	237746	493710	1304751	1553234	2251029	177640
广　东	11075983	199323	418230	1231703	2385201	5186827	1654699
广　西	2754144	58661	228734	281228	132138	1995412	57971
海　南	905025	38955	28725	28098	60707	590355	158185
重　庆	4226010	257489	1701261	361463	54008	1779765	72024
四　川	10838536	393382	2240628	5913774	44728	1827965	418059
贵　州	5375930	17097	1725826	550415	408232	2491604	182756
云　南	2968841	77376	256425	320256	924821	1239512	150451
西　藏	123510		19380	10405	57824	34544	1357
陕　西	2374629	78361	462390	422304	645096	586870	179608
甘　肃	843797	7210	121688	175331	220487	310205	8876
青　海	558413	19636	88537	96845	235042	87750	30603
宁　夏	556455	43558	188463	112009	44754	166557	1114
新　疆	1164264	49835	108400	195832	141221	642642	26334

3-51 各地区按用途分的房地产开发企业商品住宅销售套数

单位：套

地区	住宅	#90平方米及以下住宅	#144平方米以上住宅	#别墅、高档公寓
全国总计	**13216466**	**2839168**	**1221497**	**260475**
北京	75557	53898	7631	2103
天津	129196	38107	8663	4749
河北	436573	116198	30962	2522
山西	182563	22927	21719	2545
内蒙古	153962	20809	20292	2516
辽宁	345715	160150	20352	5511
吉林	181291	74776	11993	1783
黑龙江	149471	76017	7102	1665
上海	138412	68322	9320	16836
江苏	1064427	159345	110889	27970
浙江	661470	133253	68630	22822
安徽	733434	90281	37794	7256
福建	471476	140107	26836	7131
江西	482939	53381	34926	8751
山东	930841	126986	141851	8664
河南	1130247	269549	93972	6201
湖北	678139	92933	61970	6937
湖南	654565	65330	95339	10172
广东	1106045	285800	94664	39883
广西	542579	119359	36585	5303
海南	77954	42129	3519	1991
重庆	484681	127699	32325	19300
四川	979682	266819	53931	13108
贵州	395143	58875	41916	9460
云南	323079	66208	72632	17315
西藏	9173	2035	1455	854
陕西	323359	51705	38523	3395
甘肃	139465	25182	8361	540
青海	34908	5889	4873	19
宁夏	71521	6147	9787	1532
新疆	128599	18952	12685	1641

3-52 各地区按资质等级分的房地产开发企业商品住宅销售套数

单位：套

地区	总计	一级	二级	三级	四级	暂定	其他
全国总计	**13216466**	**424956**	**1622769**	**1943559**	**1320175**	**6665676**	**1239331**
北京	75557	10288	5304	2460	13359	42695	1451
天津	129196	1265	11586	7105	77462	24160	7618
河北	436573	20121	45601	58618	120819	168690	22724
山西	182563	6510	18622	18441	70607	66315	2068
内蒙古	153962	2574	12927	17579	77837	31570	11475
辽宁	345715	8182	30744	61156	1597	183222	60814
吉林	181291	4737	29321	20357	20838	101574	4464
黑龙江	149471	1037	27783	62955	7140	39523	11033
上海	138412	5401	20079	6835	436	96843	8818
江苏	1064427	37923	279370	17578	123	595268	134165
浙江	661470	15631	21458	90671	27507	346343	159860
安徽	733434	12059	55162	100511	12436	478351	74915
福建	471476	20005	39368	84028	17425	279026	31624
江西	482939	6651	19808	67247	34276	299874	55083
山东	930841	46084	92090	114295	104749	495694	77929
河南	1130247	50178	112103	90190	53298	674945	149533
湖北	678139	22975	77027	57016	66391	401700	53030
湖南	654565	20358	59924	176544	133424	242068	22247
广东	1106045	20281	44047	105397	200642	593508	142170
广西	542579	17543	36265	56165	20306	395039	17261
海南	77954	2545	1981	7079	9791	49749	6809
重庆	484681	25143	169278	47736	1292	233652	7580
四川	979682	23391	216300	493970	2754	193320	49947
贵州	395143	6279	50516	50874	34105	232521	20848
云南	323079	11149	30119	20668	79170	147580	34393
西藏	9173		1373	2598	743	4200	259
陕西	323359	5903	51224	42207	65464	98558	60003
甘肃	139465	4796	17843	32420	38899	43685	1822
青海	34908	2793	5391	5961	2916	15947	1900
宁夏	71521	8362	22621	11087	6921	19575	2955
新疆	128599	4792	17534	13811	17448	70481	4533

3-53 各地区按用途分的房地产开发企业商品住宅现房销售套数

单位：套

地区	住宅	#90平方米及以下住宅	#144平方米以上住宅	#别墅、高档公寓
全国总计	**1665569**	**617541**	**165049**	**32310**
北京	21206	15011	2408	602
天津	16183	8439	1212	677
河北	59257	25091	4734	176
山西	35946	6561	4273	197
内蒙古	35546	8869	3917	473
辽宁	83179	56054	4779	1326
吉林	38186	21936	2269	224
黑龙江	53036	35978	2435	459
上海	48362	21815	3675	4537
江苏	172354	54861	15823	4369
浙江	36729	11204	7762	1920
安徽	60644	19248	2601	393
福建	39787	12872	5821	679
江西	59984	12621	5826	1814
山东	95682	29734	12108	455
河南	217175	54270	14662	342
湖北	88643	31444	7348	1319
湖南	72162	15486	11842	1022
广东	135634	50384	21822	4196
广西	45495	18589	4766	209
海南	19984	15663	804	1292
重庆	33960	19237	2296	844
四川	41979	18779	4253	1358
贵州	30387	13289	1886	273
云南	30255	9476	7439	1903
西藏	603	48	218	306
陕西	28815	10890	2664	103
甘肃	26535	9181	1626	39
青海	3245	1383	209	7
宁夏	15570	3506	1788	457
新疆	19046	5622	1783	339

3-54 各地区按用途分的房地产开发企业商品住宅期房销售套数

单位：套

地区	住宅	#90平方米及以下住宅	#144平方米以上住宅	#别墅、高档公寓
全国总计	**11550897**	**2221627**	**1056448**	**228165**
北京	54351	38887	5223	1501
天津	113013	29668	7451	4072
河北	377316	91107	26228	2346
山西	146617	16366	17446	2348
内蒙古	118416	11940	16375	2043
辽宁	262536	104096	15573	4185
吉林	143105	52840	9724	1559
黑龙江	96435	40039	4667	1206
上海	90050	46507	5645	12299
江苏	892073	104484	95066	23601
浙江	624741	122049	60868	20902
安徽	672790	71033	35193	6863
福建	431689	127235	21015	6452
江西	422955	40760	29100	6937
山东	835159	97252	129743	8209
河南	913072	215279	79310	5859
湖北	589496	61489	54622	5618
湖南	582403	49844	83497	9150
广东	970411	235416	72842	35687
广西	497084	100770	31819	5094
海南	57970	26466	2715	699
重庆	450721	108462	30029	18456
四川	937703	248040	49678	11750
贵州	364756	45586	40030	9187
云南	292824	56732	65193	15412
西藏	8570	1987	1237	548
陕西	294544	40815	35859	3292
甘肃	112930	16001	6735	501
青海	31663	4506	4664	12
宁夏	55951	2641	7999	1075
新疆	109553	13330	10902	1302

3-55　各地区按资质等级分的房地产开发企业90平方米及以下住宅销售套数

单位：套

地　区	总　计	一　级	二　级	三　级	四　级	暂　定	其　他
全国总计	**2839168**	**124054**	**400131**	**450437**	**290156**	**1319290**	**255100**
北　京	53898	8530	3996	1675	7890	30949	858
天　津	38107	790	4808	2459	22270	6633	1147
河　北	116198	6481	14188	14447	32207	42780	6095
山　西	22927	137	1966	1878	9867	8543	536
内蒙古	20809	79	2642	1995	12413	2863	817
辽　宁	160150	4601	15872	26410	892	85879	26496
吉　林	74776	1558	12791	10391	9447	39193	1396
黑龙江	76017	444	13945	31112	4874	21100	4542
上　海	68322	4650	8232	2098	119	49149	4074
江　苏	159345	10490	43865	5772		77881	21337
浙　江	133253	3129	7459	16267	6311	65925	34162
安　徽	90281	2286	16727	19224	2343	39116	10585
福　建	140107	15213	14505	23401	5492	72226	9270
江　西	53381	641	3256	8115	5470	28486	7413
山　东	126986	2435	8791	14600	22421	71696	7043
河　南	269549	24040	27129	23558	11390	161926	21506
湖　北	92933	5043	23154	8474	9330	40217	6715
湖　南	65330	2154	8141	22032	15311	16445	1247
广　东	285800	4013	14121	22391	54708	141334	49233
广　西	119359	5795	6367	10591	3581	88524	4501
海　南	42129	1606	307	3756	6809	25927	3724
重　庆	127699	8054	48105	13168	82	56470	1820
四　川	266819	6430	64311	133947	476	53203	8452
贵　州	58875	15	6601	7610	3616	34515	6518
云　南	66208	1801	6925	3557	19321	28057	6547
西　藏	2035		863	54	321	673	124
陕　西	51705	900	11447	7939	10611	12442	8366
甘　肃	25182	722	2355	8214	8573	5286	32
青　海	5889	1159	831	434	538	2758	169
宁　夏	6147	337	2672	1031	1363	744	
新　疆	18952	521	3759	3837	2110	8350	375

3-56 各地区按资质等级分的房地产开发企业144平方米以上住宅销售套数

单位：套

地 区	总 计	一 级	二 级	三 级	四 级	暂 定	其 他
全国总计	**1221497**	**42736**	**159369**	**172884**	**145980**	**583757**	**116771**
北 京	7631	422	317	328	2669	3733	162
天 津	8663	50	796	397	6032	776	612
河 北	30962	1806	3197	4999	5800	14284	876
山 西	21719	1057	1709	1353	8221	9201	178
内蒙古	20292	591	1929	2134	11989	2452	1197
辽 宁	20352	562	1804	4177	115	10501	3193
吉 林	11993	256	2020	987	1213	7271	246
黑龙江	7102	243	1213	3992	207	1061	386
上 海	9320	101	1331	568		6987	333
江 苏	110889	4042	30414	1804	81	58886	15662
浙 江	68630	1941	3400	9997	4473	35333	13486
安 徽	37794	319	2860	3313	253	26191	4858
福 建	26836	747	3281	6646	1484	13553	1125
江 西	34926	385	2611	7185	2748	15240	6757
山 东	141851	7373	19871	12726	14847	75131	11903
河 南	93972	2634	11796	6274	5150	56418	11700
湖 北	61970	1488	7848	6548	4456	38062	3568
湖 南	95339	2494	8879	24269	19352	37966	2379
广 东	94664	1350	4128	13149	21147	43651	11239
广 西	36585	1189	3115	5816	1404	23972	1089
海 南	3519	578	129	63	368	1998	383
重 庆	32325	1102	14703	2779		13293	448
四 川	53931	2654	8811	31572	41	6952	3901
贵 州	41916	3162	4228	5342	2619	24458	2107
云 南	72632	2471	6443	5417	19797	29532	8972
西 藏	1455		157	434	268	565	31
陕 西	38523	643	5793	5625	7173	11157	8132
甘 肃	8361	16	1559	2344	1687	2599	156
青 海	4873	448	1100	392	416	1776	741
宁 夏	9787	1580	2334	1238	510	3890	235
新 疆	12685	1032	1593	1016	1460	6868	716

3-57 各地区按资质等级分的房地产开发企业别墅、高档公寓销售套数

单位：套

地 区	总 计	一 级	二 级	三 级	四 级	暂 定	其 他
全国总计	**260475**	**4696**	**34878**	**35510**	**33893**	**131034**	**20464**
北 京	2103	187	40	95	717	1058	6
天 津	4749	3	103	365	2898	1205	175
河 北	2522	11	75	111	776	1542	7
山 西	2545	34	32	575	1100	804	
内蒙古	2516	8	159	203	483	1512	151
辽 宁	5511	64	345	1204	52	2046	1800
吉 林	1783		185	145	9	1403	41
黑龙江	1665	50	173	1254		182	6
上 海	16836		743	993		13376	1724
江 苏	27970	193	9135	1121	13	14429	3079
浙 江	22822	246	978	4610	2007	11164	3817
安 徽	7256	24	363	1445	109	4920	395
福 建	7131	29	535	1531	278	4596	162
江 西	8751	251	94	2149	891	4845	521
山 东	8664	384	643	752	1299	4947	639
河 南	6201	2	408	101	154	5101	435
湖 北	6937	197	941	391	1320	3659	429
湖 南	10172	984	759	2129	3582	2696	22
广 东	39883	729	4024	5217	9006	17647	3260
广 西	5303	73	112	123	86	4892	17
海 南	1991		304	43	715	901	28
重 庆	19300	119	8072	1770		9256	83
四 川	13108	84	2114	7467	22	2799	622
贵 州	9460		1528	169	652	5983	1128
云 南	17315	800	1728	696	6884	5825	1382
西 藏	854			298	169	356	31
陕 西	3395	63	650	116	443	1670	453
甘 肃	540		54	17	3	466	
青 海	19		12			7	
宁 夏	1532	137	493	71	52	771	8
新 疆	1641	24	76	349	173	976	43

3-58 各地区按用途分的房地产开发企业商品房平均销售价格

单位：元/平方米

地　区	商品房平均销售价格	住　宅	#别　墅、高档公寓	办公楼	商业营业用房	其　他
全国总计	**9310**	**9287**	**17886**	**14315**	**10952**	**5074**
北　京	35905	38433	57225	31335	31017	10937
天　津	15380	15423	16382	14256	16923	7906
河　北	7834	7787	11970	9911	9710	5440
山　西	6896	6695	10686	9773	11618	5029
内蒙古	6194	6122	7729	9218	8422	4545
辽　宁	8249	8249	14710	9202	9376	5233
吉　林	7452	7329	11211	8396	8876	7151
黑龙江	7529	7323	13630	12671	9428	6327
上　海	30677	32926	64003	37890	29003	7041
江　苏	11637	11873	17547	11084	11524	5272
浙　江	15304	16303	19735	14795	14731	5005
安　徽	7393	7360	9154	7908	8858	3557
福　建	10748	11205	15031	12847	11099	5683
江　西	7293	7110	8802	8453	9324	5898
山　东	8070	8126	12261	10568	9688	4022
河　南	6311	6176	10262	10444	7525	5215
湖　北	9012	8665	11932	19923	12745	8157
湖　南	6127	5848	9191	12025	9808	3882
广　东	14262	14115	21832	25026	16922	7457
广　西	6505	6440	7188	10621	8975	4125
海　南	15383	15114	22140	19398	19420	12004
重　庆	8402	8657	11325	12230	10113	3232
四　川	7448	7529	12669	9381	10606	3242
贵　州	5980	5480	9748	7358	10877	3794
云　南	7954	8010	7268	8423	9795	5842
西　藏	7578	7350	10107	9137	11165	4750
陕　西	8998	8798	13188	12117	12175	6884
甘　肃	5977	5781	11289	11169	8733	5113
青　海	7643	7269	5037	9227	13391	3491
宁　夏	5685	5618	8504	6344	7560	3252
新　疆	5999	5807	7687	7888	9120	3038

3-59　各地区按资质等级分的房地产开发企业商品房平均销售价格

单位：元/平方米

地　区	总　计	一　级	二　级	三　级	四　级	暂　定	其　他
全国总计	**9310**	**10289**	**8824**	**7915**	**8401**	**9646**	**11115**
北　京	35905	28454	22508	39147	37168	37897	40569
天　津	15380	11332	12966	14945	15768	15678	14840
河　北	7834	10278	7967	7149	7160	8414	6237
山　西	6896	5453	5833	5483	6348	8323	5190
内蒙古	6194	7518	6058	5550	6028	6937	6273
辽　宁	8249	9490	7140	7241	3953	8078	10337
吉　林	7452	10865	7399	7632	4515	7846	6113
黑龙江	7529	9611	7180	7745	3510	7962	7852
上　海	30677	27458	21671	24265	35919	33220	28359
江　苏	11637	11297	10790	9043	5173	12096	11890
浙　江	15304	16154	15541	14427	11229	14995	17282
安　徽	7393	9144	6725	6496	6112	7502	8346
福　建	10748	13999	11349	9376	11145	10820	11111
江　西	7293	8160	7038	6287	6720	7577	7379
山　东	8070	8228	8112	7077	6005	8665	8342
河　南	6311	6337	6433	5526	4978	6585	5981
湖　北	9012	10270	10080	7215	5091	9732	8444
湖　南	6127	7996	6832	5447	6076	6409	5220
广　东	14262	25250	15557	15449	13725	12732	18429
广　西	6505	7309	7299	5692	4916	6634	5630
海　南	15383	15367	18312	13348	14056	14922	21549
重　庆	8402	8469	8526	6515	6180	8659	9989
四　川	7448	7795	7284	7637	5341	6901	8239
贵　州	5980	4664	7781	5408	4880	5823	6574
云　南	7954	7390	8656	5931	6386	8322	11253
西　藏	7578		6559	6706	9387	8033	6653
陕　西	8998	10824	8336	7093	7409	10126	10916
甘　肃	5977	5805	6684	6199	5479	6030	4093
青　海	7643	9584	6059	6632	7903	8029	9720
宁　夏	5685	6136	5537	4826	5705	5983	6667
新　疆	5999	6030	5883	5300	4541	6524	5957

3-60 各地区按资质等级分的房地产开发企业90平方米及以下住宅平均销售价格

单位：元/平方米

地区	总计	一级	二级	三级	四级	暂定	其他
全国总计	**9689**	**9653**	**8076**	**7649**	**9440**	**10525**	**12023**
北京	28025	17209	12481	8980	20394	34717	42657
天津	13524	8265	11476	13004	13656	15460	12772
河北	8580	10902	7812	9765	8009	8802	6625
山西	6373	4704	6539	4678	5209	8151	5836
内蒙古	5064	6293	5001	4277	4945	5494	7282
辽宁	6642	8247	5935	6157	3830	6275	8541
吉林	6302	9990	6667	6406	3887	6592	5705
黑龙江	5585	6304	6315	4979	3002	6634	5502
上海	19657	17510	11684	12238	35252	21621	18586
江苏	10701	6373	9218	7475		12585	9940
浙江	13727	16495	15676	10526	12138	14129	14102
安徽	6215	8300	6486	4313	6043	6663	7127
福建	13426	13483	12246	10690	7748	14169	19911
江西	8186	8785	6170	6822	9552	8790	7478
山东	7547	7378	6781	7173	5968	7956	9882
河南	6969	5469	6873	6615	4470	7497	6658
湖北	8408	8953	8442	8779	5227	9293	6379
湖南	5889	8395	6490	5160	6094	6304	4456
广东	17614	16875	14816	24984	17318	14930	25060
广西	6956	7208	7152	7026	5535	7094	4782
海南	12953	9445	11577	12851	13993	12337	16819
重庆	7921	8504	7784	6191	6330	8320	9128
四川	6406	5684	6844	6411	4763	5943	6589
贵州	5464	5993	6933	6260	4273	5322	3726
云南	8369	9667	9122	6022	7171	8613	11479
西藏	7188		6442	6279	7549	8038	6943
陕西	7505	9785	5964	5831	7123	9826	8528
甘肃	5871	10395	6783	5617	5008	6660	4000
青海	6287	8337	6305	5736	4194	5798	13195
宁夏	4547	5416	4557	3256	5849	4277	
新疆	5021	7339	5048	3415	3139	6203	3709

3-61 各地区按资质等级分的房地产开发企业144平方米以上住宅平均销售价格

单位：元/平方米

地 区	总 计	一 级	二 级	三 级	四 级	暂 定	其 他
全国总计	**12091**	**13588**	**12822**	**10864**	**10383**	**12321**	**13413**
北 京	59361	70837	46235	78103	60457	55384	46743
天 津	19596	16193	16776	18965	20160	21873	15389
河 北	10402	15014	10005	8413	9724	10787	9123
山 西	8996	6613	6058	5353	9546	9838	10564
内 蒙 古	7355	9580	8115	7215	7509	6433	5626
辽 宁	12292	14304	13083	10196	4386	12013	15761
吉 林	9331	12377	9593	9738	5608	9747	4359
黑 龙 江	11226	6966	8533	13231	3581	10115	7945
上 海	73505	62471	85118	65622		72198	71770
江 苏	15080	15744	16138	16630	4531	14840	13417
浙 江	21077	19923	19212	20527	12583	21003	25745
安 徽	9165	7389	8799	8109	5652	8906	12015
福 建	15212	25302	22824	9734	20481	14780	17729
江 西	8152	7141	8155	6952	6738	8867	8374
山 东	9450	9777	8904	8447	6650	10226	9755
河 南	7809	7280	7105	6076	5147	8495	7409
湖 北	11846	10508	13665	9316	5329	13108	8499
湖 南	6326	10848	7405	5512	5952	6526	5247
广 东	15398	44730	20280	17473	14992	13200	16456
广 西	6582	11155	10100	5442	4516	6350	4407
海 南	17726	17254	32724	20084	14796	17793	17890
重 庆	12352	13745	12741	9972		12227	14095
四 川	13227	13231	13448	13144	6619	12650	14724
贵 州	6446	4739	9024	5191	5261	6304	9500
云 南	7681	9545	9522	5489	5849	7900	10526
西 藏	8245		6936	6889	10368	8884	4340
陕 西	11559	10805	12433	10561	9187	13027	11891
甘 肃	6674	7195	8361	7450	6100	5551	3325
青 海	8398	10643	5708	6062	7291	8181	13712
宁 夏	7078	7506	6255	5388	7752	7800	8121
新 疆	5932	6001	5641	6203	5010	6076	6644

3-62 各地区按资质等级分的房地产开发企业别墅、高档公寓平均销售价格

单位：元/平方米

地　区	总　计	一　级	二　级	三　级	四　级	暂　定	其　他
全国总计	**17886**	**22366**	**17325**	**15733**	**14227**	**19321**	**18905**
北　京	57225	73044	33422	82513	52766	52991	44133
天　津	16382	35741	16966	13295	14862	20839	23574
河　北	11970	13095	17573	7447	10797	12613	11013
山　西	10686	7028	7689	11888	9021	12885	
内蒙古	7729	10455	5646	9919	10305	7412	3077
辽　宁	14710	23432	13609	13537	3438	12442	18715
吉　林	11211		13996	17389	16488	9747	7440
黑龙江	13630	6806	20626	12946		15420	5000
上　海	64003		83595	59445		63368	60163
江　苏	17547	17195	18246	22468	8927	16462	18023
浙　江	19735	25624	27131	16169	16574	20578	20986
安　徽	9154	9651	13743	8539	6998	8716	9759
福　建	15031	36945	21325	13650	20898	13223	20474
江　西	8802	7236	8494	9020	10921	8663	7641
山　东	12261	13616	14500	13299	7934	13018	10222
河　南	10262	5876	13444	18426	5835	10417	7227
湖　北	11932	5806	14242	10080	6865	14198	9823
湖　南	9191	12614	16176	8637	7778	8645	13447
广　东	21832	41230	16467	19581	22210	21900	25474
广　西	7188	21181	10086	8613	5062	6431	6007
海　南	22140		39084	38069	15111	23154	31905
重　庆	11325	14920	10847	10933		11670	15360
四　川	12669	10009	13314	11845	3999	13519	16157
贵　州	9748		14622	13350	7971	9007	8817
云　南	7268	9050	11818	6369	6467	7044	5779
西　藏	10107			8138	12690	9538	4340
陕　西	13188	25078	6478	18622	16329	13523	13372
甘　肃	11289		21389	12093	12336	8427	
青　海	5037		5000			5051	
宁　夏	8504	6750	8010	6086	8520	9057	15073
新　疆	7687	11851	4851	10887	4677	7407	12365

3-63　各地区按用途分的房地产开发企业商品房待售面积

单位：平方米

地　区	商品房待售面积	住　宅	#别　墅、高档公寓	办公楼	商业营业用房	其　他
全国总计	**498207006**	**224728274**	**19989159**	**38000060**	**132819494**	**102659178**
北　京	24895155	8931181	2076078	5690091	3699099	6574784
天　津	6577981	3135600	417291	1124914	1397219	920248
河　北	9961385	6489343	173152	553273	1480236	1438533
山　西	9662549	5711451	128598	330726	2165174	1455198
内蒙古	10687204	5991496	429225	540338	3023996	1131374
辽　宁	29092701	18770821	919611	862716	7042774	2416390
吉　林	10775903	5870484	204258	732865	2876430	1296124
黑龙江	15058252	8415599	132015	429687	3785197	2427769
上　海	23604632	7348710	2088651	4060285	4306769	7888868
江　苏	46121286	21312936	2612502	4424534	14138865	6244951
浙　江	22660580	7060405	1462887	3478133	7948598	4173444
安　徽	15316914	6502585	389046	954038	5542687	2317604
福　建	18620350	5325418	504011	1455216	4822252	7017464
江　西	8183204	3975981	276921	322753	3171490	712980
山　东	24338040	12842848	731945	1988804	6946809	2559579
河　南	25293659	16939986	239064	1284176	4923608	2145889
湖　北	14178793	7243379	422653	857606	4352366	1725442
湖　南	14107258	6547930	382516	673778	4579216	2306334
广　东	57164420	26664131	3112003	3376417	11195383	15928489
广　西	12689579	7024440	314511	179025	3227471	2258643
海　南	5896454	4156489	799140	94899	922223	722843
重　庆	19591058	3566263	284702	1032174	5356994	9635627
四　川	20212070	3609808	272559	696268	6020037	9885957
贵　州	5716324	1787531	85290	368225	2362279	1198289
云　南	10895029	4221165	887900	494120	3373757	2805987
西　藏	385148	147561	41571	4136	138989	94462
陕　西	6502829	2806605	27302	341915	2301322	1052987
甘　肃	7040841	3756624	15067	309647	2194550	780020
青　海	1202292	537103	5037	35673	576457	53059
宁　夏	9575703	3445101	279654	770359	3821675	1538568
新　疆	12199413	4589300	273999	533269	5125572	1951272

3-64 各地区按资质等级分的房地产开发企业商品房待售面积

单位：平方米

地 区	总 计	一 级	二 级	三 级	四 级	暂 定	其 他
全国总计	**498207006**	**21627393**	**90208530**	**105157484**	**82929356**	**172498468**	**25785775**
北 京	24895155	2271994	4292880	2066959	12093054	3302213	868055
天 津	6577981	153487	754821	387717	4548142	540737	193077
河 北	9961385	354086	2385014	1958497	2810076	2291191	162521
山 西	9662549	270194	1467785	1226459	5031143	1499172	167796
内蒙古	10687204	491417	1640735	1796273	5441479	922691	394609
辽 宁	29092701	816115	2966612	8186034	733358	14597822	1792760
吉 林	10775903	112174	2383047	2147002	2010818	3975764	147098
黑龙江	15058252	473834	4215339	7097082	519585	2195702	556710
上 海	23604632	612094	2244335	2734715	650	16177783	1835055
江 苏	46121286	2340506	17346771	2455095	69470	19520377	4389067
浙 江	22660580	865066	2049585	5991624	3349467	8272314	2132524
安 徽	15316914	283577	1991161	4893471	1063657	6647583	437465
福 建	18620350	918835	2132168	7693926	2391574	4796709	687138
江 西	8183204	96739	821827	1843899	952941	4090010	377788
山 东	24338040	851793	2767092	3959126	3878024	11375130	1506875
河 南	25293659	904256	3555814	2859981	1954843	13087037	2931728
湖 北	14178793	822990	2666388	1840668	3175990	5332626	340131
湖 南	14107258	357947	2288716	5299633	3312231	2500318	348413
广 东	57164420	2559679	3066918	14123457	14047778	19854692	3511896
广 西	12689579	222152	1534436	2710323	990309	6686453	545906
海 南	5896454	1765	354880	811500	885260	3501396	341653
重 庆	19591058	2173410	9863055	2168290	115569	5011832	258902
四 川	20212070	1129042	4701266	10832196	305448	2801734	442384
贵 州	5716324		1366416	1100368	1021374	1969809	258357
云 南	10895029	242622	1872994	1229810	3878747	3379422	291434
西 藏	385148		47454	209924	62403	51824	13543
陕 西	6502829	412152	1954923	1431082	1756489	536063	412120
甘 肃	7040841	184063	988779	2138645	2176868	1514299	38187
青 海	1202292	48206	415595	222013	273733	189790	52955
宁 夏	9575703	1333363	4034486	1843414	1180384	1136082	47974
新 疆	12199413	323835	2037238	1898301	2898492	4739893	301654

3-65　各地区按用途分的房地产开发企业商品房待售1-3年面积

单位：平方米

地　区	待售1-3年面　积	住　宅	#别　墅、高档公寓	办公楼	商业营业用房	其　他
全国总计	**198709627**	**92893699**	**8589737**	**14674921**	**48671130**	**42469877**
北　京	10110392	3461759	449499	2142844	1652908	2852881
天　津	2879952	1363648	158913	614586	643700	258018
河　北	3751200	2321713	57007	56339	619670	753478
山　西	3286546	1990998	19514	168544	756033	370971
内蒙古	4161451	2346997	85584	286597	1102018	425839
辽　宁	14495378	9570972	580444	421456	3242353	1260597
吉　林	4196189	2504180	149597	173867	922837	595305
黑龙江	4403300	2864792	37760	131933	816037	590538
上　海	5402754	1531414	679747	864156	787225	2219959
江　苏	19162699	10102508	1410826	1391690	4979752	2688749
浙　江	8027878	2963515	748070	1096051	2551706	1416606
安　徽	8871820	3782132	189091	590343	3035955	1463390
福　建	6652745	1918365	74985	814299	1681290	2238791
江　西	3286908	1846093	144193	87449	1050599	302767
山　东	9927498	5730634	429738	915396	2253156	1028312
河　南	5985717	3816736	62943	375659	1262777	530545
湖　北	4591698	2639892	146221	178599	1282865	490342
湖　南	6563185	3215917	199023	467837	1917198	962233
广　东	30946407	13942900	1536314	1913376	5862791	9227340
广　西	4259006	2343844	189683	89602	1186935	638625
海　南	3067165	2356358	526171	26096	376447	308264
重　庆	9689550	1627187	146985	512422	2496847	5053094
四　川	7429759	1361051	85130	189432	2223776	3655500
贵　州	1735839	452952	15650	99568	826524	356795
云　南	4149125	1664515	252322	274890	1063466	1146254
西　藏	275753	119372	41426	4136	93455	58790
陕　西	1388869	794341	1369	74568	313543	206417
甘　肃	2427644	1413933	15067	89637	643632	280442
青　海	508703	225695		9427	255959	17622
宁　夏	2731601	1147096	83801	321800	858877	403828
新　疆	4342896	1472190	72664	292322	1910799	667585

3-66 各地区按资质等级分的房地产开发企业商品房待售1-3年面积

单位：平方米

地 区	总 计	一 级	二 级	三 级	四 级	暂 定	其 他
全国总计	**198709627**	**8364565**	**33142658**	**41021614**	**32700055**	**72456679**	**11024056**
北 京	10110392	1005175	1577598	870559	4828688	1561546	266826
天 津	2879952	110534	399386	37035	2081098	235998	15901
河 北	3751200	76704	280063	1067845	1212497	1025378	88713
山 西	3286546	73330	607337	457419	1617165	530224	1071
内蒙古	4161451	165651	151402	782570	2538885	367667	155276
辽 宁	14495378	464337	913662	3424476	548474	7921128	1223301
吉 林	4196189	65344	647793	1292822	820431	1315988	53811
黑龙江	4403300	205081	1143896	1970401	130042	733219	220661
上 海	5402754	12447	218255	392512		3895547	883993
江 苏	19162699	597176	6913625	591635	22045	8770904	2267314
浙 江	8027878	371125	697286	1813167	1100145	3379363	666792
安 徽	8871820	123800	1249424	3043330	655298	3568914	231054
福 建	6652745	364845	937354	2114507	734405	2180852	320782
江 西	3286908	42694	430733	799742	373788	1558499	81452
山 东	9927498	371323	965030	1394935	1301856	4994703	899651
河 南	5985717	202909	1062882	832310	234413	3127464	525739
湖 北	4591698	136215	826084	749395	778082	1900595	201327
湖 南	6563185	215819	1159083	2498764	1375761	1241964	71794
广 东	30946407	1399238	1628305	7580098	7602692	11049099	1686975
广 西	4259006	10010	439628	962920	246324	2297197	302927
海 南	3067165	1765	212544	291780	413238	2045384	102454
重 庆	9689550	921393	5199470	929654	26983	2491520	120530
四 川	7429759	751246	1592727	4112433	118019	702988	152346
贵 州	1735839		361517	506758	417929	446572	3063
云 南	4149125	102458	718122	666375	1162368	1404158	95644
西 藏	275753		47454	141214	49425	28904	8756
陕 西	1388869	30788	382257	139778	447557	223966	164523
甘 肃	2427644	3624	419726	515671	925001	563622	
青 海	508703	48206	189351	107979	84413	25799	52955
宁 夏	2731601	276502	1123660	453580	203888	673971	
新 疆	4342896	214826	647004	479950	649145	2193546	158425

3-67　各地区按用途分的房地产开发企业商品房待售3年以上面积

单位：平方米

地　区	待售3年以上面　积	住　宅	#别　墅、高档公寓	办公楼	商业营业用房	其　他
全国总计	**154184789**	**57446094**	**7547039**	**12556688**	**50224216**	**33957791**
北　京	9638305	3770675	1544764	1783849	1604969	2478812
天　津	2039694	719496	156214	434476	513240	372482
河　北	2702504	1778233	70312	168670	466804	288797
山　西	3059097	1698555	67084	124946	809731	425865
内蒙古	2841465	1320797	278464	108555	1033744	378369
辽　宁	6903954	4283116	201466	115371	1881001	624466
吉　林	4042403	1670210	17449	449278	1390937	531978
黑龙江	6979262	3389149	73577	116263	2262121	1211729
上　海	9923816	2398129	930002	1783872	2529529	3212286
江　苏	12088811	3503482	742973	1642619	5329840	1612870
浙　江	9991548	2764231	596900	1430240	3964494	1832583
安　徽	1731994	526201	114015	120406	835413	249974
福　建	8354898	1955445	354762	361659	2308095	3729699
江　西	2292008	705263	79450	118952	1257875	209918
山　东	8099612	3383042	208156	579181	3219261	918128
河　南	4914390	3174613	102400	356488	1014886	368403
湖　北	5970783	2497553	67379	385162	2225307	862761
湖　南	4260026	1738071	133260	61428	1570248	890279
广　东	9236539	3500466	758432	659853	2399556	2676664
广　西	4707900	2354561	57147	63900	1260697	1028742
海　南	1850407	1100039	160758	15842	422921	311605
重　庆	5239684	958893	70687	441647	1460766	2378378
四　川	7805139	1180387	88886	356768	2234025	4033959
贵　州	1669215	452989	51275	147389	797387	271450
云　南	3353547	1066895	326304	55127	1473267	758258
西　藏	7619	1106			6211	302
陕　西	2078364	788767	1959	48355	839678	401564
甘　肃	2427368	1211818		123453	867806	224291
青　海	324473	114804	5037	10939	171538	27192
宁　夏	4702236	1596813	109316	328068	2004879	772476
新　疆	4947728	1842295	178611	163932	2067990	873511

3-68 各地区按资质等级分的房地产开发企业商品房待售3年以上面积

单位：平方米

地　区	总　计	一　级	二　级	三　级	四　级	暂　定	其　他
全国总计	**154184789**	**6476125**	**33162745**	**39351592**	**27053455**	**42709392**	**5431480**
北　京	9638305	1063738	1831029	1048172	4687546	549281	458539
天　津	2039694	15093	308444	156074	1288412	168337	103334
河　北	2702504	132062	1049269	374626	805020	327719	13808
山　西	3059097	119258	630193	360275	1616803	317108	15460
内蒙古	2841465	58363	942322	307801	1385011	96577	51391
辽　宁	6903954	100755	1023489	2748931	100600	2845157	85022
吉　林	4042403	46830	1117993	618829	594591	1664160	
黑龙江	6979262	268753	2047375	3578557	212191	821096	51290
上　海	9923816	288083	1396310	1614122	650	5968805	655846
江　苏	12088811	448393	4953587	1071665	34885	4962917	617364
浙　江	9991548	439661	1050516	3132128	1744251	2958044	666948
安　徽	1731994	84714	412340	509958	90586	542754	91642
福　建	8354898	169640	931560	4613863	1175660	1229294	234881
江　西	2292008	54045	327068	554516	399220	865012	92147
山　东	8099612	325827	969914	1818220	1627795	3138240	219616
河　南	4914390	178266	811208	719755	746210	2137764	321187
湖　北	5970783	200785	1369231	845707	1330741	2179224	45095
湖　南	4260026	113000	915774	1654005	1125159	342357	109731
广　东	9236539	313739	439133	3393918	2225125	2078634	785990
广　西	4707900	23066	702352	1008555	354592	2533565	85770
海　南	1850407		74990	415592	431197	749847	178781
重　庆	5239684	844998	2219207	660517	13742	1430982	70238
四　川	7805139	219848	2364560	3595134	143474	1278717	203406
贵　州	1669215		360179	335038	362112	601031	10855
云　南	3353547	105164	678344	320938	1435488	729894	83719
西　藏	7619					7619	
陕　西	2078364	180547	621564	613203	568989	45299	48762
甘　肃	2427368		281498	1066975	638495	402213	38187
青　海	324473		141799	77395	37975	67304	
宁　夏	4702236	581649	2138914	1182321	521366	277986	
新　疆	4947728	99848	1052583	954802	1355569	1392455	92471

3-69　各地区房地产开发企业90平方米及以下住宅待售情况

单位：平方米

地　区	待售面积	待售1-3年	待售3年以上
全国总计	**59715444**	**24310618**	**15513932**
北　京	2991446	1125650	916235
天　津	853490	377626	278239
河　北	1314200	531078	405415
山　西	1156413	386142	354794
内蒙古	1556842	499675	433745
辽　宁	8879664	4784542	1477342
吉　林	3324277	1493621	1062277
黑龙江	4129406	1316324	1765341
上　海	2104581	289336	540675
江　苏	3960113	1429937	543863
浙　江	974523	333442	421787
安　徽	1588697	976187	129839
福　建	973395	350868	289734
江　西	678066	239895	122665
山　东	2449377	820252	1016098
河　南	3743815	633515	430443
湖　北	1787393	720180	512968
湖　南	903004	361969	377021
广　东	5340395	3144589	735018
广　西	1751086	375104	894960
海　南	2448062	1316264	737945
重　庆	1262984	610662	275726
四　川	1172861	608562	331579
贵　州	230849	62800	73372
云　南	759704	265958	172374
西　藏	21861	19384	1106
陕　西	597418	272770	56034
甘　肃	930094	385720	295871
青　海	106317	80048	21968
宁　夏	625108	186890	394081
新　疆	1100003	311628	445417

3-70 各地区房地产开发企业土地开发及其购置情况

地　区	待开发土地面积(平方米)	本年土地购置面积(平方米)	本年土地成交价款(万元)
全国总计	**489769389**	**258222894**	**147092809**
北　京	7640021	1440258	4271036
天　津	7852345	5489437	5032854
河　北	18819326	10473353	3491465
山　西	8380528	5663619	2707788
内蒙古	6228077	4474760	1175558
辽　宁	18753214	8255147	3470259
吉　林	6752437	4949227	1300142
黑龙江	2360870	3119241	1165080
上　海	3931532	1448144	2432610
江　苏	29669248	17345985	16950211
浙　江	18043056	16864832	18604576
安　徽	24488022	30945421	13502994
福　建	12639881	10317028	7792793
江　西	13937714	5626195	2205705
山　东	41235839	28130064	12213899
河　南	27310338	8581455	4581951
湖　北	22526040	7849035	4194550
湖　南	28976819	14759676	4358120
广　东	48290918	12403319	14269982
广　西	15482779	11869314	5077355
海　南	6430472	444088	160305
重　庆	25411042	6415762	3423754
四　川	23200261	10566905	5530677
贵　州	18924924	5342640	2078146
云　南	20009508	8692285	3481851
西　藏	353124	377114	102326
陕　西	12854504	4851067	1569765
甘　肃	3600822	1444450	432140
青　海	1700222	1657194	286518
宁　夏	3144210	2208432	309132
新　疆	10821296	6217447	919267

3-71　各地区按资质等级分的房地产开发企业待开发土地面积

单位：平方米

地　区	总　计	一　级	二　级	三　级	四　级	暂　定	其　他
全国总计	**489769389**	**9848727**	**48403302**	**66307270**	**50656663**	**264053335**	**50500092**
北　京	7640021	170800	329702	338087	3291190	2819474	690768
天　津	7852345	139345	28432	1542121	4162754	1123801	855892
河　北	18819326	209794	945914	2118278	5905605	8974664	665071
山　西	8380528	98317	234660	1254539	2383910	4360795	48307
内蒙古	6228077	786685	225951	719949	2777390	1105540	612562
辽　宁	18753214	199788	419536	3431278	15281	11885454	2801877
吉　林	6752437		541555	2141449	416402	3397753	255278
黑龙江	2360870		658875	593829	19016	599042	490108
上　海	3931532	73309	247208	446939		2810790	353286
江　苏	29669248	1592744	6969443	578379	9000	16791445	3728237
浙　江	18043056	581684	243791	3026554	1014145	8933253	4243629
安　徽	24488022	490079	720388	2608334	574552	16098838	3995831
福　建	12639881	163083	970453	1565956	742493	8272806	925090
江　西	13937714	55635	292088	1762916	311743	9741961	1773371
山　东	41235839	1171843	1972020	5289613	3467384	23976730	5358249
河　南	27310338	392618	2270384	2987437	1294414	15330153	5035332
湖　北	22526040	328266	1463112	2229067	2498680	14742177	1264738
湖　南	28976819	568219	1762471	6339419	4778467	14563388	964855
广　东	48290918	719561	2862485	4673019	4572754	27520538	7942561
广　西	15482779	96776	640698	1071272	424615	13121706	127712
海　南	6430472	9309		536812	1986110	3618097	280144
重　庆	25411042	491973	9063094	2291593	35840	12231011	1297531
四　川	23200261	359896	7412297	10747460	1688	3674095	1004825
贵　州	18924924		1481796	1487721	751397	14946174	257836
云　南	20009508	105423	2213709	2087368	3217988	10180162	2204858
西　藏	353124	56986	62139	80667	84332		69000
陕　西	12854504	36123	2342219	1486156	3118873	3622299	2248834
甘　肃	3600822		58195	1182175	737759	1568282	54411
青　海	1700222	34712	132720	79875	189345	703203	560367
宁　夏	3144210		830194	461796	327414	1404168	120638
新　疆	10821296	915759	1007773	1147212	1546122	5935536	268894

3-72 各地区按资质等级分的房地产开发企业土地购置面积

单位：平方米

地　区	总　计	一　级	二　级	三　级	四　级	暂　定	其　他
全国总计	**258222894**	**5269007**	**15887648**	**21079804**	**15989288**	**166907707**	**33089440**
北　京	1440258	34755	216933	90198	11011	779307	308054
天　津	5489437				1753068	2408697	1327672
河　北	10473353	244091	335585	1258561	1407054	6544536	683526
山　西	5663619	94971	69749	270083	1584421	3604669	39726
内蒙古	4474760	35600	92763	474024	2022157	1416057	434159
辽　宁	8255147	167501	300672	491725	62496	4608704	2624049
吉　林	4949227		799276	328133	262139	3414297	145382
黑龙江	3119241	42142	209137	825405	69611	1149565	823381
上　海	1448144	41014	100181	27252		1231727	47970
江　苏	17345985	218011	2081838	382871		11754101	2909164
浙　江	16864832	387933	546324	1205304	557038	9911444	4256789
安　徽	30945421	764621	526581	1935625	307154	22725883	4685557
福　建	10317028	14260	670575	273405	56819	8072955	1229014
江　西	5626195	128800	192797	509666	149985	3989588	655359
山　东	28130064	897454	1641275	2269063	1635790	17464548	4221934
河　南	8581455	253841	305825	299942	84177	6480209	1157461
湖　北	7849035	186709	489789	415791	523709	5731686	501351
湖　南	14759676	23099	1016361	2769134	1674606	8841265	435211
广　东	12403319	40899		382392	943851	7928309	3107868
广　西	11869314	337469	170383	447166	69790	10844506	
海　南	444088		4844	4404	37296	322812	74732
重　庆	6415762	161632	1726265	412077		4115788	
四　川	10566905	147215	2808398	4282643	35649	1997225	1295775
贵　州	5342640	28566	61802	329525	225856	4594382	102509
云　南	8692285	145578	595445	187883	883571	5903242	976566
西　藏	377114	56986		60000	60201	178927	21000
陕　西	4851067	68666	126492	269489	360883	3331497	694040
甘　肃	1444450		52187	87313	259768	1045182	
青　海	1657194	10486		104664	59344	1438786	43914
宁　夏	2208432	88171	522963	250923	25564	1264573	56238
新　疆	6217447	648537	223208	435143	866280	3813240	231039

3-73 各地区按资质等级分的房地产开发企业土地成交价款

单位：万元

地区	总计	一级	二级	三级	四级	暂定	其他
全国总计	**147092809**	**3215577**	**8450638**	**8737295**	**5898598**	**95024867**	**25765834**
北京	4271036	188000	804136	465000	8506	2039678	765716
天津	5032854				1733856	2450163	848835
河北	3491465	45229	80180	291228	416890	2449012	208926
山西	2707788	28893	12726	77269	727437	1858367	3096
内蒙古	1175558	13826	22084	57862	480299	480795	120692
辽宁	3470259	62670	61237	77874	6041	1895862	1366575
吉林	1300142		145845	39018	33223	1061430	20626
黑龙江	1165080	4297	48186	360189	3982	320644	427782
上海	2432610	10000	106487	30884		2137639	147600
江苏	16950211	396689	1827994	128175		11815433	2781920
浙江	18604576	363248	591850	1171037	653428	10899256	4925757
安徽	13502994	639554	299871	769343	83430	9745416	1965380
福建	7792793	96800	185894	99099	5698	5627951	1777351
江西	2205705	99688	64869	202987	39149	1621387	177625
山东	12213899	413888	710458	745675	358887	7801003	2183988
河南	4581951	134253	102158	67531	22730	3693899	561380
湖北	4194550	84484	199915	124588	105180	3568691	111692
湖南	4358120	5679	417613	709971	503259	2610904	110694
广东	14269982	242318		188330	288912	8030695	5519727
广西	5077355	139012	71560	86152	10929	4769702	
海南	160305		1165	2000	16026	117670	23444
重庆	3423754	33993	837779	114040		2437942	
四川	5530677	41901	1397811	2608576	5480	779909	697000
贵州	2078146	7600	12223	78578	27830	1922945	28970
云南	3481851	28173	252193	36609	132185	2367515	665176
西藏	102326	7722		6685	15507	65412	7000
陕西	1569765	38286	45158	76291	52516	1087714	269800
甘肃	432140		13773	9951	88154	320262	
青海	286518	1299		14516	8794	254104	7805
宁夏	309132	27052	79259	37277	1845	156509	7190
新疆	919267	61023	58214	60560	68425	636958	34087

第四章

房地产开发企业主要财务状况

4-1　各地区房地产开发企业主要财务指标

单位：万元

地　区	资产总计	负债合计	所有者权益合计	主营业务收入
全国总计	**9479355959**	**7620351897**	**1859004062**	**1102397845**
北　京	552274674	448269810	104004864	34258353
天　津	326661914	260263055	66398860	21267336
河　北	252901787	218536715	34365072	23132356
山　西	136762122	122393280	14368841	12272443
内蒙古	89312783	79468264	9844519	7314270
辽　宁	219626272	176156688	43469584	24925668
吉　林	74369146	62982099	11387047	9868148
黑龙江	101360615	70886640	30473975	9939891
上　海	639170743	436847620	202323123	50317563
江　苏	790786198	613933899	176852299	132572540
浙　江	691931615	561391921	130539693	92475049
安　徽	319608816	258916816	60692000	51248506
福　建	383162285	292639898	90522387	33770664
江　西	172330192	139068395	33261797	25299738
山　东	636727142	535864460	100862682	68952928
河　南	385908471	325472376	60436095	54581933
湖　北	382384726	308505780	73878946	48370159
湖　南	220520040	181175508	39344531	39005389
广　东	1256569953	1007612617	248957336	161605070
广　西	202299509	162429260	39870249	23428318
海　南	125326851	102551673	22775178	12748699
重　庆	323241126	245626934	77614192	37774413
四　川	375192718	312989031	62203687	49920769
贵　州	182145313	150735945	31409368	17188083
云　南	236277235	198834605	37442630	18206965
西　藏	4578476	3458266	1120211	502345
陕　西	201527769	174134042	27393727	20388103
甘　肃	71137497	61630923	9506574	7791946
青　海	18705675	16816258	1889417	2020105
宁　夏	32565449	28148926	4416523	3938828
新　疆	73988847	62610192	11378655	7311269

4-1 续表 1

单位：万元

地区	土地转让收入	商品房销售收入	自持物业收入	房屋出租收入	其他收入
全国总计	**8741353**	**1041264156**	**20098250**	**15392902**	**32294086**
北京	865222	26095218	2097935	1801652	5199979
天津	467881	19468647	411583	308467	919225
河北	139633	22374488	124510	115492	493725
山西	125745	11103396	108094	79363	935208
内蒙古	63681	7106446	71461	61460	72682
辽宁	209590	23879442	391062	184884	445574
吉林	80769	9629515	107764	69746	50099
黑龙江	95853	9603673	63036	58420	177329
上海	250454	42365313	5812424	4504711	1889373
江苏	1233745	127957707	990555	785609	2390533
浙江	427429	89623129	914443	755120	1510049
安徽	239121	49594978	253687	183530	1160720
福建	108667	31521034	549157	458243	1591805
江西	258148	24500276	116048	83981	425267
山东	611804	66158912	593508	455134	1588703
河南	331337	51814049	664908	335237	1771638
湖北	416499	45296545	702530	492090	1954586
湖南	389752	37229715	324934	203530	1060989
广东	479811	154958563	3115243	2367796	3051453
广西	169482	22383723	380351	234692	494762
海南	284039	12150082	102661	58012	211917
重庆	446382	35881678	564529	459124	881823
四川	213421	48295033	583996	508105	828319
贵州	89729	16094601	165524	120072	838229
云南	657480	16411166	337127	258647	801192
西藏	12696	479811	7895	7880	1943
陕西	37143	19068944	218916	161657	1063101
甘肃	27522	7517923	75441	65299	171061
青海	2872	1931047	20905	13476	65282
宁夏	327	3782638	71273	65536	84589
新疆	5120	6986467	156751	135939	162932

4-1　续表 2　　　　单位：万元

地　　区	主营业务成本	税金及附加	其他业务利润	销售费用
全国总计	**788599250**	**74205692**	**3064164**	**51388512**
北　　京	23823708	3012479	205684	1319448
天　　津	15015740	1624453	157981	1080733
河　　北	16658678	2100211	45857	1413958
山　　西	9826944	563881	51869	560484
内 蒙 古	6079353	524663	8082	283130
辽　　宁	19041552	1377249	38675	951237
吉　　林	7408012	406675	12823	363486
黑 龙 江	7518549	605976	108774	347792
上　　海	30407291	4920243	153173	1707504
江　　苏	98729507	7365850	299769	4510306
浙　　江	67755011	5124903	216056	4537202
安　　徽	38839936	2016326	65953	1928287
福　　建	24170457	2500758	51855	1592658
江　　西	18334956	1228148	114661	1318280
山　　东	52822712	4178149	180131	2989494
河　　南	39473856	2588286	147818	2675191
湖　　北	35261543	3230603	188560	1763692
湖　　南	28708933	2076130	115266	1798410
广　　东	100006865	16566056	304584	8183960
广　　西	16678570	951381	69928	1357988
海　　南	7728525	2201459	21875	1386137
重　　庆	27639932	1863311	56816	1984906
四　　川	36806470	3076667	149703	3109341
贵　　州	12856700	1062834	79833	1013035
云　　南	13855183	1159624	43108	1145376
西　　藏	340194	20091	2706	19369
陕　　西	15921280	938584	77921	1059304
甘　　肃	6259418	298528	34568	281317
青　　海	1728940	72916	13323	77124
宁　　夏	3280809	134313	23474	142965
新　　疆	5619627	414945	23338	486400

4 1 续表 3

单位：万元

地 区	管理费用	财务费用	营业利润	营业外收入
全国总计	**47189928**	**31419874**	**154393474**	**6548409**
北 京	2147376	2499806	4257693	213105
天 津	948079	1679984	1265700	361277
河 北	1428779	810034	1112112	100991
山 西	634232	340793	710538	44104
内 蒙 古	409594	217742	367179	67555
辽 宁	1018879	928781	1628827	141327
吉 林	414954	308042	1226779	62736
黑 龙 江	491947	370760	896722	99704
上 海	2666596	2962084	12369523	485820
江 苏	3998353	1688198	18145757	692463
浙 江	3877832	1603810	13199978	379794
安 徽	1542730	917702	5986599	224428
福 建	1452221	993527	6415574	162239
江 西	870928	501803	3833408	97179
山 东	3294623	2072428	6810815	523648
河 南	2525617	1755045	7890455	478921
湖 北	1559879	1043871	7796326	166155
湖 南	1623451	672857	3615839	261956
广 东	6626155	4707084	34966771	814632
广 西	1131651	400581	2340411	184178
海 南	820727	367805	1245680	38977
重 庆	1316635	997087	8127253	172921
四 川	2100302	1216793	5149574	258071
贵 州	991755	392513	1161014	123892
云 南	1076576	957203	598817	122889
西 藏	31655	15859	134176	17951
陕 西	933905	452381	2125804	123604
甘 肃	401569	224732	419613	41052
青 海	99052	18784	94636	6408
宁 夏	216544	87245	182424	23225
新 疆	537333	214542	317479	57210

4-1　续表 4　　　　单位：万元

地　区	营业外支出	利润总额	所得税费用	应付职工薪酬
全国总计	**7845439**	**151956613**	**37910198**	**33558191**
北　京	286077	4183944	1197986	1784140
天　津	119851	1498615	765502	792946
河　北	273592	898101	801990	933842
山　西	67917	652792	257472	444308
内蒙古	81604	308126	203803	247597
辽　宁	188022	1576904	649766	596472
吉　林	65486	1223175	287088	265266
黑龙江	112050	901792	310038	277854
上　海	335108	12516588	2742163	1626429
江　苏	644257	18178550	4542903	2482264
浙　江	738664	12506788	3138317	2210642
安　徽	340015	5904072	1413326	1271488
福　建	279728	6346104	1287898	1294327
江　西	99537	3801475	854416	693109
山　东	507144	6674589	1839997	2180191
河　南	579016	7700565	1356176	1882625
湖　北	193731	7688119	1705284	1344805
湖　南	257740	3578632	945992	1228480
广　东	1136292	34608075	7642487	4421644
广　西	210594	2283217	704083	910852
海　南	126812	1134543	551033	546717
重　庆	201037	8084072	1288460	1189741
四　川	319730	4949763	1642691	1618020
贵　州	143141	1111413	342590	753559
云　南	224630	461476	150165	893389
西　藏	4364	152826	17468	14448
陕　西	129628	2085114	785047	830514
甘　肃	65391	375639	202014	296669
青　海	9505	109496	37487	77267
宁　夏	36130	168600	52839	141581
新　疆	68647	293452	193719	307009

4-2 各地区按登记注册类型分的房地产开发企业资产总计

单位：万元

地区	总计	内资					
			国有	集体	股份合作	国有联营	集体联营
全国总计	**9479355959**	**8670163165**	**55422130**	**9614999**	**1270827**	**143460**	**46952**
北京	552274674	508395656	5887173	1778435	349940		4934
天津	326661914	305343412	4121037	113318			
河北	252901787	245945468	223240				
山西	136762122	135472591	1818237	49977			
内蒙古	89312783	88983271	103355				
辽宁	219626272	186233875	365269	19856	6863		
吉林	74369146	72049117	213225				
黑龙江	101360615	99295494	1246566		16531		
上海	639170743	543849908	1883762	872044		49900	
江苏	790786198	690900311	4911614	750129	508963		
浙江	691931615	632304031	1265212	49686	40311	93560	
安徽	319608816	313694523	4083536	982			
福建	383162285	330696013	3354996	244370			
江西	172330192	165047866	579027				
山东	636727142	607553938	4364785	2728978	38212		
河南	385908471	373544516	1912833				
湖北	382384726	363078322	4560722	175102			
湖南	220520040	211643595	1306992	23124			
广东	1256569953	1053960931	3035495	2561054	270017		42018
广西	202299509	189142765	1149934	42583	3988		
海南	125326851	112572014	565509	85302			
重庆	323241126	284552068	979024		8837		
四川	375192718	359022220	2120742	6906	12986		
贵州	182145313	177073417	383380				
云南	236277235	224774626	1193326	240	4311		
西藏	4578476	4578476	15850				
陕西	201527769	198355801	2835597	94862	7083		
甘肃	71137497	70645367	832030	16727			
青海	18705675	18687444					
宁夏	32565449	31492039					
新疆	73988847	71274090	109661	1325	2786		

4-2 续表 1

单位：万元

地区	内资						
	国有与集体联营	其他联营	国有独资公司	其他有限责任公司	股份有限公司	私营独资	私营合伙
全国总计	**5215**	**108449**	**1020905078**	**4738639201**	**317861586**	**2538063**	**456021**
北京			39480480	384392402	43243036		
天津			53197154	179810609	10517529		
河北			4201095	110256096	8738269		
山西			13948862	57417234	1304187		
内蒙古			4419326	45239271	2616800		195479
辽宁			11976371	99934691	4257973	21568	
吉林			6778614	42421024	4626392	4061	
黑龙江			12820193	60719604	3361790	25731	
上海			114548772	287924080	26618983		
江苏			77792616	341741885	23907759	109073	78596
浙江			72326560	232010843	10881955		
安徽			25853738	201983153	7696060	524593	
福建	5215		45182968	144476331	2709994		18139
江西			21940355	83121302	5640208		62068
山东			92644482	328048260	22399416		
河南		266	28656887	254984469	12580308	250379	15761
湖北			36407694	209143843	17708231	3793	
湖南			24186450	112164124	5783559	75663	16362
广东		108183	83078489	609026778	62607022	87710	48187
广西			31133384	97206304	1608999		
海南			24208678	69408659	3108178		
重庆			59388474	126467604	9594958		
四川			34502264	228580579	6201743		
贵州			28116157	100629757	2306266		
云南			21392366	130951616	11106266	1000	
西藏			1950723	1516401	15260		
陕西			27357923	116276307	3501147	1428803	
甘肃			5544848	36239675	1667726		21430
青海			1930511	8308072	511047		
宁夏			2232045	10328668	105470		
新疆			13706600	27909560	935055	5689	

4-2 续表 2

单位：万元

地区	内资			港澳台商投资			
	私营有限责任公司	私营股份有限公司	其他内资企业		合资经营	合作经营	独资
全国总计	**2458666319**	**63869330**	**615535**	**556257744**	**188238592**	**30873743**	**321333855**
北京	32827501	282574	149179	29317323	4149897	3713934	21453492
天津	57114696	469071		14733811	4838862	576883	8937235
河北	121723676	803093		4373704	2609250		1764454
山西	60029496	904598		597282	188433		276369
内蒙古	35601041	807999		176849	176849		
辽宁	67533723	2117561		22136431	8900730		13140079
吉林	17350074	655728		1678688	611493		1051806
黑龙江	20293233	811846		1486947	291905	20825	1174216
上海	101757413	10194954		67627174	27868272	1366112	35204631
江苏	238665906	2433771		69118126	30698656	1637758	35746403
浙江	313997902	1638001		29010619	9998624	125721	18872416
安徽	70831263	2461366	259834	4566981	1259572	27239	3071434
福建	133451382	1252619		37255027	24788060	159144	12068645
江西	49260475	4444430		6243900	2543668		3694840
山东	151276601	6053204		22913647	11680163	727124	10138729
河南	72514722	2628893		10818255	378978	1480139	8670581
湖北	93330524	1748412		14294984	5738470	1175295	6313317
湖南	65254056	2817102	16162	6709641	1923195	45399	4325126
广东	290694284	2211333	190360	135165549	22173784	15839694	94306591
广西	56832192	1165381		7590095	4099857	134598	3355640
海南	14592361	603326		10897502	737199	34842	6097958
重庆	86262257	1850914		30718312	14373019	3126341	12665733
四川	85147894	2449106		8587732	2343489	44518	6129550
贵州	44431209	1206649		4880713	1383111		3497602
云南	55200454	4925048		9757096	642981	17692	8575963
西藏	1051666	28577					
陕西	44915801	1938278		1912825	166107	620486	786480
甘肃	25445300	877633		408584	403136		5448
青海	7523283	414531					
宁夏	16334822	2491033		565194	565194		
新疆	27421114	1182300		2714756	2705639		9118

4-2　续表 3　　　　单位：万元

地　区	港澳台商投资		外商投资					
	股份有限	其　他		合资经营	合作经营	独　资	股份有限	其　他
全国总计	**13212814**	**2598740**	**252935050**	**111806663**	**14150915**	**111828809**	**7191248**	**7957415**
北　京			14561695	7286616	3146579	4121588	6913	
天　津	297940	82891	6584692	1837464	61016	2373836	2312375	
河　北			2582615	602372		1912098	68145	
山　西	132479		692249	81328		610921		
内 蒙 古			152664	152664				
辽　宁	70443	25179	11255966	5329727	39107	5701556		185576
吉　林		15389	641341	306711		122915		211714
黑 龙 江			578175	424871	12718	140586		
上　海	3143518	44641	27693661	10060504	3932205	12569104	1110100	21748
江　苏	692028	343282	30767762	15719469	882538	13454067	137932	573755
浙　江		13858	30616965	9484908	441248	20268238	245973	176598
安　徽	208736		1347311	294116		809665		243531
福　建	239178		15211245	7872508		6681823	503832	153082
江　西	5392		1038426	563020		419365		56042
山　东	29710	337921	6259557	4297377	705026	1097256	46627	113272
河　南	239625	48933	1545700	814124		546768		184808
湖　北	1061717	6185	5011420	1413079		2461272		1137069
湖　南	51635	364287	2166804	1305958	173953	492869		194024
广　东	2178766	666714	67443473	32676045	2553294	27132655	1610751	3470728
广　西			5566649	1819973		3084907	234225	427543
海　南	4002867	24637	1857336	526346	405835	280242		644913
重　庆	454251	98969	7970746	2487045	902878	3914238	512450	154136
四　川	70175		7582767	3929295	842048	2811424		
贵　州			191183	128279	52471	10434		
云　南		520460	1745513	1339825		27342	378345	
西　藏								
陕　西	334356	5396	1259143	759250		467435	23581	8878
甘　肃			83546	70968		12578		
青　海			18231	18231				
宁　夏			508216	204591		303626		
新　疆								

4-3 各地区按资质等级分的房地产开发企业资产总计

单位：万元

地　区	总　计	一　级	二　级	三　级	四　级	暂　定	其　他
全国总计	**9479355959**	**999337973**	**1524015359**	**1231910346**	**1036974028**	**3803655957**	**883462297**
北　京	552274674	117047220	69547312	39932335	187968745	120865831	16913231
天　津	326661914	41911419	56735014	12861201	160400652	35876286	18877342
河　北	252901787	25951860	33287038	34412318	60285752	89753721	9211098
山　西	136762122	4331417	19761317	13070441	45393037	43693637	10512272
内蒙古	89312783	6212256	16474845	16593662	34457886	12519407	3054728
辽　宁	219626272	10068636	18803880	50689973	6981398	101028344	32054042
吉　林	74369146	1987942	17969632	10165721	5797201	37785642	663007
黑龙江	101360615	2507596	26142382	43032487	732497	16330915	12614739
上　海	639170743	139063029	98100284	34039985	293935	326106498	41567012
江　苏	790786198	45643643	252055488	17587015	92963	389866348	85540741
浙　江	691931615	51617135	47979579	102109137	33100012	289350585	167775166
安　徽	319608816	17524703	31697375	60411463	4496974	172617509	32860791
福　建	383162285	60367177	48987569	64051308	30094383	153783550	25878299
江　西	172330192	4872790	13141525	28222789	15033706	93481932	17577450
山　东	636727142	44968705	76783783	80282263	56546734	320937552	57208104
河　南	385908471	41525063	52565377	39674733	10987229	201300714	39855357
湖　北	382384726	39546552	71427986	25751658	18387896	208696705	18573929
湖　南	220520040	12126786	26418143	64988666	43829533	68012446	5144465
广　东	1256569953	197752573	81236111	160694253	163793697	485528394	167564924
广　西	202299509	8985253	28084146	28277069	7703079	119572905	9677059
海　南	125326851	3783617	12929634	12916815	10483879	73372177	11840730
重　庆	323241126	41037397	148114173	18971867	468840	109733511	4915338
四　川	375192718	22693132	102740630	176425097	1859507	54901988	16572364
贵　州	182145313	1564252	44514005	26075951	13472983	82969043	13549080
云　南	236277235	28441008	39434545	11553985	48593577	84340540	23913580
西　藏	4578476	24706	1606138	1244293	385999	1275625	41717
陕　西	201527769	14619459	36782877	22645965	43879925	48677856	34921687
甘　肃	71137497	2996103	15609774	15837817	16138882	19686551	868372
青　海	18705675	1183832	5988336	3638908	1981013	5041347	872240
宁　夏	32565449	3581861	11376963	5619816	4270637	7239334	476839
新　疆	73988847	5400851	17719500	10131356	9061478	29309066	2366596

4-4　各地区按登记注册类型分的房地产开发企业负债合计

单位：万元

地　区	总　计	内　资					
			国　有	集　体	股份合作	国有联营	集体联营
全国总计	**7620351897**	**7059986973**	**42299800**	**8325056**	**830637**	**47691**	**42084**
北　京	448269810	414154921	4185443	1732395	102148		925
天　津	260263055	245116118	2560464	106650			
河　北	218536715	213447267	158891				
山　西	122393280	121377317	1635609	49664			
内蒙古	79468264	79134082	104335				
辽　宁	176156688	155893057	345225	19965	7508		
吉　林	62982099	61314262	210245				
黑龙江	70886640	69132920	912700		14005		
上　海	436847620	384301621	1319079	471641		6025	
江　苏	613933899	549657607	4340230	709837	382099		
浙　江	561391921	522257440	1087775	35445	13656	41666	
安　徽	258916816	255184364	2612702	1066			
福　建	292639898	254051435	2783079	229717			
江　西	139068395	133689637	511285				
山　东	535864460	516929212	3767248	2686584	36573		
河　南	325472376	316773560	1374148				
湖　北	308505780	296162013	3864129	137093			
湖　南	181175508	175531228	1267081	20593			
广　东	1007612617	849094131	1461999	1913724	256092		41159
广　西	162429260	152237628	769974	37216	3128		
海　南	102551673	93009259	514635	79467			
重　庆	245626934	220022784	675910		2570		
四　川	312989031	303439985	2022859	2578	6360		
贵　州	150735945	146629542	311128				
云　南	198834605	189860622	864521	110	1850		
西　藏	3458266	3458266	14263				
陕　西	174134042	171968792	1889479	78831	3743		
甘　肃	61630923	61183766	632502	11446			
青　海	16816258	16801914					
宁　夏	28148926	27264760					
新　疆	62610192	60907462	102863	1034	906		

4-4 续表 1

单位：万元

地　区	内　资						
	国有与集体联　营	其他联营	国有独资公　司	其他有限责任公司	股份有限公　司	私营独资	私营合伙
全国总计	**5593**	**115134**	**681161673**	**3903348287**	**245747824**	**1881067**	**438973**
北　京			22495125	323573337	32499895		
天　津			35824065	148098418	8624336		
河　北			3444843	96888971	7398986		
山　西			10243298	52143215	1111838		
内蒙古			4257753	39525020	2418102		201825
辽　宁			8339005	82762152	3513579	11568	
吉　林			5559540	36394346	3776206	3966	
黑龙江			8735993	39576250	3019938	25352	
上　海			59872999	216544629	18323121		
江　苏			54688072	272058578	18559841	89771	68065
浙　江			53790848	187536800	7001248		
安　徽			16010680	166438566	6208082	474918	
福　建	5593		25887917	112690893	2047561		12329
江　西			12133749	69957577	4212859		62366
山　东			65096378	284110408	18469533		
河　南		35	18814447	220655589	10509580	165684	10240
湖　北			25495020	172289286	10952656	391	
湖　南			18979035	93158355	4501861	64043	16190
广　东		115099	59003719	488669464	48498454	90273	48026
广　西			19991794	79203615	1294956		
海　南			17027651	59438376	2222638		
重　庆			34355290	101588604	7860906		
四　川			25593501	193758081	5299983		
贵　州			19613093	82556700	2077249		
云　南			13729757	110084661	9352703		
西　藏			1270476	1231620	12252		
陕　西			22070742	101401570	3059727	950044	
甘　肃			4755162	31348311	1510237		19931
青　海			1544048	7535223	456734		
宁　夏			1759894	8547521	94862		
新　疆			10777780	23582153	857902	5057	

4-4 续表 2

单位：万元

地区	内资			港澳台商投资			
	私营有限责任公司	私营股份有限公司	其他内资企业		合资经营	合作经营	独资
全国总计	**2120900635**	**54275852**	**566667**	**377372481**	**123746664**	**22713767**	**220156767**
北京	29362952	99678	103023	23188960	2387604	2797900	18003456
天津	49497898	404287		11161094	3624009	556169	6777332
河北	104843576	712000		2979819	2182578		797241
山西	55283236	910456		347908	74693		185533
内蒙古	31874812	752235		181425	181425		
辽宁	58967876	1926181		13930673	6315743		7551078
吉林	14831937	538024		1117450	395721		715794
黑龙江	16217264	631419		1278086	255139	12335	1010611
上海	79124588	8639540		37199825	13336926	945318	20666901
江苏	196963072	1798043		43033951	19748604	1085957	21710737
浙江	271686475	1063528		14971835	5513416	39184	9418888
安徽	61104868	2074875	258607	2801341	860836	22104	1931869
福建	109404585	989759		27702635	18649080	96558	8754475
江西	43214879	3596923		4576538	1832913		2739806
山东	137134473	5628016		14692329	7608822	655741	6082421
河南	63080357	2163479		7324439	272449	233764	6608695
湖北	81949288	1474150		8406202	3888894	786229	3171068
湖南	55302577	2206400	15093	3885613	1558638	25261	2062513
广东	247106892	1699286	189945	104032639	15145388	11731293	75225621
广西	49931117	1005830		5614472	3278470	117153	2218850
海南	13276215	450277		8078757	523240	35380	4392603
重庆	74048161	1491343		20648127	10136314	2933661	7189550
四川	74487978	2268647		4893082	1461689	40804	3370513
贵州	41117237	954135		4001877	1366304		2635573
云南	51192274	4634744		7630713	438073	15279	6671142
西藏	905798	23858					
陕西	40825676	1688981		1142036	166827	583677	256714
甘肃	22083289	822890		377392	376942		450
青海	6883337	382573					
宁夏	14755327	2107156		470530	470530		
新疆	24442623	1137143		1702730	1695396		7334

4-4 续表 3

单位：万元

地　区	港澳台商投资		外商投资					
	股份有限	其　他		合资经营	合作经营	独　资	股份有限	其　他
全国总计	**8869208**	**1886075**	**182992442**	**82094658**	**9370370**	**80120866**	**4782959**	**6623589**
北　京			10925928	5296624	2636904	2989469	2932	
天　津	201102	2481	3985842	763805	53685	1418594	1749759	
河　北			2109629	487362		1568217	54049	
山　西	87682		668055	58971		609084		
内蒙古			152757	152757				
辽　宁	62884	968	6332958	3121600	37515	3058631		115211
吉　林		5936	550387	226639		112910		210838
黑龙江			475634	380321	300	95013		
上　海	2202664	48015	15346175	5232356	2634243	6710342	746948	22286
江　苏	292346	196307	21242341	10929623	642426	9140134	95930	434228
浙　江		348	24162646	7838516	310825	15666678	185378	161249
安　徽	-13468		931111	113623		682902		134586
福　建	202522		10885828	5799715		4789850	202084	94179
江　西	3819		802219	422463		326336		53421
山　东	21983	323362	4242918	2857025	505036	732801	42214	105842
河　南	163952	45579	1374377	846389		343438		184551
湖　北	555786	4226	3937565	1222188		1630692		1084685
湖　南	48254	190948	1758667	950389	145683	499358		163237
广　东	1412228	518109	54485847	27137012	1518132	22271166	734062	2825475
广　西			4577160	1325714		2634109	211055	406281
海　南	3114174	13360	1463657	432910	275716	189144		565886
重　庆	355562	33040	4956023	1529526	403494	2476290	494335	52378
四　川	20077		4655963	2976822	173662	1505479		
贵　州			104525	63680	32748	8098		
云　南		506220	1343270	1097079		11353	234839	
西　藏								
陕　西	137642	-2824	1023214	596305		388278	29375	9257
甘　肃			69765	57255		12510		
青　海			14344	14344				
宁　夏			413637	163643		249993		
新　疆								

4-5　各地区按资质等级分的房地产开发企业负债合计

单位：万元

地　区	总　计	一　级	二　级	三　级	四　级	暂　定	其　他
全国总计	**7620351897**	**760875805**	**1185576358**	**979779173**	**855857247**	**3136425561**	**701837752**
北　京	448269810	89853060	50732790	33277292	155244229	105757710	13404729
天　津	260263055	36797472	40234732	10019325	130766702	27460423	14984400
河　北	218536715	21289754	27220406	28442132	53139901	80478107	7966414
山　西	122393280	3590436	18347841	12016216	41783511	39229826	7425452
内蒙古	79468264	4750969	14508201	14893027	31596554	11133450	2586064
辽　宁	176156688	7912940	15474706	38678727	4673733	82391673	27024909
吉　林	62982099	1623729	15238949	8169591	4717871	32616592	615367
黑龙江	70886640	2510727	19700377	28046853	546886	12099037	7982761
上　海	436847620	94414955	65929412	22089298	218325	227023859	27171771
江　苏	613933899	34921557	192959184	13294844	59305	305463398	67235610
浙　江	561391921	36981476	37699581	84238052	26029924	239925563	136517326
安　徽	258916816	13454318	25405757	45016605	3542177	145467422	26030537
福　建	292639898	45411054	36725932	47176005	21656289	123967616	17703002
江　西	139068395	4118302	8826151	21038623	11563105	79654671	13867543
山　东	535864460	36702138	61981450	67866783	48394927	271210131	49709030
河　南	325472376	33600799	43108207	32455106	9402362	174626194	32279709
湖　北	308505780	29931637	52554131	19798343	15647504	175235142	15339022
湖　南	181175508	10100309	21034371	52496209	35090661	58758335	3695624
广　东	1007612617	150544862	65180582	120044894	128997658	409877604	132967017
广　西	162429260	7272893	20296023	19939747	5960182	102428730	6531686
海　南	102551673	2502992	8978763	9841748	8509754	62019137	10699280
重　庆	245626934	27963784	113230847	15570841	358094	84296627	4206741
四　川	312989031	18076362	84855548	149701968	1258804	45407302	13689048
贵　州	150735945	1498571	34307317	23268382	11246677	70675412	9739587
云　南	198834605	22131363	34909925	10576981	41270565	70581330	19364442
西　藏	3458266	20319	1191301	1003878	305250	912216	25302
陕　西	174134042	12443897	32753692	20078125	36886085	42752180	29220064
甘　肃	61630923	2524012	13155621	13866575	13906307	17566631	611778
青　海	16816258	1140577	5038378	3191286	1797739	4835854	812425
宁　夏	28148926	2991243	9931145	4783782	3514127	6493019	435612
新　疆	62610192	3799299	14065040	8897939	7772043	26080369	1995501

4-6 各地区按登记注册类型分的房地产开发企业所有者权益合计

单位：万元

地区	总计	内资					
			国有	集体	股份合作	国有联营	集体联营
全国总计	**1859004062**	**1610176191**	**13122330**	**1289944**	**440190**	**95769**	**4869**
北京	104004864	94240735	1701730	46040	247792		4009
天津	66398860	60227294	1560573	6667			
河北	34365072	32498201	64349				
山西	14368841	14095274	182628	313			
内蒙古	9844519	9849189	-981				
辽宁	43469584	30340818	20045	-109	-645		
吉林	11387047	10734855	2981				
黑龙江	30473975	30162573	333867		2526		
上海	202323123	159548287	564684	400403		43875	
江苏	176852299	141242704	571384	40292	126864		
浙江	130539693	110046591	177437	14242	26656	51894	
安徽	60692000	58510160	1470834	-85			
福建	90522387	76644578	571917	14653			
江西	33261797	31358228	67742				
山东	100862682	90624726	597537	42395	1639		
河南	60436095	56770957	538685				
湖北	73878946	66916309	696593	38009			
湖南	39344531	36112367	39911	2531			
广东	248957336	204866800	1573496	647330	13925		859
广西	39870249	36905137	379960	5367	860		
海南	22775178	19562754	50874	5835			
重庆	77614192	64529284	303114		6267		
四川	62203687	55582235	97884	4329	6626		
贵州	31409368	30443875	72251				
云南	37442630	34914005	328804	130	2461		
西藏	1120211	1120211	1587				
陕西	27393727	26387008	946119	16031	3340		
甘肃	9506574	9461602	199528	5281			
青海	1889417	1885530					
宁夏	4416523	4227279					
新疆	11378655	10366629	6798	291	1880		

4-6 续表 1

单位：万元

地　区	内　资						
	国有与集体联营	其他联营	国有独资公司	其他有限责任公司	股份有限公司	私营独资	私营合伙
全国总计	**-379**	**-6685**	**339743405**	**835290914**	**72113762**	**656996**	**17048**
北　京			16985356	60819065	10743141		
天　津			17373088	31712191	1893193		
河　北			756252	13367125	1339283		
山　西			3705564	5274019	192349		
内蒙古			161574	5714251	198698		-6346
辽　宁			3637366	17172539	744395	10000	
吉　林			1219074	6026678	850185	95	
黑龙江			4084200	21143355	341852	379	
上　海			54675773	71379451	8295862		
江　苏			23104544	69683307	5347918	19303	10531
浙　江			18535712	44474043	3880707		
安　徽			9843058	35544587	1487977	49675	
福　建	-379		19295051	31785438	662432		5809
江　西			9806607	13163725	1427349		-298
山　东			27548104	43937852	3929884		
河　南		231	9842440	34328879	2070728	84694	5521
湖　北			10912674	36854557	6755575	3402	
湖　南			5207415	19005770	1281698	11620	172
广　东		-6916	24074770	120357315	14108568	-2563	161
广　西			11141590	18002690	314044		
海　南			7181027	9970283	885541		
重　庆			25033185	24879000	1734052		
四　川			8908763	34822499	901761		
贵　州			8503064	18073057	229018		
云　南			7662609	20866955	1753563	1000	
西　藏			680248	284782	3008		
陕　西			5287182	14874737	441420	478758	
甘　肃			789686	4891364	157489		1499
青　海			386462	772849	54313		
宁　夏			472150	1781147	10609		
新　疆			2928820	4327407	77153	631	

4-6 续表 2

单位：万元

地区	内资 私营有限责任公司	内资 私营股份有限公司	内资 其他内资企业	港澳台商投资	合资经营	合作经营	独资
全国总计	**337765684**	**9593478**	**48868**	**178885263**	**64491928**	**8159976**	**101177088**
北京	3464549	182896	46157	6128363	1762292	916034	3450036
天津	7616798	64784		3572717	1214853	20713	2159903
河北	16880100	91093		1393884	426672		967213
山西	4746260	-5859		249374	113741		90836
内蒙古	3726230	55764		-4576	-4576		
辽宁	8565847	191381		8205758	2584988		5589001
吉林	2518137	117704		561238	215772		336012
黑龙江	4075969	180427		208860	36766	8490	163605
上海	22632825	1555414		30427350	14531347	420794	14537730
江苏	41702834	635728		26084175	10950052	551801	14035666
浙江	42311427	574474		14038784	4485209	86537	9453528
安徽	9726395	386491	1227	1765640	398735	5135	1139565
福建	24046796	262859		9552392	6138980	62586	3314170
江西	6045597	847508		1667362	710756		955034
山东	14142128	425189		8221318	4071341	71383	4056308
河南	9434364	465414		3493816	106528	1246375	2061886
湖北	11381237	274263		5888782	1849577	389066	3142249
湖南	9951479	610702	1069	2824027	364557	20138	2262613
广东	43587392	512048	416	31132910	7028395	4108401	19080970
广西	6901076	159551		1975623	821387	17446	1136790
海南	1316147	153049		2818745	213959	-538	1705355
重庆	12214095	359571		10070186	4236705	192680	5476183
四川	10659916	180458		3694649	881800	3714	2759037
贵州	3313971	252514		878836	16807		862029
云南	4008179	290303		2126382	204908	2414	1904821
西藏	145868	4719					
陕西	4090125	249297		770789	-720	36809	529766
甘肃	3362011	54744		31191	26194		4998
青海	639947	31959					
宁夏	1579496	383878		94664	94664		
新疆	2978491	45158		1012026	1010243		1783

4-6　续表 3　　　　单位：万元

地　区	港澳台商投资		外商投资					
	股份有限	其　他		合资经营	合作经营	独　资	股份有限	其　他
全国总计	**4343607**	**712665**	**69942607**	**29712005**	**4780545**	**31707943**	**2408289**	**1333825**
北　京			3635767	1989992	509674	1132119	3981	
天　津	96838	80410	2598849	1073659	7331	955242	562617	
河　北			472987	115010		343881	14096	
山　西	44797		24194	22356		1837		
内蒙古			-94	-94				
辽　宁	7559	24211	4923009	2208127	1592	2642925		70364
吉　林		9454	90954	80073		10005		876
黑龙江			102541	44550	12418	45574		
上　海	940853	-3375	12347486	4828148	1297962	5858762	363153	-538
江　苏	399682	146974	9525421	4789846	240112	4313934	42002	139527
浙　江		13510	6454319	1646392	130423	4601560	60595	15349
安　徽	222205		416200	180493		126763		108945
福　建	36656		4325417	2072793		1891973	301748	58903
江　西	1573		236207	140557		93029		2621
山　东	7727	14559	2016639	1440351	199991	364454	4413	7429
河　南	75673	3353	171323	-32265		203330		257
湖　北	505932	1959	1073855	190891		830579		52384
湖　南	3381	173339	408138	355569	28270	-6489		30787
广　东	766538	148605	12957626	5539033	1035163	4861489	876689	645253
广　西			989489	494259		450798	23170	21262
海　南	888693	11277	393679	93435	130119	91098		79027
重　庆	98689	65929	3014723	957519	499383	1437949	18115	101758
四　川	50098		2926803	952473	668386	1305945		
贵　州			86657	64599	19723	2336		
云　南		14240	402243	242746		15990	143506	
西　藏								
陕　西	196714	8219	235930	162945		79157	-5794	-379
甘　肃			13781	13713		69		
青　海			3887	3887				
宁　夏			94580	40948		53632		
新　疆								

4-7 各地区按资质等级分的房地产开发企业所有者权益合计

单位：万元

地区	总计	一级	二级	三级	四级	暂定	其他
全国总计	**1859004062**	**238462167**	**338439001**	**252131173**	**181116780**	**667230396**	**181624545**
北京	104004864	27194160	18814522	6655043	32724517	15108121	3508502
天津	66398860	5113947	16500281	2841877	29633949	8415863	3892942
河北	34365072	4662106	6066632	5970185	7145852	9275614	1244683
山西	14368841	740982	1413477	1054226	3609526	4463812	3086820
内蒙古	9844519	1461286	1966644	1700635	2861333	1385957	468664
辽宁	43469584	2155695	3329174	12011245	2307665	18636671	5029133
吉林	11387047	364213	2730684	1996130	1079330	5169050	47641
黑龙江	30473975	-3131	6442005	14985634	185612	4231878	4631978
上海	202323123	44648074	32170872	11950688	75611	99082639	14395241
江苏	176852299	10722086	59096304	4292170	33658	84402950	18305131
浙江	130539693	14635659	10279998	17871086	7070089	49425021	31257840
安徽	60692000	4070385	6291618	15394859	954798	27150087	6830254
福建	90522387	14956123	12261637	16875303	8438093	29815934	8175297
江西	33261797	754488	4315374	7184166	3470601	13827261	3709907
山东	100862682	8266568	14802333	12415480	8151806	49727421	7499074
河南	60436095	7924264	9457170	7219627	1584866	26674520	7575648
湖北	73878946	9614915	18873855	5953315	2740392	33461563	3234906
湖南	39344531	2026478	5383772	12492458	8738872	9254111	1448841
广东	248957336	47207711	16055530	40649358	34796040	75650790	34597907
广西	39870249	1712360	7788123	8337322	1742897	17144175	3145373
海南	22775178	1280624	3950872	3075067	1974126	11353040	1141450
重庆	77614192	13073613	34883326	3401026	110746	25436884	708598
四川	62203687	4616771	17885082	26723129	600702	9494686	2883316
贵州	31409368	65681	10206688	2807569	2226305	12293631	3809493
云南	37442630	6309645	4524620	977004	7323012	13759210	4549138
西藏	1120211	4387	414837	240415	80749	363409	16414
陕西	27393727	2175562	4029185	2567841	6993840	5925676	5701622
甘肃	9506574	472091	2454153	1971242	2232575	2119920	256593
青海	1889417	43255	949958	447623	183274	205493	59814
宁夏	4416523	590618	1445818	836034	756510	746315	41228
新疆	11378655	1601552	3654460	1233417	1289435	3228697	371095

4-8　各地区按登记注册类型分的房地产开发企业营业利润

单位：万元

地　区	总　计	内　资					
			国　有	集　体	股份合作	国有联营	集体联营
全国总计	**154393474**	**133891510**	**395588**	**276281**	**5325**	**-439**	**-796**
北　京	4257693	3784972	10253	19951	4917		-690
天　津	1265700	910769	10239	-3462			
河　北	1112112	1074056	-2339				
山　西	710538	726116	-1945	-337			
内蒙古	367179	371783	-458				
辽　宁	1628827	1281622	-1016	-95	-132		
吉　林	1226779	1194297	54				
黑龙江	896722	900391	-8267		-390		
上　海	12369523	9955380	109565	-1334		313	
江　苏	18145757	15213433	32906	-9007	-133		
浙　江	13199978	11674171	15850	-87	1207	-752	
安　徽	5986599	5735363	12027	-44			
福　建	6415574	5281452	6725	145			
江　西	3833408	3619204	10835				
山　东	6810815	6086069	3816	8150	-929		
河　南	7890455	7600450	87				
湖　北	7796326	7291476	143487	1799			
湖　南	3615839	3470333	-1694	92			
广　东	34966771	30806088	31493	259820	356		-106
广　西	2340411	1657859	10749	-439	-63		
海　南	1245680	513151	-7534	-225			
重　庆	8127253	5426009	-4447		-98		
四　川	5149574	4527132	1160	896	832		
贵　州	1161014	927846	-404				
云　南	598817	738317	30338	20	-4		
西　藏	134176	134176	7582				
陕　西	2125804	1989679	-18477	424	-145		
甘　肃	419613	420950	6029	30			
青　海	94636	94244					
宁　夏	182424	165361					
新　疆	317479	319362	-1027	-17	-92		

4-8 续表 1

单位：万元

地 区	内 资						
	国有与集体联 营	其他联营	国有独资公 司	其他有限责任公司	股份有限公 司	私营独资	私营合伙
全国总计	**-2**	**-1271**	**6332028**	**84949354**	**6188540**	**33908**	**-5748**
北 京			35263	2927838	938194		
天 津			80516	540609	29617		
河 北			32587	594626	47887		
山 西			66651	517443	56038		
内 蒙 古			-31854	381782	27261		-5032
辽 宁			-3123	793729	-89047		
吉 林			718	712138	236747	-37	
黑 龙 江			102152	630533	-32338	-5487	
上 海			1456612	6508376	684144		
江 苏			353061	8319751	415143	-1190	-3269
浙 江			219964	4287561	179350		
安 徽			108860	4429789	16407	-3723	
福 建	-2		865691	2585210	49756		-137
江 西			116998	2417395	265887		
山 东			736023	3482500	258545		
河 南		19	42474	5271046	327083	-804	397
湖 北			376164	4684639	426224	148	
湖 南			-24196	2276647	188115	-1626	
广 东		-1290	1011449	22095539	1744530	-970	1735
广 西			95546	861041	37923		
海 南			197622	68291	145987		
重 庆			307196	3709532	221860		
四 川			14780	3184858	99316		
贵 州			47507	863258	22860		
云 南			23900	446616	-128169	1080	
西 藏			18907	120838	-226		
陕 西			134417	1450119	-14180	46667	
甘 肃			-35817	333578	42929		559
青 海			23366	55197	-9158		
宁 夏			-71010	138950	2147		
新 疆			29607	259926	-2290	-150	

4-8　续表 2　　　　　　　　　　　　　　　　　　　　　　　　　　　　　　单位：万元

地　区	内资			港澳台商投资			
	私营有限责任公司	私营股份有限公司	其他内资企业		合资经营	合作经营	独资
全国总计	**33920604**	**1780379**	**17759**	**15229524**	**6856220**	**922385**	**6623519**
北　京	-172777	-1125	23149	239081	181611	-9625	67095
天　津	257005	-3755		329216	194508	-907	57195
河　北	400321	975		55438	17833		37605
山　西	94304	-6039		26025	-524		-2588
内蒙古	-1349	1434		-4642	-4642		
辽　宁	539286	42019		134995	214100		-78295
吉　林	239323	5354		32220	-1592		33903
黑龙江	225403	-11216		6656	8053	-2138	741
上　海	539088	658616		1500197	943299	40594	502264
江　苏	6012329	93842		1918658	701724	97973	1115917
浙　江	6968918	2161		1122944	238026	101560	783294
安　徽	1082613	94487	-5053	212076	2729	850	220290
福　建	1677655	96410		945178	752905	1725	190545
江　西	803721	4369		209210	166736		42473
山　东	1473703	124262		484278	178653	-13137	304110
河　南	1793707	166442		288310	41199	24891	207094
湖　北	1655714	3302		385116	31678	135775	52880
湖　南	985354	47825	-183	116229	31915	25477	61993
广　东	5585420	78265	-154	2972615	694293	487984	1709068
广　西	604255	48847		421616	88390	-1024	334250
海　南	103443	5568		609658	25394	-135	231640
重　庆	1030707	161259		2759727	2255787	40932	442891
四　川	1186701	38588		209473	43787	-1511	166547
贵　州	-10222	4847		235458	38627		196831
云　南	345610	18926		-100540	19524	-221	-106151
西　藏	-13098	173					
陕　西	353828	37027		128546	220	-6678	52129
甘　肃	78313	-4671		-5953	-5953		
青　海	27322	-2483					
宁　夏	14406	80868		-375	-375		
新　疆	39601	-6197		-1883	-1683		-200

4-8 续表 3　　　　单位：万元

地　区	港澳台商投资		外商投资					
	股份有限	其　他		合资经营	合作经营	独　资	股份有限	其　他
全国总计	**757789**	**69610**	**5272440**	**2334674**	**412417**	**2007160**	**326032**	**192158**
北　京			233640	173213	46300	14998	-870	
天　津	9562	68859	25715	-14544	1048	-8814	48025	
河　北			-17382	-10033		-4359	-2991	
山　西	29137		-41603	124		-41726		
内蒙古			37	37				
辽　宁	-799	-12	212211	-7596		220938		-1131
吉　林		-91	261	1419		-24		-1134
黑龙江			-10325	-10192	162	-295		
上　海	14063	-23	913945	378844	22754	366530	145854	-37
江　苏	4427	-1383	1013666	643144	33125	264615	14406	58377
浙　江		65	402863	34222	-4296	370077	3407	-547
安　徽	-11793		39160	32743		-8346		14764
福　建	3		188945	36571		145833	12946	-6405
江　西			4995	-9546		14645		-104
山　东	-1367	16019	240468	187470	20910	37530	-1534	-3907
河　南	19830	-4704	1695	-7555		7659		1590
湖　北	164716	67	119734	31224		83461		5050
湖　南	-267	-2889	29277	64683	426	-42998		7166
广　东	79954	1315	1188069	537131	78124	301811	164313	106692
广　西			260936	91476		152295	-2207	19372
海　南	354091	-1332	122872	-3266	135846	-2493		-7216
重　庆	12453	7664	-58484	-6843	-17379	-33389	-873	
四　川	650		412969	163735	97967	151268		
贵　州			-2289	278	-2570	3		
云　南		-13692	-38959	538		-1435	-38062	
西　藏								
陕　西	83130	-254	7579	21707		2625	-16382	-372
甘　肃			4616	4306		310		
青　海			392	392				
宁　夏			17438	996		16442		
新　疆								

4-9 各地区按资质等级分的房地产开发企业营业利润

单位：万元

地 区	总 计	一 级	二 级	三 级	四 级	暂 定	其 他
全国总计	**154393474**	**24544567**	**20765776**	**19984798**	**11886431**	**62843949**	**14367953**
北 京	4257693	2370058	22931	-68326	1164083	602682	166267
天 津	1265700	-383265	179060	81447	943936	457541	-13020
河 北	1112112	172213	276713	340215	297428	-33143	58686
山 西	710538	174796	-10908	132926	125754	266485	21485
内蒙古	367179	42677	35202	-45762	174560	93652	66849
辽 宁	1628827	-159373	167966	229368	14401	940861	435604
吉 林	1226779	73983	243865	118419	36065	763818	-9371
黑龙江	896722	-44114	151658	271046	-5278	436043	87367
上 海	12369523	1891475	1871022	719706	39720	7302173	545427
江 苏	18145757	1349515	5129859	514321	231	9342716	1809114
浙 江	13199978	1539792	388177	2239411	671698	5712236	2648666
安 徽	5986599	264402	791910	1148578	92066	3289567	400075
福 建	6415574	1023884	979201	1422297	389287	1968604	632303
江 西	3833408	82556	379123	696239	161826	1999022	514642
山 东	6810815	915884	418125	927471	663448	3538923	346964
河 南	7890455	961475	685456	567161	347620	4626871	701873
湖 北	7796326	1013942	1790358	467615	236697	4061990	225725
湖 南	3615839	400499	629563	1247271	551874	667498	119134
广 东	34966771	7730192	1760336	5246154	5675826	9928660	4625602
广 西	2340411	327429	379333	253461	86710	1244405	49073
海 南	1245680	264792	11092	150901	-43743	800247	62391
重 庆	8127253	3712386	2130783	182249	74049	1947820	79966
四 川	5149574	545103	1129882	2477812	1118	849527	146133
贵 州	1161014	-2168	470989	9678	-78189	589662	171041
云 南	598817	-121748	208685	-38925	105161	323033	122611
西 藏	134176	-81	78637	45984	-2103	4822	6917
陕 西	2125804	191540	235529	282939	152812	892156	370830
甘 肃	419613	66658	177398	152542	-56186	78530	670
青 海	94636	15002	38015	69973	-4512	-6314	-17528
宁 夏	182424	96867	-15527	57374	29970	18009	-4268
新 疆	317479	28195	31344	85255	40103	135854	-3272

4-10 各地区按登记注册类型分的房地产开发企业利润总额

单位：万元

地区	总计	内资	国有	集体	股份合作	国有联营	集体联营
全国总计	**151956613**	**131700441**	**454314**	**274651**	**6967**	**285**	**-795**
北京	4183944	3733637	40720	20077	6702		-689
天津	1498615	1078745	6505	-3602			
河北	898101	908274	2416				
山西	652792	668782	89	-338			
内蒙古	308126	312722	-441				
辽宁	1576904	1228313	-1001	-101	-99		
吉林	1223175	1190979	-1207				
黑龙江	901792	905026	-8643		-415		
上海	12516588	10128050	109967	-1160		1063	
江苏	18178550	15315034	34545	-10340	-87		
浙江	12506788	11081747	15821	-613	1207	-778	
安徽	5904072	5663413	12031	-85			
福建	6346104	5247677	7303	127			
江西	3801475	3586214	11092				
山东	6674589	5948268	21469	7704	-936		
河南	7700565	7416227	-1228				
湖北	7688119	7208802	144378	1761			
湖南	3578632	3439519	-3506	92			
广东	34608075	30469026	33224	260520	168		-106
广西	2283217	1590790	10676	-439	-63		
海南	1134543	323651	-5673	-260			
重庆	8084072	5409969	-3690		-99		
四川	4949763	4325474	1470	897	832		
贵州	1111413	894404	-25				
云南	461476	600663	31071	20	-4		
西藏	152826	152826	7282				
陕西	2085114	1947787	-14550	357	-145		
甘肃	375639	369039	5249	30			
青海	109496	109101					
宁夏	168600	151183					
新疆	293452	295102	-1027		-94		

4-10　续表 1　　　　　　　　　　　　　　　　　　单位：万元

地　区	内　资						
	国有与集体联　营	其他联营	国有独资公　司	其他有限责任公司	股份有限公　司	私营独资	私营合伙
全国总计	**-2**	**-1257**	**7217487**	**83769413**	**6203615**	**29782**	**-7879**
北　京			41798	2882618	917622		
天　津			175476	605474	32010		
河　北			32640	499395	50842		
山　西			63853	517007	55982		
内 蒙 古			-39353	385885	27241		-5027
辽　宁			7528	738681	-98959		
吉　林			9110	728085	230573	-44	
黑 龙 江			101452	659183	-36286	-5410	
上　海			1562599	6568675	720557		
江　苏			389873	8453815	423085	-1405	-4621
浙　江			247981	4075218	186703		
安　徽			121812	4393526	6564	-6045	
福　建	-2		896062	2566192	66528		-191
江　西			144532	2397107	263848		-298
山　东			771514	3405560	261266		
河　南		27	79495	5088557	324094	-836	384
湖　北			383125	4714469	415380	86	
湖　南			61381	2215831	185406	-1841	-433
广　东		-1284	1210408	21735812	1765280	-2337	1729
广　西			108509	917640	38131		
海　南			195104	-73049	144919		
重　庆			322509	3728603	215129		
四　川			96233	3006475	94531		
贵　州			73004	830964	21787		
云　南			43822	387157	-123807	1080	
西　藏			32212	121331	-226		
陕　西			113928	1462082	-16004	46691	
甘　肃			-24958	307413	43177		577
青　海			24550	72129	-9989		
宁　夏			-73453	133308	2166		
新　疆			44742	244271	-3933	-158	

4-10 续表 2

单位：万元

地　区	内资			港澳台商投资			
	私营有限责任公司	私营股份有限公司	其他内资企业		合资经营	合作经营	独资
全国总计	**32022288**	**1713771**	**17802**	**15069126**	**6796300**	**909713**	**6542799**
北　京	-197136	-1235	23160	226071	173348	-14266	66989
天　津	266280	-3398		382142	194352	-813	109878
河　北	321741	1241		13425	16800		-3374
山　西	38243	-6054		25774	-524		-2461
内蒙古	-56929	1346		-4633	-4633		
辽　宁	540169	42094		135806	219466		-82849
吉　林	219336	5126		32820	-1859		34769
黑龙江	206378	-11234		6456	7893	-2126	689
上　海	511868	654480		1465954	951610	36357	464093
江　苏	5936410	93758		1894361	673112	99474	1119150
浙　江	6578916	-22709		1050119	220481	101613	728139
安　徽	1043911	96721	-5021	201631	-9090	962	221552
福　建	1617287	94373		920259	743766	1791	174699
江　西	772471	-2538		211349	170644		40923
山　东	1359224	122468		480634	174904	-15591	306906
河　南	1761727	164007		286605	44785	24431	201933
湖　北	1546323	3279		373310	21320	135576	51823
湖　南	945854	36921	-185	111768	30864	25479	58208
广　东	5393770	71995	-152	2947347	722264	484415	1660911
广　西	468833	47503		421989	81323	-1024	341689
海　南	55746	6864		685787	26152	-144	311578
重　庆	984419	163098		2736492	2242575	42093	431489
四　川	1090281	34757		214213	44006	-1498	171050
贵　州	-36402	5076		219315	32050		187265
云　南	251458	9865		-100460	19536	-219	-105503
西　藏	-7946	173					
陕　西	318014	37414		129857	220	-6794	53453
甘　肃	42929	-5379		2454	2454		
青　海	24150	-1739					
宁　夏	5375	83787		-68	-68		
新　疆	19589	-8288		-1650	-1450		-199

4-10　续表 3　　　　单位：万元

地　区	港澳台商投资		外商投资					
	股份有限	其　他		合资经营	合作经营	独　资	股份有限	其　他
全国总计	**751258**	**69055**	**5187047**	**2292714**	**401916**	**1974444**	**328791**	**189182**
北　京			224236	176376	40750	7901	-791	
天　津	9924	68802	37728	-12833	1048	1740	47774	
河　北			-23599	-16026		-4322	-3252	
山　西	28759		-41764	124		-41888		
内蒙古			37	37				
辽　宁	-799	-12	212785	-13499	-10	227406		-1113
吉　林		-91	-624	588		-92		-1120
黑龙江			-9690	-10188	845	-347		
上　海	13916	-23	922585	383532	23129	370282	145678	-35
江　苏	4175	-1550	969155	611893	33592	250815	14407	58449
浙　江		-114	374923	17981	-4278	358135	3633	-548
安　徽	-11793		39027	32741		-8437		14723
福　建	4		178168	34723		137328	12461	-6345
江　西	-218		3912	-6803		10698		17
山　东	-1367	15782	245687	195399	20040	35682	-1552	-3882
河　南	19854	-4398	-2267	-10759		7298		1194
湖　北	164525	67	106007	17896		84019		4093
湖　南	-267	-2516	27345	65380	383	-45648		7231
广　东	78344	1413	1191702	553494	71430	294720	164549	107510
广　西			270439	94717		153634	3453	18634
海　南	349776	-1576	125105	-1406	136438	-2497		-7431
重　庆	12540	7795	-62389	-10223	-17131	-30203	-3007	-1824
四　川	654		410076	159684	98252	152139		
贵　州			-2307	262	-2572	3		
云　南		-14274	-38727	826		-1439	-38115	
西　藏								
陕　西	83230	-252	7470	23552		737	-16447	-372
甘　肃			4146	3859		288		
青　海			396	396				
宁　夏			17485	993		16493		
新　疆								

4-11 各地区按资质等级分的房地产开发企业利润总额

单位：万元

地 区	总 计	一 级	二 级	三 级	四 级	暂 定	其 他
全国总计	**151956613**	**24704665**	**20850075**	**19597347**	**11479895**	**61194695**	**14129937**
北 京	4183944	2370217	59594	-106935	1112970	582311	165788
天 津	1498615	-326248	256942	78809	1032102	466160	-9149
河 北	898101	174099	242954	317109	225772	-115610	53778
山 西	652792	161864	-9164	132724	112144	236229	18996
内蒙古	308126	39634	42938	-57441	135156	88091	59748
辽 宁	1576904	-170148	170304	230094	14085	924004	408566
吉 林	1223175	73624	235398	116385	39982	767823	-10037
黑龙江	901792	-41779	128383	259443	-5914	448201	113457
上 海	12516588	1934413	1944384	742163	39531	7288061	568036
江 苏	18178550	1443662	5210774	458553	267	9257609	1807685
浙 江	12506788	1521256	378239	2206177	663483	5210822	2526811
安 徽	5904072	260980	757964	1184926	96903	3208458	394841
福 建	6346104	1024028	1000507	1399297	372286	1919285	630701
江 西	3801475	80441	398817	677717	161575	1992153	490772
山 东	6674589	910605	427271	927846	677554	3399205	332109
河 南	7700565	948566	654774	573844	340416	4465867	717098
湖 北	7688119	1006672	1841181	459830	222535	3935970	221931
湖 南	3578632	400579	543827	1223753	547402	742776	120296
广 东	34608075	7718655	1688200	5166746	5554997	9896034	4583444
广 西	2283217	332725	449835	247469	84496	1121865	46827
海 南	1134543	261730	8252	215947	-51899	647779	52735
重 庆	8084072	3726490	2098670	186223	73468	1923985	75237
四 川	4949763	550759	1119499	2334523	-1082	809396	136667
贵 州	1111413	19689	440580	-54	-88782	572612	167368
云 南	461476	-115620	185666	-40489	3999	308739	119181
西 藏	152826	240	96398	48087	-2575	3720	6956
陕 西	2085114	192111	268661	272352	96888	895464	359639
甘 肃	375639	64767	165368	137909	-66981	77569	-2992
青 海	109496	15117	34684	71007	14064	-9283	-16093
宁 夏	168600	96963	-18286	55041	26828	12286	-4232
新 疆	293452	28576	27463	78294	48225	117120	-6226

4-12　各地区按登记注册类型分的房地产开发企业主营业务收入

单位：万元

地　区	总　计	内　资					
			国　有	集　体	股份合作	国有联营	集体联营
全国总计	**1102397845**	**1018569054**	**3572784**	**1495489**	**70368**	**1314**	
北　京	34258353	32134603	185165	28194	11735		
天　津	21267336	19715118	55063	979			
河　北	23132356	22580144	19				
山　西	12272443	12125244	46267	50			
内蒙古	7314270	7314270	3758				
辽　宁	24925668	21195107	3759		579		
吉　林	9868148	9593015	1431				
黑龙江	9939891	9784656	34332				
上　海	50317563	41102867	120881	101663		1258	
江　苏	132572540	117068979	247956	41140	6433		
浙　江	92475049	85840602	58650	5189	6979	56	
安　徽	51248506	50340694	165929	497			
福　建	33770664	30568331	111417	1422			
江　西	25299738	24274309	92221				
山　东	68952928	65359758	441487	237186	881		
河　南	54581933	53581253	142450				
湖　北	48370159	46575545	1207172	34061			
湖　南	39005389	37362577	172323	18262			
广　东	161605070	143562504	85224	943752	33175		
广　西	23428318	21421489	44950	4034	187		
海　南	12748699	10271870	4744	4518			
重　庆	37774413	34050176	42953		170		
四　川	49920769	47716986	53468	60314	9933		
贵　州	17188083	16302550	22666				
云　南	18206965	17636474	52886	100	100		
西　藏	502345	502345	14286				
陕　西	20388103	19823647	67220	4696	196		
甘　肃	7791946	7728286	84000	9402			
青　海	2020105	2019267					
宁　夏	3938828	3744508					
新　疆	7311269	7271881	10108	30			

4-12 续表 1

单位：万元

地　区	内　资						
	国有与集体联营	其他联营	国有独资公司	其他有限责任公司	股份有限公司	私营独资	私营合伙
全国总计		**785**	**45059851**	**574369851**	**28050645**	**42673**	**29935**
北　京			1727701	27790202	794163		
天　津			1277026	12253171	1196971		
河　北			333234	9657186	272757		
山　西			713644	5921869	312586		
内蒙古			290741	4227715	217701		
辽　宁			280236	12012893	296483		
吉　林			174140	5762099	881479		
黑龙江			471166	5628280	314925	266	
上　海			4200482	26020281	1131607		
江　苏			5084668	56434800	3717551	839	
浙　江			3343689	25843135	638517		
安　徽			1400799	34243606	731935		
福　建			2458053	13075720	265036		
江　西			687107	13826054	971873		
山　东			2855534	38097975	2896884		
河　南		69	1177973	35995133	1804832	25671	
湖　北			2090013	26927753	1273310	4375	
湖　南			1448277	19672855	1596014	6000	
广　东		716	3978887	93873134	3941076		11423
广　西			1004738	11642579	291115		
海　南			784287	6268556	565329		
重　庆			2536465	17367217	1421760		
四　川			2024318	28699996	1043781		
贵　州			658946	10095225	364280		
云　南			1075214	10145572	493771	130	
西　藏			89123	317843			
陕　西			1732203	12598212	164687		
甘　肃			361840	4152828	257270		18512
青　海			153256	866877	53399		
宁　夏			237283	1442351	18592		
新　疆			408809	3508737	120964	5392	

4-12　续表 2　　单位：万元

地　　区	内　资			港澳台商投资			
	私营有限责任公司	私营股份有限公司	其他内资企业		合资经营	合作经营	独　资
全国总计	**355907752**	**9739199**	**228408**	**57453803**	**22539334**	**3644694**	**28493174**
北　京	1350728	18490	228225	1055675	440955	130316	484404
天　津	4931809	98		1000524	331939	16349	398693
河　北	12238161	78788		348939	81394		267546
山　西	5054122	76706		142746	592		5967
内蒙古	2507689	66666					
辽　宁	8356002	245156		2311490	1139082		1169282
吉　林	2643076	130791		266018	16125		249893
黑龙江	3152050	183636		107567	45738	9908	51921
上　海	8671910	854785		6329446	3731309	172648	2411773
江　苏	50919258	616334		10112592	4537949	271999	5194080
浙　江	55875867	68521		4977499	2228412	272880	2475461
安　徽	13193204	604725		746970	277789	4236	451881
福　建	14517107	139577		2318299	1666491	27736	624071
江　西	8153857	543198		959327	569610		389717
山　东	20087841	741972		2657684	1013579	32415	1498160
河　南	13503624	931500		964711	199965	65046	581037
湖　北	14775760	263100		1167951	278618	164172	393954
湖　南	13811480	637231	136	1099607	399606	95775	514518
广　东	40108846	586225	46	11761349	3014002	2267444	6194140
广　西	8088211	345674		1216228	411621	2466	802142
海　南	2559889	84548		2033911	129199		838594
重　庆	11920688	760923		3112253	1157032	95608	1836230
四　川	15231038	594139		894684	438920	2184	451448
贵　州	5005111	156323		872840	222912		649928
云　南	5475685	393017		433415	72550	252	359906
西　藏	75844	5250					
陕　西	5149473	106959		434001	5868	13259	198428
甘　肃	2780031	64402		33463	33463		
青　海	930835	14900					
宁　夏	1674056	372227		55225	55225		
新　疆	3164501	53341		39389	39388		0

4-12 续表 3

单位：万元

地　区	港澳台商投资		外商投资					
	股份有限	其　他		合资经营	合作经营	独　资	股份有限	其　他
全国总计	**2269005**	**507596**	**26374987**	**10897612**	**1647964**	**11588143**	**1289134**	**952134**
北　京			1068075	643784	280618	138152	5521	
天　津	21499	232044	551693	5945	405	178053	367291	
河　北			203273	24606		174764	3903	
山　西	136187		4453			4453		
内蒙古								
辽　宁	1220	1906	1419071	349709	164	1062083		7114
吉　林			9115	9115				
黑龙江			47667	45147	758	1763		
上　海	13706	10	2885250	1207810	75562	1332382	269497	
江　苏	98797	9767	5390969	2646924	256563	2215754	41050	230678
浙　江		745	1656948	504868	4242	1137362	6845	3631
安　徽	13064		160842	67011		49866		43966
福　建	1		884034	248386		526906	99151	9592
江　西			66103	14146		51886		70
山　东	322	113208	935486	635192	120849	161417		18028
河　南	118264	399	35969	6094		23942		5933
湖　北	328853	2354	626663	237547		194500		194616
湖　南	15	89692	543205	373626		101633		67946
广　东	244196	41567	6281216	2866245	250580	2482479	428591	253322
广　西			790601	188647		495371	57	106527
海　南	1066118		442918	9311	367499	56218		9890
重　庆	8185	15198	611984	218728	14198	354313	23923	822
四　川	2131		1309098	363413	276528	669157		
贵　州			12694	12591		103		
云　南		708	137076	101617		804	34654	
西　藏								
陕　西	216446		130455	82260		39544	8651	
甘　肃			30197	26205		3992		
青　海			838	838				
宁　夏			139094	7847		131248		
新　疆								

4-13　各地区按资质等级分的房地产开发企业主营业务收入

单位：万元

地　区	总　计	一　级	二　级	三　级	四　级	暂　定	其　他
全国总计	**1102397845**	**59863902**	**157971494**	**160125238**	**117576749**	**506650309**	**100210153**
北　京	34258353	4376980	3599684	1792376	12854316	10671011	963987
天　津	21267336	1178117	2106452	1148847	12334055	3842101	657764
河　北	23132356	1865789	3453058	4307469	5478000	6679071	1348970
山　西	12272443	1149384	1287736	1431926	4052519	4040886	309993
内蒙古	7314270	293277	1006376	814431	3681437	941867	576882
辽　宁	24925668	702580	2415184	4668970	271862	12936318	3930755
吉　林	9868148	345828	1894451	1247086	804512	5505621	70651
黑龙江	9939891	140381	2065816	4408194	158369	2545348	621782
上　海	50317563	2586108	4823577	2583795	115169	37659743	2549170
江　苏	132572540	6330748	37110163	3202581	17852	70970140	14941056
浙　江	92475049	2725752	4482571	15261189	5176844	44477878	20350815
安　徽	51248506	1337442	4945529	8502906	1075596	30699263	4687770
福　建	33770664	2602833	3075020	7281657	2729819	16452185	1629150
江　西	25299738	505213	1637438	3528909	1915793	14676729	3035657
山　东	68952928	4969983	7790574	9530615	8505013	34021768	4134975
河　南	54581933	2791772	6778166	5180098	2288080	31514228	6029590
湖　北	48370159	2980845	8210812	3586456	3015974	28204855	2371216
湖　南	39005389	2494960	4938198	11807475	7630160	11000318	1134278
广　东	161605070	8893997	8135797	25098540	30106669	68018287	21351781
广　西	23428318	1135007	2469777	3037098	982610	15297163	506663
海　南	12748699	751551	451334	1613771	740788	8334430	856826
重　庆	37774413	3375108	16323035	2570088	170222	14752167	583793
四　川	49920769	2436328	11257226	25477347	178779	8249037	2322051
贵　州	17188083	112031	4678558	2555160	1413274	7518523	910538
云　南	18206965	818183	3803725	1283877	4422719	6436576	1441885
西　藏	502345	1814	228654	130927	73667	67267	17
陕　西	20388103	1315253	3623545	3512653	4276782	5057201	2602669
甘　肃	7791946	492896	2017644	1996693	1480126	1784717	19870
青　海	2020105	120127	870172	598603	96566	291668	42970
宁　夏	3938828	570943	1362716	777215	539617	682431	5906
新　疆	7311269	462674	1128506	1188289	989562	3321514	220725

第二部分　城市篇

第五章　35 个大中城市房地产综合情况

5-1　35个大中城市按登记注册类型分的房地产开发企业个数

单位：个

地　区	总　计	内　资					
			国　有	集　体	股份合作	国有联营	集体联营
总　计	**30166**	**28004**	**243**	**47**	**11**	**2**	**1**
北　京	1340	1247	13	4	2		1
天　津	1161	1089	21	3			
石家庄	478	471					
太　原	700	691	9				
呼和浩特	214	214					
沈　阳	551	474	1				
大　连	565	488	3				
长　春	584	566	2				
哈尔滨	754	739	14		1		
上　海	2539	2176	18	10		1	
南　京	599	538	10				
杭　州	1632	1500	3			1	
宁　波	870	780					
合　肥	624	603	4				
福　州	660	597	13	6			
厦　门	408	317	4				
南　昌	538	502	6				
济　南	711	681	15				
青　岛	1208	1086	2	4	2		
郑　州	1440	1410	7				
武　汉	1176	1106	19	1			
长　沙	850	818	1				
广　州	1305	1053	13	13	1		
深　圳	676	588	4	2	1		
南　宁	582	552	2				
海　口	380	364	16	3			
重　庆	2226	2128	9		1		
成　都	1444	1370	2		1		
贵　阳	698	673	9				
昆　明	797	770	5		1		
西　安	1000	974	10		1		
兰　州	526	517	8	1			
西　宁	167	166					
银　川	315	309					
乌鲁木齐	448	447					

5-1 续表 1

单位：个

地区	内资						
	国有与集体联营	其他联营	国有独资公司	其他有限责任公司	股份有限公司	私营独资	私营合伙
总计	**1**	**3**	**1246**	**14419**	**583**	**6**	**6**
北京			54	941	21		
天津			85	637	29		
石家庄			4	170	2		
太原			28	206	6		
呼和浩特			5	79	11		1
沈阳			11	217	15		
大连			10	206	7	1	
长春			9	314	28		
哈尔滨			23	369	22	2	
上海			189	1112	29		
南京			25	287	24		
杭州			37	563	11		
宁波			28	233	7		
合肥			22	383	17	2	
福州	1		21	236	7		1
厦门			42	181	8		
南昌			24	300	25		1
济南			33	408	23		
青岛			53	591	30		
郑州			28	1037	35		
武汉			61	648	37		
长沙			43	429	11		
广州		2	47	568	13		1
深圳		1	23	253	24		
南宁			27	256	6		
海口			11	230	10		
重庆			92	778	55		
成都			49	882	9		
贵阳			32	455	7		
昆明			30	386	24		
西安			47	525	9	1	
兰州			13	217	12		1
西宁			12	50	4		1
银川			15	101	1		
乌鲁木齐			13	171	4		

5-1　续表 2　　　　单位：个

地　区	内　资			港澳台商投　资			
	私营有限责任公司	私营股份有限公司	其他内资企　业		合资经营	合作经营	独　资
总　计	**11146**	**286**	**4**	**1469**	**512**	**118**	**807**
北　京	204	5	2	51	16	15	20
天　津	309	5		40	15	1	22
石 家 庄	292	3		1			1
太　原	431	11		5	2		2
呼和浩特	116	2					
沈　阳	223	7		51	17		34
大　连	258	3		58	24		34
长　春	207	6		13	6		6
哈 尔 滨	297	11		10	3	1	6
上　海	796	21		255	92	12	146
南　京	187	5		48	23	1	24
杭　州	882	3		88	23	1	63
宁　波	508	4		42	24		18
合　肥	169	5	1	14	6		7
福　州	310	2		47	20	1	26
厦　门	78	4		70	16	4	50
南　昌	138	8		31	14		17
济　南	192	10		22	13	2	7
青　岛	394	10		80	44	6	29
郑　州	291	12		20	6	2	10
武　汉	334	6		46	19	3	21
长　沙	331	3		23	11	1	9
广　州	391	3	1	184	29	60	95
深　圳	273	7		70	18	1	48
南　宁	253	8		14	7		7
海　口	90	4		12	3		8
重　庆	1141	52		67	14	3	45
成　都	419	8		41	14	1	25
贵　阳	162	8		20	13		7
昆　明	309	15		21	9	1	10
西　安	374	7		16	3	2	9
兰　州	249	16		6	5		1
西　宁	94	5					
银　川	186	6		2	2		
乌鲁木齐	258	1		1	1		

5-1 续表 3

单位：个

地区	港澳台商投资		外商投资					
	股份有限	其他		合资经营	合作经营	独资	股份有限	其他
总计	**19**	**13**	**693**	**292**	**43**	**312**	**24**	**22**
北京			42	20	10	11	1	
天津	1	1	32	13	2	13	4	
石家庄			6	2		4		
太原	1		4	2		2		
呼和浩特								
沈阳			26	12		14		
大连			19	15		3		1
长春		1	5	4		1		
哈尔滨			5	2	1	2		
上海	4	1	108	38	5	60	3	2
南京			13	6	1	4	1	1
杭州	1		44	23	2	17	1	1
宁波			48	18		29	1	
合肥	1		7	1		4		2
福州			16	3		12		1
厦门			21	4		12	3	2
南昌			5	3		2		
济南			8	3		4		1
青岛		1	42	28	4	8	1	1
郑州	1	1	10	3		6		1
武汉	3		24	12		9		3
长沙		2	9	5	1	3		
广州			68	24	11	30		3
深圳	2	1	18	4	1	11	1	1
南宁			16	5		10	1	
海口	1		4	2		1		1
重庆	2	3	31	13	2	10	5	1
成都	1		33	10	2	21		
贵阳			5	3		2		
昆明		1	6	4	1		1	
西安	1	1	10	5		4	1	
兰州			3	2		1		
西宁			1	1				
银川			4	2		2		
乌鲁木齐								

5-2 35个大中城市按资质等级分的房地产开发企业个数

单位：个

地　区	总 计	一 级	二 级	三 级	四 级	暂 定	其 他
总　计	**30166**	**628**	**3372**	**5589**	**3695**	**13532**	**3350**
北　京	1340	59	85	83	673	344	96
天　津	1161	15	62	68	746	180	90
石家庄	478	8	27	37	123	280	3
太　原	700	4	65	75	274	260	22
呼和浩特	214	3	17	34	132	22	6
沈　阳	551	4	29	65	1	318	134
大　连	565	12	18	130	7	296	102
长　春	584	8	95	91	64	320	6
哈尔滨	754	8	141	405	10	147	43
上　海	2539	35	196	230	2	1735	341
南　京	599	22	167	56		229	125
杭　州	1632	36	87	132	41	869	467
宁　波	870	16	28	390	45	240	151
合　肥	624	27	52	105	21	338	81
福　州	660	16	45	144	52	374	29
厦　门	408	12	37	25	138	97	99
南　昌	538	10	45	66	40	343	34
济　南	711	23	60	88	12	432	96
青　岛	1208	16	53	111	37	834	157
郑　州	1440	40	151	160	13	892	184
武　汉	1176	37	197	137	3	757	45
长　沙	850	13	86	245	184	309	13
广　州	1305	12	70	395	60	553	215
深　圳	676	22	24	122	139	174	195
南　宁	582	13	33	64	36	424	12
海　口	380	2	16	39	44	247	32
重　庆	2226	65	700	464	21	917	59
成　都	1444	26	215	923	15	164	101
贵　阳	698	1	74	117	122	333	51
昆　明	797	18	130	82	186	292	89
西　安	1000	16	138	131	232	248	235
兰　州	526	7	63	185	108	157	6
西　宁	167	2	53	39	20	39	14
银　川	315	10	69	76	50	107	3
乌鲁木齐	448	10	44	75	44	261	14

5-3 35个大中城市按登记注册类型分的房地产开发企业从业人数

单位：人

地　区	总　计	内　资					
			国　有	集　体	股份合作	国有联营	集体联营
总　计	**1000489**	**900621**	**9403**	**1178**	**225**	**39**	**24**
北　京	55012	48952	894	194	36		24
天　津	35233	31525	1021	38			
石家庄	16952	14543					
太　原	17309	16946	404				
呼和浩特	5588	5588					
沈　阳	16539	12201	21				
大　连	11846	9988	51				
长　春	16383	15420	24				
哈尔滨	14399	13759	265		10		
上　海	63812	47481	187	195		22	
南　京	22578	19000	244				
杭　州	33622	30117	82			17	
宁　波	18722	16222					
合　肥	20745	19514	86				
福　州	27217	24385	458	83			
厦　门	13193	10511	73				
南　昌	17519	16387	304				
济　南	23041	21614	679				
青　岛	32917	29172	56	161	53		
郑　州	49247	48107	229				
武　汉	45167	42493	1094	18			
长　沙	30582	28164	97				
广　州	46969	34909	267	302	42		
深　圳	36545	31469	84	97	16		
南　宁	21851	20062	243				
海　口	13147	11390	422	76			
重　庆	99834	94613	282		15		
成　都	50666	46018	58		35		
贵　阳	27855	26896	148				
昆　明	26489	25247	177		5		
西　安	41778	40909	1191		13		
兰　州	17560	17256	262	14			
西　宁	6232	6211					
银　川	10344	10014					
乌鲁木齐	13596	13538					

5-3　续表 1　　　　单位：人

地　区	内资						
	国有与集体联营	其他联营	国有独资公司	其他有限责任公司	股份有限公司	私营独资	私营合伙
总　计	**8**	**56**	**58320**	**487669**	**27442**	**89**	**141**
北　京			3426	36678	2484		
天　津			2670	17331	1195		
石家庄			135	6495	31		
太　原			981	7342	98		
呼和浩特			154	2370	249		29
沈　阳			268	6167	342		
大　连			333	4740	88	11	
长　春			239	10102	772		
哈尔滨			493	7942	433	17	
上　海			4809	23964	1270		
南　京			1174	10664	927		
杭　州			875	11751	647		
宁　波			650	5149	214		
合　肥			785	12934	575	42	
福　州	8		968	10858	900		20
厦　门			2702	6196	133		
南　昌			1185	9667	801		12
济　南			1964	13071	862		
青　岛			2236	15422	1171		
郑　州			1222	36559	1432		
武　汉			2697	23095	1809		
长　沙			1274	15911	841		
广　州		31	1863	19762	1349		9
深　圳		25	1388	15186	2506		
南　宁			887	10678	162		
海　口			715	7464	273		
重　庆			5548	34700	2921		
成　都			4068	29006	1070		
贵　阳			828	20959	170		
昆　明			1556	13294	732		
西　安			6661	21491	546	19	
兰　州			662	8568	249		62
西　宁			491	2452	71		9
银　川			1403	3901	10		
乌鲁木齐			1010	5800	109		

5-3 续表 2 单位：人

地 区	内资			港澳台商投资			
	私营有限责任公司	私营股份有限公司	其他内资企业		合资经营	合作经营	独资
总 计	**307869**	**8048**	**110**	**66292**	**24531**	**5000**	**35309**
北 京	5087	94	35	3760	548	1377	1835
天 津	9162	108		2281	905	88	1156
石家庄	7828	54		211			211
太 原	7959	162		136	30		61
呼和浩特	2765	21					
沈 阳	5298	105		2567	887		1680
大 连	4619	146		1475	512		963
长 春	4168	115		679	436		231
哈尔滨	4478	121		600	49	37	514
上 海	16299	735		12550	5454	1183	5856
南 京	5890	101		2724	1531	17	1176
杭 州	16707	38		2189	538	4	1647
宁 波	10115	94		1219	666		553
合 肥	4934	90	68	1027	201		588
福 州	11045	45		2106	1189	24	893
厦 门	1250	157		1827	620	62	1145
南 昌	3946	472		1009	386		623
济 南	4803	235		1352	789	48	515
青 岛	9814	259		2448	1320	46	1049
郑 州	8499	166		909	105	135	596
武 汉	13665	115		1747	789	34	870
长 沙	9916	125		1529	446	66	892
广 州	11249	28	7	7848	2621	1553	3674
深 圳	12045	122		2947	584	20	2206
南 宁	7932	160		1079	136		943
海 口	2405	35		730	70		465
重 庆	49023	2124		3756	1097	31	2498
成 都	11462	319		2670	1457	25	1157
贵 阳	4724	67		895	440		455
昆 明	8997	486		903	177	5	642
西 安	10734	254		640	70	245	214
兰 州	7082	357		242	241		1
西 宁	2922	266					
银 川	4472	228		179	179		
乌鲁木齐	6575	44		58	58		

5-3 续表 3 单位：人

地区	港澳台商投资		外商投资					
	股份有限	其他		合资经营	合作经营	独资	股份有限	其他
总计	**1059**	**393**	**33576**	**10890**	**2416**	**18000**	**763**	**1507**
北京			2300	704	789	597	210	
天津	64	68	1427	379	6	937	105	
石家庄			2198	82		2116		
太原	45		227	44		183		
呼和浩特								
沈阳			1771	373		1398		
大连			383	276		91		16
长春		12	284	242		42		
哈尔滨			40	23	5	12		
上海	54	3	3781	1752	333	1606	88	2
南京			854	449	17	338	10	40
杭州			1316	437	107	757	1	14
宁波			1281	341		901	39	
合肥	238		204	32		143		29
福州			726	74		637		15
厦门			855	51		633	112	59
南昌			123	86		37		
济南			75	18		32		25
青岛		33	1297	745	382	147	22	1
郑州	46	27	231	61		141		29
武汉	54		927	360		464		103
长沙		125	889	74	54	761		
广州			4212	2046	479	1530		157
深圳	133	4	2129	337	4	1741	38	9
南宁			710	262		421	27	
海口	195		1027	26		27		974
重庆	99	31	1465	421	139	778	93	34
成都	31		1978	561	91	1326		
贵阳			64	60		4		
昆明		79	339	312	10		17	
西安	100	11	229	182		46	1	
兰州			62	50		12		
西宁			21	21				
银川			151	9		142		
乌鲁木齐								

5-4 35个大中城市按资质等级分的房地产开发企业从业人数

单位：人

地 区	总 计	一 级	二 级	三 级	四 级	暂 定	其 他
总 计	**1000489**	**76325**	**175805**	**170645**	**101805**	**392282**	**83627**
北 京	55012	8722	6427	4818	23442	8978	2625
天 津	35233	1351	3518	2678	21134	4481	2071
石 家 庄	16952	2389	1468	1238	3882	7862	113
太 原	17309	197	3138	2253	5322	6102	297
呼和浩特	5588	196	531	955	2911	866	129
沈 阳	16539	475	1722	1983	4	9596	2759
大 连	11846	590	467	2918	50	6013	1808
长 春	16383	2570	3137	2090	1303	7182	101
哈 尔 滨	14399	420	2344	7593	82	2912	1048
上 海	63812	4248	5895	5821	38	41524	6286
南 京	22578	2322	8109	1106		8137	2904
杭 州	33622	2845	2157	2513	316	15625	10166
宁 波	18722	1111	734	9070	589	4789	2429
合 肥	20745	1709	2721	3601	504	10122	2088
福 州	27217	2504	2719	5775	1274	14079	866
厦 门	13193	2464	3013	882	3411	1940	1483
南 昌	17519	513	1578	1941	1380	11014	1093
济 南	23041	1323	3719	2849	216	11865	3069
青 岛	32917	2358	2449	2971	733	21302	3104
郑 州	49247	3713	6546	4714	419	29990	3865
武 汉	45167	3191	10650	3862	272	25382	1810
长 沙	30582	1181	5037	9652	5119	9190	403
广 州	46969	1954	3965	13118	1138	20482	6312
深 圳	36545	6037	1466	6793	5785	7910	8554
南 宁	21851	1019	2030	2498	852	15063	389
海 口	13147	325	931	1405	2175	7378	933
重 庆	99834	8022	37708	14884	617	36688	1915
成 都	50666	2178	10996	30007	172	4537	2776
贵 阳	27855	104	11335	3256	1645	10350	1165
昆 明	26489	1552	7678	1701	3798	8411	3349
西 安	41778	5303	8867	5429	7074	8293	6812
兰 州	17560	1846	3806	4870	2807	4138	93
西 宁	6232	137	2598	1294	540	1260	403
银 川	10344	714	3294	1969	1781	2508	78
乌鲁木齐	13596	742	3052	2138	1020	6313	331

5-5　35个大中城市房地产开发企业投资规模与完成情况

单位：万元

地　　区	计划总投资	自开始建设累计完成投资	本年完成投资
总　　计	**4198658382**	**2891339868**	**620831221**
北　　京	274643650	217005943	38383805
天　　津	213704306	135579252	27278199
石 家 庄	50427047	26208068	8876439
太　　原	64819956	33043286	6965446
呼和浩特	25371014	16453327	1752248
沈　　阳	76061834	52380287	11748040
大　　连	68863475	50258357	7110560
长　　春	52157249	37070938	8767880
哈 尔 滨	45055529	31247135	6204490
上　　海	315442446	224821470	42313761
南　　京	169133952	103138571	25012573
杭　　州	179804652	127250808	33967460
宁　　波	80391206	54389563	17035861
合　　肥	116608381	76884575	15560807
福　　州	96620879	82697748	18127732
厦　　门	57589242	50525616	8995349
南　　昌	69055429	44558421	9130359
济　　南	106204783	64451138	14893781
青　　岛	98842777	60678409	18038081
郑　　州	202625734	124638273	33498577
武　　汉	207080260	127391407	29662060
长　　沙	129100908	87423670	16729645
广　　州	227250755	179702159	31022573
深　　圳	176371335	118119588	30416518
南　　宁	87997254	60748240	14610763
海　　口	40994744	30063923	4807292
重　　庆	293770356	230974001	44393034
成　　都	171515549	107838608	26117120
贵　　阳	93657188	60197820	11753740
昆　　明	122780375	87972201	20962510
西　　安	169304802	107898000	20082971
兰　　州	36952727	22108078	5506744
西　　宁	16823885	12362005	2909923
银　　川	30793274	22169018	2753536
乌鲁木齐	30841429	23089965	5441344

5-6 35个大中城市按用途分的房地产开发企业完成投资

单位：万元

地区	本年完成投资	住宅	#别墅、高档公寓	办公楼	商业营业用房	其他
总计	**620831221**	**419612938**	**19711418**	**48000317**	**62386924**	**90831042**
北京	38383805	20397550	1656234	3798523	2592747	11594985
天津	27278199	22000095	1125583	581033	1689876	3007195
石家庄	8876439	6720162	57492	694704	569652	891921
太原	6965446	5365789	95786	324678	474977	800002
呼和浩特	1752248	1294710	66729	23666	214910	218962
沈阳	11748040	9561635	418285	117011	1111675	957719
大连	7110560	5138607	280137	292384	793832	885737
长春	8767880	6313176	253902	440231	1096986	917487
哈尔滨	6204490	4426143	68446	115677	919533	743137
上海	42313761	23181257	3987289	6893621	4572309	7666574
南京	25012573	17358489	468788	1704443	2917648	3031993
杭州	33967460	21987044	1387894	2793937	2876631	6309848
宁波	17035861	12013536	367863	616643	1212357	3193325
合肥	15560807	12428831	289986	823282	1196879	1111815
福州	18127732	12888421	273753	1068392	1229153	2941766
厦门	8995349	5592424	54566	988558	879466	1534901
南昌	9130359	6563772	100317	533543	1317580	715464
济南	14893781	10659902	577604	1286293	1549292	1398294
青岛	18038081	12390688	364044	1275940	1785846	2585607
郑州	33498577	25550246	305683	2066756	2576254	3305321
武汉	29662060	21833116	429193	2119627	2928607	2780710
长沙	16729645	10214327	317816	1353322	2537682	2624314
广州	31022573	20870742	651657	3278582	2974561	3898688
深圳	30416518	15043488	1620595	5983695	3698994	5690341
南宁	14610763	10340646	85099	827820	1154100	2288197
海口	4807292	3526794	65187	275270	519896	485332
重庆	44393034	32467657	1821958	1128508	5294754	5502115
成都	26117120	15754935	697751	2291872	4181336	3888977
贵阳	11753740	7457999	312328	714589	1647609	1933543
昆明	20962510	14983164	897362	1301911	2064018	2613417
西安	20082971	14141909	316341	1726156	1660233	2554673
兰州	5506744	3449982	59748	150216	670995	1235551
西宁	2909923	2002350	21176	106725	475211	325637
银川	2753536	1918808	62156	53371	332567	448790
乌鲁木齐	5441344	3774544	152670	249338	668758	748704

5-7　35个大中城市房地产开发企业实际到位资金情况

单位：万元

地　区	本年实际到位资金合计	上年末结余资金	本年实际到位资金			
				国内贷款		
					银行贷款	非银行金融机构贷款
总　计	**1234563842**	**380710337**	**853853505**	**153353980**	**121533194**	**31820786**
北　京	95448789	38723543	56725246	13462281	9181790	4280491
天　津	70630566	26851156	43779410	8403522	5188970	3214552
石家庄	14128761	4036937	10091824	822606	788741	33865
太　原	13767579	3162268	10605311	891856	759318	132538
呼和浩特	3884967	827771	3057196	305159	240609	64550
沈　阳	20591805	6949199	13642606	1352110	1117038	235072
大　连	16829492	4229470	12600022	1746148	1176203	569945
长　春	15120595	3954553	11166042	292628	286428	6200
哈尔滨	11052152	1916895	9135257	696201	560830	135371
上　海	82590221	28143347	54446874	13665937	12048944	1616993
南　京	50617533	15778433	34839100	5425194	5010395	414799
杭　州	65364263	25005991	40358272	8687699	6712007	1975692
宁　波	34146420	9210050	24936370	3806290	3169985	636305
合　肥	36180273	11274568	24905705	4687645	3706654	980991
福　州	28450170	6385561	22064609	4279783	3670853	608930
厦　门	14761729	3729935	11031794	1571967	1380125	191842
南　昌	18371167	5569028	12802139	2668385	2073534	594851
济　南	30290452	7085557	23204895	4766901	2877128	1889773
青　岛	42346760	11192941	31153819	6769890	6034126	735764
郑　州	47458559	11734755	35723804	4540786	3647004	893782
武　汉	57223727	16247360	40976367	8874710	5669251	3205459
长　沙	32964284	8876308	24087976	3896145	3330075	566070
广　州	79846010	29819516	50026494	10174609	9222384	952225
深　圳	69545658	25966214	43579444	11332120	10075277	1256843
南　宁	27901032	8018841	19882191	3600594	3118707	481887
海　口	8018267	2215050	5803217	769253	723149	46104
重　庆	80275546	20746832	59528714	10368916	8083093	2285823
成　都	57272949	13399938	43873011	7410286	5410709	1999577
贵　阳	18157082	7654861	10502221	480337	265737	214600
昆　明	26496628	6942328	19554300	2266520	1547243	719277
西　安	38846574	9569562	29277012	2580269	2131102	449167
兰　州	7721331	2028749	5692582	1167265	987524	179741
西　宁	4248056	859204	3388852	398709	263912	134797
银　川	5356922	927643	4429279	586522	570582	15940
乌鲁木齐	8657523	1675973	6981550	604737	503767	100970

5-7 续表 单位：万元

地区	利用外资	自筹资金	定金及预收款	个人按揭贷款	其他到位资金	本年各项应付款合计	#工程款
总计	**1192729**	**259737573**	**298131741**	**109637030**	**31800452**	**178332980**	**91987402**
北京	17760	12050189	25167058	3622251	2405707	4510221	2166575
天津	170000	12773849	17912562	2322565	2196912	10183092	3581869
石家庄		6353148	1954042	894021	68007	3088335	957282
太原		4233709	3249560	1558816	671370	2408514	1110977
呼和浩特	200	1177776	1078270	444312	51479	849169	514285
沈阳	12799	4726798	4722286	2515874	312739	4325956	2324489
大连		3739816	4838869	1968826	306363	2430145	1185343
长春		3840618	4279995	2438336	314465	1342544	621068
哈尔滨		3574266	3142347	1401265	321178	1671428	811241
上海	63462	18066966	16036128	3615384	2998997	9795929	5380321
南京	18208	10588039	12077608	5501439	1228612	6020376	3551674
杭州	17000	11698757	14695198	4477429	782189	5734829	3265357
宁波		7904662	9446727	3135621	643070	3354872	2084015
合肥		6428609	7593893	5387636	807922	4728930	2316481
福州	197213	8344339	6005031	2832180	406063	4426520	2465818
厦门	25450	5835385	1754904	638249	1205839	1324228	442815
南昌	903	3350560	3779118	2486426	516747	2617248	1586427
济南		6767608	8825750	1843132	1001504	5112107	3117993
青岛	338714	8473561	11667296	2589601	1314757	6644396	3778198
郑州		17929667	7423205	5293246	536900	7971901	3493869
武汉	96354	11211603	14518767	4881319	1393614	9120391	4236152
长沙		6056573	8701010	4385889	1048359	5932826	3345219
广州		16687131	17032455	3960105	2172194	8795832	2738023
深圳	2	11912327	13535552	6369817	429626	9224020	5100846
南宁	50	4029401	7528646	3731889	991611	6259735	3162791
海口		1988359	2473796	418807	153002	2308183	1000553
重庆	14992	11623884	22577639	11205892	3737391	17008875	9210724
成都	65485	12194236	17906186	5236577	1060241	8818322	5151531
贵阳		3228215	3410874	2993590	389205	3062356	1584613
昆明	154137	5562713	7306414	3744230	520286	6784290	3664008
西安		11198075	9956656	4185185	1356827	5951526	3522427
兰州		1622797	1858257	943276	100987	3285492	2394977
西宁		1378698	1072172	395737	143536	821603	402478
银川		715148	2260904	766978	99727	1003975	718876
乌鲁木齐		2470091	2342566	1451130	113026	1414814	998087

5-8 35个大中城市按用途分的房地产开发企业房屋施工面积

单位：平方米

地区	房屋施工面积	住宅	#别墅、高档公寓	办公楼	商业营业用房	其他
总计	**3327673006**	**2097161213**	**94657008**	**258894603**	**373244114**	**598373076**
北京	125149895	56401061	4388440	19510183	10519884	38718767
天津	114534251	81569405	4256158	5624030	10578293	16762523
石家庄	38913534	30153967	202315	2724578	2835399	3199590
太原	70637088	51009272	1354443	3645785	5962644	10019387
呼和浩特	34648224	22022740	672043	1102073	6858577	4664834
沈阳	66265636	47618199	1609533	2485849	9038148	7123440
大连	38556227	28235207	1941706	1394638	5162208	3764174
长春	75517976	49101841	2330552	5082647	11069264	10264224
哈尔滨	55092659	36788081	1110210	1725951	9394254	7184373
上海	148029679	74464276	13833196	21305372	17754986	34505045
南京	90016740	58191560	2708823	6775217	9483768	15566195
杭州	120009246	62679671	3615235	14968006	14336527	28025042
宁波	83477357	48480483	2814548	5007426	7951959	22037489
合肥	78742025	50755351	1630663	7170401	8598665	12217608
福州	84805100	54583105	1338783	6254497	9030688	14936810
厦门	40891625	18084589	811078	7230865	3865870	11710301
南昌	66119349	47032327	1360740	4084886	7200384	7801752
济南	94315248	60980704	2290999	9482134	8953393	14899017
青岛	115795726	75882581	2932889	8371602	10203577	21337966
郑州	195835959	132985363	1940199	13834527	18561936	30454133
武汉	135564580	94858939	2221168	9684977	11681394	19339270
长沙	118786105	75023100	2482775	8187289	16506565	19069151
广州	119859143	71611021	3278947	13508722	12747017	21992383
深圳	79078531	39316555	3601543	14761759	11248952	13751265
南宁	97040451	63106904	830582	5879040	8222208	19832299
海口	34393057	21700468	1376384	1907983	4457204	6327402
重庆	279866382	184661215	10978077	7277288	34747448	53180431
成都	206198966	115906568	6877918	17039429	25889500	47363469
贵阳	79619537	51880840	1980465	5475106	9804526	12459065
昆明	122369303	77652360	3084268	7725520	14190466	22800957
西安	158708240	112256489	1920472	11547286	16099103	18805362
兰州	51378899	34163878	502589	2044779	6042403	9127839
西宁	20841358	13093787	81527	789410	3623945	3334216
银川	37994451	23819249	766192	2206538	4830913	7137751
乌鲁木齐	48620459	31090057	1531548	3078810	5792046	8659546

5-9 35个大中城市按用途分的房地产开发企业房屋新开工面积

单位：平方米

地　区	房屋新开工面　积	住　宅	#别　墅、高档公寓	办公楼	商业营业用房	其　他
总　计	**743464547**	**491998658**	**15255587**	**47214495**	**66217657**	**138033737**
北　京	20732060	10037165	492874	1704971	1395483	7594441
天　津	25448399	19738124	679277	440045	2151420	3118810
石家庄	15608581	12777928	19435	556499	735140	1539014
太　原	17506272	13283070	204056	518940	1316114	2388148
呼和浩特	6382784	4560429	126175	61324	458099	1302932
沈　阳	13095016	9870930	624821	395417	1167077	1661592
大　连	6689595	4869112	439668	306373	548180	965930
长　春	15655020	11016270	263633	1076801	1400795	2161154
哈尔滨	13995394	9704503	112179	360582	2032879	1897430
上　海	30634437	15729021	1763836	3888730	2868282	8148404
南　京	19892972	13737593	363915	1139929	1503147	3512303
杭　州	24348938	13468323	468855	2680641	2312228	5887746
宁　波	21015900	12466289	515229	917820	1778595	5853196
合　肥	16197236	12009332	201012	823094	1142820	2221990
福　州	17430244	12570871	160289	833801	827424	3198148
厦　门	5052245	2797325		638424	200905	1415591
南　昌	14257865	10492296	138953	703806	1364533	1697230
济　南	21633848	14741152	473340	1611800	1689484	3591412
青　岛	34734934	22777395	475937	2761867	2516609	6679063
郑　州	46693030	32344827	160664	3364143	3462348	7521712
武　汉	34308358	24409598	339392	1704173	2989865	5204722
长　沙	34788611	22104968	746957	2608539	4721316	5353788
广　州	22205110	14070224	358399	2210777	1389355	4534754
深　圳	14471899	7707067	630502	2898470	2194518	1671844
南　宁	21561914	15324387	35843	490800	1715976	4030751
海　口	5101599	2808117	334307	466866	715617	1110999
重　庆	67253973	45931729	2420937	1264185	5798188	14259871
成　都	46022854	23974214	643868	5389797	5606085	11052758
贵　阳	19744440	13656141	481964	839921	2294630	2953748
昆　明	31632674	20852641	1008419	2220679	3046089	5513265
西　安	23636515	16609739	258854	1876083	1799995	3350698
兰　州	14357665	10373173	83076	170358	1167976	2646158
西　宁	5563957	3985216	74942	50398	719904	808439
银　川	7485227	5534744	55167	33522	426022	1490939
乌鲁木齐	8324981	5664745	98812	204920	760559	1694757

5-10　35个大中城市按用途分的房地产开发企业房屋竣工面积

单位：平方米

地　区	房屋竣工面　积	住　宅	#别　墅、高档公寓	办公楼	商业营业用房	其　他
总　计	**372141489**	**239417954**	**11726563**	**28440830**	**39956653**	**64326052**
北　京	13432804	5831955	604080	2902753	985994	3712102
天　津	16555018	11866859	724096	419926	1475064	2793169
石 家 庄	2669266	2123667	29289	286614	92573	166412
太　原	4571238	3172831	43352	565336	532736	300335
呼和浩特	855948	650971			173488	31489
沈　阳	6663962	5335306	85281	157736	683238	487682
大　连	2929121	2031943	112333	138873	473177	285128
长　春	9244130	6481521	83181	353994	1126197	1282418
哈 尔 滨	6823725	5195589		162913	685926	779297
上　海	26696731	14532750	3198396	2593632	3245544	6324805
南　京	15870626	10917345	285514	911804	1448942	2592535
杭　州	17275569	9638815	455111	1780703	1660147	4195904
宁　波	7121375	4213388	252319	493176	637113	1777698
合　肥	14815988	10441989	234740	1322691	990706	2060602
福　州	3898464	2466078	56276	348672	478410	605304
厦　门	3707323	1532784	35844	680818	551850	941871
南　昌	8304856	6349430	109055	426731	833262	695433
济　南	10434049	7471138	356133	971374	932041	1059496
青　岛	16020149	10631468	448699	1363392	1485713	2539576
郑　州	21074005	14780816		1966643	1663197	2663349
武　汉	6974964	4791641	181914	627437	801135	754751
长　沙	12808671	8969770	241223	557519	1220816	2060566
广　州	28991942	16457746	347996	4040388	3414649	5079159
深　圳	5721083	3037620	143640	583711	723451	1376301
南　宁	7107733	4669001	72292	466674	736780	1235278
海　口	1901840	1424783	265167	36249	111068	329740
重　庆	50691741	34000779	2025090	991106	6131770	9568086
成　都	18231312	10029988	677486	1206344	2592262	4402718
贵　阳	3085873	1855982	265390	231052	345999	652840
昆　明	4858803	2624180	225352	410796	689869	1133958
西　安	10202535	7292173	78291	751242	1426016	733104
兰　州	1310962	880586	23383	68268	222855	139253
西　宁	1025890	617900		98369	162089	147532
银　川	5456970	3856623	19046	236338	636935	727074
乌鲁木齐	4806823	3242539	46594	287556	585641	691087

5-11 35个大中城市按用途分的房地产开发企业房屋竣工价值

单位：万元

地区	房屋竣工价值	住宅	#别墅、高档公寓	办公楼	商业营业用房	其他
总计	**162050143**	**101366318**	**7317796**	**17089261**	**21070894**	**22523670**
北京	6693146	2304468	207001	2253159	559661	1575858
天津	7509363	4628457	382302	661891	1236607	982408
石家庄	748106	635971	6751	58502	22874	30759
太原	2108481	1113027	36000	550165	352037	93252
呼和浩特	245323	182252			53226	9845
沈阳	2728916	2199924	61538	67680	334741	126571
大连	1407906	868101	73178	117663	326236	95906
长春	2606518	1805063	18590	184135	326239	291081
哈尔滨	1909047	1306184		76810	313077	212976
上海	18336474	9653104	2658084	2526411	2527591	3629368
南京	7669071	5314517	282615	631006	899955	823593
杭州	8125344	4651713	395569	1083995	913868	1475768
宁波	3607766	2398365	86647	206048	316388	686965
合肥	5008670	3567668	122888	479575	460455	500972
福州	1314184	795019	15154	127932	201002	190231
厦门	1201617	572923	7584	213027	131082	284585
南昌	2372617	1762348	32894	120206	264645	225418
济南	2783585	1978165	93101	274159	266140	265121
青岛	5214667	3513880	174923	520829	470594	709364
郑州	6208151	4384347		513569	572370	737865
武汉	4445424	3195164	101981	435108	569577	245575
长沙	4840503	3432150	67669	226541	564916	616896
广州	13024665	7253752	121339	1978949	1808476	1983488
深圳	9137243	6133454	459484	962573	1103711	937505
南宁	2136048	1311691	21037	261844	250904	311609
海口	793011	608734	102269	16807	51605	115865
重庆	22025472	15267464	1191754	865221	3035225	2857562
成都	6745894	3811193	298272	541019	1146391	1247291
贵阳	721473	421354	104478	57106	103422	139591
昆明	2650349	1375675	75829	437115	550602	286957
西安	3599217	2209713	37643	350693	680055	358756
兰州	581083	411974	22093	44632	80502	43975
西宁	244983	142373		22063	42571	37976
银川	1576549	1069975	6327	99652	208116	198806
乌鲁木齐	1729277	1086156	52802	123176	326033	193912

5-12 35个大中城市按用途分的房地产开发企业住宅竣工套数

单位：套

地 区	住 宅	#90平方米及以下住宅	#144平方米以上住宅	#别墅、高档公寓
总 计	**2602150**	**982021**	**172891**	**70382**
北 京	62367	46079	4848	1481
天 津	131137	79252	4581	5142
石家庄	17964	7048	2023	175
太 原	26571	8710	5329	479
呼和浩特	5165	825	306	
沈 阳	56450	36293	2347	580
大 连	20705	10277	1934	684
长 春	71205	46282	3264	224
哈尔滨	56465	30502	2105	
上 海	142001	76238	12258	21800
南 京	100961	45967	7351	1586
杭 州	85714	41950	6309	1710
宁 波	31561	2391	4957	1129
合 肥	434416	32727	5195	1167
福 州	20884	7772	2704	495
厦 门	15062	8387	1739	146
南 昌	57609	16053	8041	1315
济 南	58995	9253	4650	1256
青 岛	97452	35782	6762	2022
郑 州	136411	62183	13400	
武 汉	47485	24605	1629	702
长 沙	75541	12606	6666	1807
广 州	153366	43923	15742	1547
深 圳	29029	17339	4209	1874
南 宁	40244	13254	2925	290
海 口	11619	4898	1950	1031
重 庆	322022	138091	21110	10485
成 都	106215	49435	6514	7413
贵 阳	16459	3861	1498	2242
昆 明	20073	4844	2850	930
西 安	68442	32396	3948	212
兰 州	8827	2688	316	114
西 宁	5391	2809	478	
银 川	31152	5641	1903	137
乌鲁木齐	37190	21660	1050	207

5-13 35个大中城市按资质等级分的房地产开发企业住宅竣工套数

单位：套

地区	总计	一级	二级	三级	四级	暂定	其他
总计	**2602150**	**495819**	**476166**	**362719**	**215423**	**898810**	**153213**
北京	62367	19496	3270	5981	17589	16031	
天津	131137	4904	13965	6226	88669	16801	572
石家庄	17964		4837	1133	4766	6028	1200
太原	26571		6654	2221	6909	10787	
呼和浩特	5165		315	577	2018	2255	
沈阳	56450		1630	10585		33902	10333
大连	20705	509	1243	8718	65	7916	2254
长春	71205	2328	17446	7964	9053	33256	1158
哈尔滨	56465	1387	16888	18395		17841	1954
上海	142001	2892	16322	7255		110440	5092
南京	100961	14279	36640	1384		34976	13682
杭州	85714	681	9173	1446	664	42625	31125
宁波	31561	2478	520	16806	162	9272	2323
合肥	434416	338953	6976	26866	1994	50265	9362
福州	20884		2120	8157	1091	9516	
厦门	15062	1351	5452	1778	2980	3001	500
南昌	57609	4837	8532	2966	3679	32457	5138
济南	58995	784	12955	12201	3200	28159	1696
青岛	97452	5112	3463	12513	1402	68961	6001
郑州	136411	6031	29754	10733	265	81685	7943
武汉	47485	3242	8918	7318		26904	1103
长沙	75541	8521	11823	31265	14037	9725	170
广州	153366	22989	18554	42275	12100	42068	15380
深圳	29029	2572	2572	5526	6383	10027	1949
南宁	40244	806	6163	8621	4826	19828	
海口	11619		3728	1756	1084	4392	659
重庆	322022	24909	145242	34040	392	114128	3311
成都	106215	9106	26660	45882	1125	14402	9040
贵阳	16459		9339	665	304	4616	1535
昆明	20073	676	1124	2915	5523	7998	1837
西安	68442	6050	10287	11695	16545	5969	17896
兰州	8827		2741	2689	1741	1656	
西宁	5391		2666	1317	1408		
银川	31152	5038	14685	1848	5171	4410	
乌鲁木齐	37190	5888	13509	1002	278	16513	

5-14 35个大中城市按资质等级分的房地产开发企业别墅、高档公寓竣工套数

单位：套

地区	总计	一级	二级	三级	四级	暂定	其他
总计	**70382**	**1207**	**12398**	**9160**	**7274**	**33981**	**6362**
北京	1481	248		7	1180	46	
天津	5142		456	496	3024	1140	26
石家庄	175					175	
太原	479				479		
呼和浩特							
沈阳	580		239			341	
大连	684	72		178		434	
长春	224					224	
哈尔滨							
上海	21800		1066	186		18864	1684
南京	1586		716	421		441	8
杭州	1710	14	333	478		510	375
宁波	1129			1129			
合肥	1167		494	248		398	27
福州	495					495	
厦门	146		8	138			
南昌	1315			20	526	769	
济南	1256		10	212		755	279
青岛	2022	86	244			1692	
郑州							
武汉	702		73	427		202	
长沙	1807	561	22	593	504	127	
广州	1547	52	356	561		553	25
深圳	1874			56	1495	179	144
南宁	290					290	
海口	1031				66	325	640
重庆	10485	60	6308	2220		1897	
成都	7413		675	1485		2185	3068
贵阳	2242		886			1356	
昆明	930	114	391	209		190	26
西安	212		56	96			60
兰州	114					114	
西宁							
银川	137		65			72	
乌鲁木齐	207					207	

5-15 35个大中城市按用途分的房地产开发企业商品房销售面积

单位：平方米

地　　区	商品房销售面积	住　宅	#别　墅、高档公寓	办公楼	商业营业用房	其　他
总　　计	**544045925**	**456737699**	**14602444**	**24774603**	**32241340**	**30292283**
北　　京	9388623	7890165	729053	533815	327719	636924
天　　津	14786795	13826264	665877	239900	559919	160712
石 家 庄	7822808	6739433	55064	752120	160311	170944
太　　原	7410956	6454789	208722	257230	356594	342343
呼和浩特	3259983	2962751	40387	17220	185777	94235
沈　　阳	14535275	13611283	275068	51675	573794	298523
大　　连	6588721	6027439	316187	78895	252135	230252
长　　春	13423696	11561255	346686	342260	1035166	485015
哈 尔 滨	9647783	8247752	168480	104294	998964	296773
上　　海	16963432	13536992	2346227	1008329	884848	1533263
南　　京	13206462	11371912	260726	457798	761404	615348
杭　　州	15136233	12842709	679420	1214847	1038056	40621
宁　　波	17146361	14388911	606587	851023	726577	1179850
合　　肥	13218720	11557207	209509	579153	536967	545393
福　　州	17081896	13300731	358642	1498964	972921	1309280
厦　　门	5407725	2747007	106499	857478	406573	1396667
南　　昌	19061278	15808859	315973	737550	1866378	648491
济　　南	11510047	9340012	259669	491759	511392	1166884
青　　岛	16518266	14755787	267489	711544	878654	172281
郑　　州	35932689	32419735	240570	1410657	1841980	260317
武　　汉	33323398	29817857	355951	1170781	1497181	837579
长　　沙	23351501	20059086	368994	922618	1875862	493935
广　　州	14646364	11065763	359153	1538141	1065817	976643
深　　圳	8065598	6384224	388638	965709	397894	317771
南　　宁	18052331	15503301	132982	374549	640846	1533635
海　　口	4405590	3734911	111156	170105	221526	279048
重　　庆	61046831	51490817	2404485	836373	4178816	4540825
成　　都	35432820	25648620	818309	2934298	2875360	3974542
贵　　阳	10992659	8694048	287173	753725	1319695	225191
昆　　明	19162303	14848386	372141	738259	970556	2605102
西　　安	23754062	19038958	212451	1715387	1166994	1832723
兰　　州	7184354	6734834	35392	83782	261309	104429
西　　宁	3212388	2595816	600	75946	313411	227215
银　　川	6793824	6061611	185155	102795	319168	310250
乌鲁木齐	6574153	5668474	113029	195624	260776	449279

5-16　35个大中城市按用途分的房地产开发企业商品房销售额

单位：万元

地　区	商品房销售额	住　宅	#别　墅、高档公寓	办公楼	商业营业用房	其　他
总　计	**738532731**	**630319098**	**40672267**	**41300024**	**48314080**	**18599529**
北　京	33709815	30324019	4172038	1672709	1016497	696590
天　津	22741385	21324757	1090842	342002	947574	127052
石家庄	7281929	6222897	67435	752248	151276	155508
太　原	8285845	7188066	249880	316106	556352	225321
呼和浩特	3273723	2971284	63899	21377	232186	48876
沈　阳	14814588	13953243	375932	49102	682083	130160
大　连	7887939	7257558	581878	83135	384370	162876
长　春	11781883	10094393	398095	290553	995189	401748
哈尔滨	9570995	8066099	288401	133893	1150650	220353
上　海	52038175	44571638	15016557	3820567	2566351	1079619
南　京	25101472	22093544	714145	809315	1619652	578961
杭　州	39236384	34061040	2142704	2800157	2322756	52431
宁　波	25831170	22959242	1016349	1016476	1118541	736911
合　肥	17666228	16279980	316850	578444	606638	201166
福　州	23327173	18868201	579657	2209007	1259345	990620
厦　门	12233184	9293053	425125	1243436	743717	952978
南　昌	18173279	14788806	415707	697961	2249903	436609
济　南	13165584	11158133	348947	648108	745636	613707
青　岛	22469992	20177235	441767	939998	1228402	124357
郑　州	34035644	30254487	304613	1771209	1779797	230151
武　汉	47512360	41250724	687223	2596664	2867654	797318
长　沙	20214637	16502138	499013	1247725	2216159	248615
广　州	32753538	26574673	970516	3069441	2146926	962498
深　圳	45003443	35604303	3240780	5701243	2528658	1169239
南　宁	15174870	13292268	203696	469871	802430	610301
海　口	6778171	5812293	251806	320454	446803	198621
重　庆	51294213	44577816	2723041	1022910	4226010	1467477
成　都	38506249	30084378	1464098	2921159	4044083	1456629
贵　阳	11488497	8519686	391863	568204	2298463	102144
昆　明	21455960	18000729	512171	635885	1137632	1681714
西　安	27269810	22137060	366889	2124052	1690730	1317968
兰　州	5479052	4938048	48324	118941	330757	91306
西　宁	2887675	2266369	300	71992	467658	81656
银　川	4375064	3903666	169021	66399	297098	107901
乌鲁木齐	5712805	4947272	132705	169281	456104	140148

5-17 35个大中城市按用途分的房地产开发企业商品房平均销售价格

单位：元/平方米

地 区	商品房平均销售价格	住 宅	#别 墅、高档公寓	办公楼	商业营业用房	其 他
总 计	**13575**	**13800**	**27853**	**16670**	**14985**	**6140**
北 京	35905	38433	57225	31335	31017	10937
天 津	15380	15423	16382	14256	16923	7906
石家庄	9309	9234	12247	10002	9436	9097
太 原	11181	11136	11972	12289	15602	6582
呼和浩特	10042	10029	15822	12414	12498	5187
沈 阳	10192	10251	13667	9502	11887	4360
大 连	11972	12041	18403	10537	15245	7074
长 春	8777	8731	11483	8489	9614	8283
哈尔滨	9920	9780	17118	12838	11518	7425
上 海	30677	32926	64003	37890	29003	7041
南 京	19007	19428	27391	17678	21272	9409
杭 州	25922	26522	31537	23049	22376	12907
宁 波	15065	15956	16755	11944	15395	6246
合 肥	13365	14086	15123	9988	11297	3688
福 州	13656	14186	16163	14737	12944	7566
厦 门	22622	33830	39918	14501	18292	6823
南 昌	9534	9355	13156	9463	12055	6733
济 南	11438	11947	13438	13179	14581	5259
青 岛	13603	13674	16515	13211	13980	7218
郑 州	9472	9332	12662	12556	9662	8841
武 汉	14258	13834	19307	22179	19154	9519
长 沙	8657	8227	13524	13524	11814	5033
广 州	22363	24015	27022	19956	20143	9855
深 圳	55797	55769	83388	59037	63551	36795
南 宁	8406	8574	15318	12545	12521	3979
海 口	15385	15562	22653	18839	20169	7118
重 庆	8402	8657	11325	12230	10113	3232
成 都	10867	11729	17892	9955	14065	3665
贵 阳	10451	9799	13646	7539	17417	4536
昆 明	11197	12123	13763	8613	11721	6455
西 安	11480	11627	17269	12382	14488	7191
兰 州	7626	7332	13654	14196	12658	8743
西 宁	8989	8731	5000	9479	14922	3594
银 川	6440	6440	9129	6459	9309	3478
乌鲁木齐	8690	8728	11741	8653	17490	3119

5-18　35个大中城市按用途分的房地产开发企业房屋出租面积

单位：平方米

地　区	房屋出租面　积	住　宅	#别　墅、高档公寓	办公楼	商业营业用房	其　他
总　计	**29850346**	**1903064**	**650305**	**10935873**	**12080271**	**4931138**
北　京	2651380	68086	39233	1026774	1181535	374985
天　津	359794	2535		142042	163165	52052
石家庄	2640				2640	
太　原	938				938	
呼和浩特	11807			3530	8277	
沈　阳	19343			19343		
大　连	69090	529		27037	41524	
长　春	506879			21668	363635	121576
哈尔滨	355883	124769		7542	168682	54890
上　海	20359378	1296222	547518	8098546	7078942	3885668
南　京	110335	674			109661	
杭　州	356425	91961		207680	56784	
宁　波	407016	25197	25197	184346	172126	25347
合　肥	210162			89616	40152	80394
福　州	85774				85774	
厦　门	350430	114554	29233	77990	115000	42886
南　昌						
济　南	39132			18641	15512	4979
青　岛	484478	203		163580	240087	80608
郑　州						
武　汉	243482	10344			233138	
长　沙	133546	7013		67404	38623	20506
广　州	382195	8577	8436	66322	255976	51320
深　圳	632774	3863	688	337638	274130	17143
南　宁	163807	117270		31584	14953	
海　口	132068	7675		16851	88994	18548
重　庆	309045	5668			252504	50873
成　都	82470			29503	27873	25094
贵　阳	5452	542		277	4633	
昆　明	541787			223208	318579	
西　安	269701			29707	239994	
兰　州	52000				52000	
西　宁						
银　川	347377	17382		24368	298673	6954
乌鲁木齐	173758			20676	135767	17315

5-19 35个大中城市按用途分的房地产开发企业商品房待售面积

单位：平方米

地　区	待　售 面　积	住　宅	#别　墅、 高档公寓	办公楼	商业营 业用房	其　他
总　计	**187251148**	**67459957**	**8960193**	**23945952**	**44062697**	**51782542**
北　京	24895155	8931181	2076078	5690091	3699099	6574784
天　津	6577981	3135600	417291	1124914	1397219	920248
石家庄	768432	343878		260550	63727	100277
太　原	986458	630401	54174	137744	158077	60236
呼和浩特	1903500	976333	51334	128400	616639	182128
沈　阳	4045086	2776407	160122	142337	958567	167775
大　连	6408429	4302397	410103	423291	1017133	665608
长　春	5942559	2549639	148505	636935	1817842	938143
哈尔滨	6458075	3027135	76963	230284	1797619	1403037
上　海	23604632	7348710	2088651	4060285	4306769	7888868
南　京	4001594	2298581	136599	370557	500578	831878
杭　州	4514261	1165218	186453	1169451	1609028	570564
宁　波	4177531	984511	202468	770761	1428717	993542
合　肥	2262872	471779	94300	408943	449260	932890
福　州	3750382	943938	125289	102483	610003	2093958
厦　门	2269190	378044	38146	454181	799235	637730
南　昌	1629499	837265	33457	201309	469043	121882
济　南	806873	440951	206428	53642	146610	165670
青　岛	4590996	1640970	171975	905223	1660695	384108
郑　州	6167057	3741684	97403	749280	1114269	561824
武　汉	1922936	709675	87689	431726	534919	246616
长　沙	5179734	1848196	200849	589544	1709860	1032134
广　州	8868483	3346273	457772	637487	1628577	3256146
深　圳	3961454	2244151	150529	627081	794127	296095
南　宁	2513776	1203068	22350	43420	479595	787693
海　口	1466581	578209	93891	36626	338383	513363
重　庆	19591058	3566263	284702	1032174	5356994	9635627
成　都	9570371	1071918	229943	543942	2696511	5258000
贵　阳	1057022	346783	46025	180211	331470	198558
昆　明	4638179	1443408	336293	407147	1176712	1610912
西　安	1708759	321137	26876	266732	732239	388651
兰　州	1150959	378300		158857	503806	109996
西　宁	168393	82319		10939	75135	
银　川	6009694	2171801	136324	676426	2034978	1126489
乌鲁木齐	3683187	1223834	111211	282979	1049262	1127112

5-20　35个大中城市房地产开发企业主要财务指标

单位：万元

地　区	资产总计	负债合计	所有者权益合计	主营业务收入
总　计	**5596824898**	**4410158618**	**1186666280**	**532929262**
北　京	552274674	448269810	104004864	34258353
天　津	326661914	260263055	66398860	21267336
石家庄	41256459	38478841	2777618	3402536
太　原	78190648	68689715	9500933	5904897
呼和浩特	24079783	21478201	2601582	1473277
沈　阳	74422238	59893999	14528240	11685476
大　连	68049524	50033353	18016171	6888939
长　春	45301061	38366713	6934348	6442003
哈尔滨	66626931	47248072	19378860	6861873
上　海	639170743	436847620	202323123	50317563
南　京	169540018	129318765	40221253	24237993
杭　州	262719706	203679303	59040404	29332554
宁　波	112190523	89618250	22572273	15886503
合　肥	105041038	83174387	21866651	13451967
福　州	129953750	105295392	24658358	9670804
厦　门	98998177	67351059	31647118	4784485
南　昌	78219425	60997990	17221436	9549402
济　南	128957950	106738602	22219348	12083728
青　岛	159473940	128646114	30827826	13838893
郑　州	212282522	180935065	31347458	20472955
武　汉	251961240	197294213	54667027	29263919
长　沙	96838023	82427021	14411003	15332752
广　州	390008552	323428140	66580413	31015989
深　圳	310454041	226228942	84225099	33722825
南　宁	70165164	59205367	10959797	9374229
海　口	48033184	38318722	9714463	4262799
重　庆	323241126	245626934	77614192	37774413
成　都	216524461	178006957	38517505	23025828
贵　阳	93735183	74773926	18961257	8556064
昆　明	165326761	136942653	28384108	11863305
西　安	131773738	115347265	16426473	13844446
兰　州	42757781	37529431	5228350	4507777
西　宁	15113930	13558973	1554957	1683749
银　川	24553983	21125259	3428725	3013918
乌鲁木齐	42926704	35020514	7906190	3875711

5-20 续表 1

单位：万元

地 区	土地转让收入	商品房销售收入	自持物业收入	房屋出租收入	其他收入
总 计	**4655144**	**490018177**	**15959145**	**12619774**	**22296797**
北 京	865222	26095218	2097935	1801652	5199979
天 津	467881	19468647	411583	308467	919225
石 家 庄	10564	3317691	21973	21950	52308
太 原	500	4981210	53163	42447	870023
呼和浩特	35618	1419161	11908	11696	6589
沈 阳	3028	11434452	198791	49610	49205
大 连	174662	6519959	123026	81715	71291
长 春	0	6325077	79251	55149	37674
哈 尔 滨	39182	6661477	43144	43014	118070
上 海	250454	42365313	5812424	4504711	1889373
南 京	329294	22995833	243802	221284	669064
杭 州	162851	28154876	576507	454201	438320
宁 波	55055	15215918	129639	106221	485891
合 肥	77280	13027679	99469	68488	247539
福 州	1323	9253583	98924	96143	316974
厦 门	2743	3957442	308085	255986	516215
南 昌	120374	9038059	55885	49194	335085
济 南	150739	11656310	142218	99996	134461
青 岛	74717	13278151	170529	144889	315496
郑 州	153484	18797109	249652	159912	1272710
武 汉	268289	26926044	545676	393401	1523910
长 沙	42929	14439267	162477	126328	688079
广 州	78668	28018342	1316405	970798	1602574
深 圳	5	31916506	1097448	968487	708865
南 宁	58126	8990910	171837	136840	153356
海 口	147675	3994950	46384	20290	73789
重 庆	446382	35881678	564529	459124	881823
成 都	67676	22211346	392620	366795	354186
贵 阳	1563	7867762	93066	85436	593673
昆 明	550947	10308817	281488	227378	722053
西 安	6839	13028376	152310	105647	656921
兰 州	8245	4317704	45542	42566	136285
西 宁	2829	1605741	10815	10815	64363
银 川		2868836	65973	60541	79109
乌鲁木齐		3678730	84665	68607	112316

5-20 续表 2

单位：万元

地区	主营业务成本	税金及附加	其他业务利润	销售费用
总计	**363728864**	**41540160**	**1760293**	**24071915**
北京	23823708	3012479	205684	1319448
天津	15015740	1624453	157981	1080733
石家庄	2509813	243197	3379	299928
太原	4613501	308388	26091	304199
呼和浩特	1422411	188255	193	83012
沈阳	8163361	776439	9179	455118
大连	5418585	328696	6459	301044
长春	4743731	258470	6543	255813
哈尔滨	4933310	389699	103560	264531
上海	30407291	4920243	153173	1707504
南京	17789775	1339323	35495	660831
杭州	20488111	1709477	118934	1195358
宁波	11551404	886153	16760	828071
合肥	9654242	710482	25919	474324
福州	7061228	522070	-1243	461802
厦门	2567689	873579	18526	259962
南昌	6583073	578788	71994	543447
济南	8775017	1036931	15760	482349
青岛	9507272	1023158	54123	708601
郑州	14714475	1097770	65699	1060110
武汉	20176719	2374284	74977	944724
长沙	10774904	1013131	52936	699334
广州	18314556	3254571	80471	1471252
深圳	17129452	5299560	49703	1465838
南宁	6670134	404567	41404	453129
海口	2454024	620117	2337	428965
重庆	27639932	1863311	56816	1984906
成都	15550313	2082302	116532	1452104
贵阳	5975871	619226	41295	432260
昆明	8748563	886369	26777	725951
西安	10439992	702814	55782	670789
兰州	3470417	168474	24227	164190
西宁	1438491	59068	12727	64019
银川	2450116	112137	16297	123406
乌鲁木齐	2751642	252182	13806	244864

5-20 续表 3

单位：万元

地　区	管理费用	财务费用	营业利润	营业外收入
总　计	**23688434**	**20324126**	**94613247**	**3555313**
北　京	2147376	2499806	4257693	213105
天　津	948079	1679984	1265700	361277
石家庄	218920	145172	91810	10574
太　原	288127	188924	498216	14525
呼和浩特	99974	38001	240190	4564
沈　阳	374056	199977	1638326	36272
大　连	287055	416581	211034	34058
长　春	251030	194240	897311	7282
哈尔滨	353164	261363	919661	53090
上　海	2666596	2962084	12369523	485820
南　京	628118	467161	3900293	36945
杭　州	1245077	611198	5748981	103871
宁　波	541793	270792	2558012	67435
合　肥	419446	224820	1949925	26137
福　州	427320	410413	1800503	85325
厦　门	327291	411695	1812421	20367
南　昌	294973	247103	1783700	31600
济　南	480040	355441	2351676	109948
青　岛	820264	481445	2091033	133916
郑　州	932753	1005907	3119761	381006
武　汉	887654	739103	5496869	54759
长　沙	603982	287124	1572750	146649
广　州	1690163	1583030	6394896	510716
深　圳	1472068	1361036	13351908	83637
南　宁	385192	145252	1416413	68469
海　口	253989	68704	684975	8676
重　庆	1316635	997087	8127253	172921
成　都	1025418	533639	3288140	74741
贵　阳	412142	219290	1138503	45863
昆　明	593886	717050	682282	44292
西　安	575038	237006	1993513	64787
兰　州	219782	142761	334107	15824
西　宁	75755	12474	85672	5996
银　川	167924	74521	200559	13587
乌鲁木齐	257358	133943	339640	27280

5-20 续表 4

单位：万元

地区	营业外支出	利润总额	所得税费用	应付职工薪酬
总计	**3853539**	**94032814**	**21909330**	**17475795**
北京	286077	4183944	1197986	1784140
天津	119851	1498615	765502	792946
石家庄	27094	66647	141135	146489
太原	32934	477623	133570	231174
呼和浩特	13226	225416	77171	63896
沈阳	67589	1606684	400451	244904
大连	35615	207642	160510	189870
长春	47882	851849	204745	170935
哈尔滨	69588	911837	267398	175627
上海	335108	12516588	2742163	1626429
南京	73611	3869329	1013774	478588
杭州	279380	5548005	1218022	829553
宁波	100625	2516531	536473	355902
合肥	53577	1972716	468508	306323
福州	90182	1799799	374254	382286
厦门	45551	1806701	266613	308684
南昌	26164	1792912	381422	210024
济南	118651	2287951	501277	391172
青岛	124674	2078038	468124	524926
郑州	444585	2998309	779049	651951
武汉	104715	5424511	1245488	710223
长沙	94728	1606815	507299	475803
广州	249406	6660729	1571683	1196230
深圳	196732	13225893	2291954	959559
南宁	77170	1404900	393408	346951
海口	30936	637180	162773	179364
重庆	201037	8084072	1288460	1189741
成都	176149	3122924	1023052	794353
贵阳	73265	1099738	230594	298989
昆明	94085	628833	66304	463534
西安	53478	2000584	658345	504270
兰州	37834	302262	133811	166963
西宁	6866	103177	35552	56014
银川	29228	185741	48644	113997
乌鲁木齐	35946	328319	153816	153988

附　　录

主要统计指标解释

主要统计指标解释

一、房地产开发企业财务指标

1.资产总计：指企业过去的交易或者事项形成的、由企业拥有或者控制的、预期会给企业带来经济利益的资源。资产一般按流动性分为流动资产和非流动资产。其中流动资产可分为货币资金、交易性金融资产、应收票据、应收账款、预付款项、其他应收款、存货等；非流动资产可分为长期股权投资、固定资产、无形资产及其他非流动资产等。根据会计“资产负债表”中“资产总计”项目的期末余额数填报。

2.负债合计：指企业过去的交易或者事项形成的，预期会导致经济利益流出企业的现时义务。负债一般按偿还期长短分为流动负债和非流动负债。根据会计“资产负债表”中“负债合计”项目的期末余额数填报。

3.所有者权益合计：指企业资产扣除负债后由所有者享有的剩余权益。公司的所有者权益又称股东权益。包括实收资本、资本公积、盈余公积、未分配利润等。根据会计“资产负债表”中“所有者权益合计”项目的期末余额数填报。

4.主营业务收入：指企业确认的销售商品、提供劳务等主营业务的收入。根据会计“主营业务收入”科目的本年各月贷方余额（结转前）之和填报。如未设置该科目，以“营业收入”代替填报。

（1）土地转让收入：指房地产开发企业按国家规定在报告期转让已经开发的土地和未经开发的土地所得到的收入。根据会计“利润表”和相关核算资料计算填报。

（2）商品房销售收入：指房地产开发企业在报告期售出商品房的收入，一次收款的，一次性全部计入销售收入，按合同规定分期收款的，可按合同规定的时间分次计入收入。根据会计“利润表”和相关核算资料计算填报。

（3）自持物业收入：指房地产开发企业在报告期内，对自持房屋以出租、作为服务业活动场所等不改变财产所有权方式进行经营所得到的收入。根据会计“利润表”和相关核算资料计算填报。

（4）房屋出租收入：指房地产开发企业在报告期内，在不改变现有财产所有权关系的条件下，将企业的全部或部分房屋出租给其他单位或个人使用所得到的租金收入。根据会计“利润表”和相关核算资料计算填报。

（5）其他（主营业务）收入：指房地产开发企业在报告期内从事除以上收入外的其他业务活动所得到的收入，包括配套设施销售收入、代建工程结算收入等。根据会计“利润表”和相关核算资料计算填报。

5.主营业务成本：指企业经营主要业务和其他业务所发生的成本总额。根据会计“主营业务成本”科目的本年各月借方余额（结转前）填报。如未设置该科目，以“营业成本”代替填报。

6.销售费用：指企业在销售商品和材料、提供劳务的过程中发生的各种费用，包括保险费、包装费、展览费和广告费、商品维修费、预计产品质量保证损失、运输费、装卸费等以及为销售本企业商品而专设的销售机构（含销售网点、售后服务网点等）的职工薪酬、业务费、折旧费等经营费用。建筑业企业销售费用指企业从事施工生产活动过程中发生的各项费用，包括应由企业负担的运输费、装卸费、包装费、保险费、维修费、展览费、差旅费、广告费和其他经费。房地产企业销售费用指企业在从事主要经营业务过程中所发生的各项销售费用，包括转让、销售、结算和出租开发产品等。执行企业会计准则或《小企业会计准则》的企业,根据会计“利润表”中“销售费用”项目的本年累计数填报。执行其他企业会计制度的企业，根据会计“利润表”中“营业费用（或经营费用）”项目的本年累计数填报。

7.**税金及附加**：指企业经营主要业务应负担的消费税、城市维护建设税、资源税、教育费附加及房产税、土地使用税、车船使用税、印花税等相关税费。根据会计“主营业务税金及附加”科目的本年各月借方余额（结转前）之和填报。如未设置该科目，以“税金及附加”代替填报。指企业因从事生产经营活动按税法规定应缴纳的消费税、城市维护建设税、资源税、环境保护税、教育费附加及房产税、土地使用税、车船使用税、印花税等相关税费。根据会计“利润表”中“税金及附加”项目的本年累计数填报。

8.**管理费用**：指企业为组织和管理企业生产经营所发生的费用，包括企业在筹建期间内发生的开办费、董事会和行政管理部门在企业经营管理中发生的，或者应当由企业统一负担的公司经费等。根据会计“利润表”中“管理费用”项目的本年累计数填报。

9.**财务费用**：指企业为筹集生产经营所需资金等而发生的筹资费用，包括企业生产经营期间发生的利息支出（减利息收入）、汇兑损失（减汇兑收益）以及相关的手续费等。根据会计“利润表”中“财务费用”项目的本年累计数填报。

10.**营业利润**：指企业从事生产经营活动所取得的利润。执行企业会计准则或《小企业会计准则》的企业，营业利润为营业收入减去营业成本、税金及附加、销售费用、管理费用、财务费用、资产减值损失，再加上公允价值变动收益、投资收益和其他收益后的金额，根据会计“利润表”中“营业利润”项目的本年累计数填报；执行其他企业会计制度的企业，营业利润为营业收入减去营业成本、税金及附加、销售费用、管理费用、财务费用，再加上投资收益后的金额，根据会计“损益表”中“营业利润”项目、“投资收益”项目的本年累计数之和填报。

11.**营业外收入**：指企业发生的与经营业务无直接关系的各项收入，包括非流动资产处置利得、非货币性资产交换利得、债务重组利得、政府补助、盘盈利得、捐赠利得等。执行企业会计准则或《小企业会计准则》的企业，根据会计“利润表”中“营业外收入”项目的本年累计数填报；执行其他企业会计制度的企业， 根据会计“损益表”中“营业外收入”项目、“补贴收入”项目的本年累计数之和填报。

12.**营业外支出**：指企业发生的与经营业务无直接关系的各项支出，包括非流动资产处置损失、非货币性资产交换损失、债务重组损失、公益性捐赠支出、非常损失、盘亏损失等。根据会计“利润表”中“营业外支出”项目的本年累计数填报。

13.**利润总额**：指企业在一定会计期间的经营成果，是生产经营过程中各种收入扣除各种耗费后的盈余，反映企业在报告期内实现的盈亏总额。根据会计“利润表”中“利润总额”项目的本期金额数填报。利润总额为营业利润加上营业外收入，减去营业外支出后的金额，根据会计“利润表”中“利润总额”项目的本年累计数填报。

14. **所得税费用**：所得税费用由两部分组成，当期所得税和递延所得税。当期所得税是指企业按照税法规定计算确定的针对当期发生的交易和事项，应交纳给税务部门的所得税金额，即应交所得税。递延所得税是指按照所得税准则规定应予确认的递延所得税资产和递延所得税负债应有的金额相对于原已确认金额之间的差异。执行企业会计准则或《小企业会计准则》的企业，根据会计“利润表”中“所得税费用”项目的本年累计数填报；执行其他企业会计制度的企业，根据会计“损益表”中“所得税”项目的本年累计数填报。

二、房地产开发投资指标

1.**计划总投资**：指房地产开发企业在建的建设工程按照总体设计（或按设计概算或预算）规定的内容全部建成计划需要的总投资。

2.**自开始建设累计完成投资**：指房地产开发企业在建的房屋建设工程或正在开发的土地开发工程从开始建设到本期止累计完成的全部投资。其计算范围原则上应与“计划总投资”指标包括的工程内容相一致。

报告期以前已建成投产或停、缓建工程完成的投资以及拆除、报废工程的投资，仍应包括在内。但转出的“在建工程”累计投资应予以扣除，转入的“在建工程”以前年度完成的投资应当包括。

3.**完成投资**：指各种登记注册类型的房地产开发法人单位统一开发的住宅、厂房、仓库、饭店、宾馆、度假村、写字楼、办公楼等房屋建筑物，配套的服务设施，土地开发工程（如道路、给水、排水、供电、供热、通讯、平整场地等基础设施工程）和土地购置的投资；不包括单纯的土地开发和交易活动。

4.**建筑工程**：指各种房屋、建筑物的建造工程，又称建筑工作量。这部分投资额必须兴工动料，通过施工活动才能实现。依据会计报表“房屋开发成本”科目下的“建筑安装工程费”填报；未设置该科目的，根据“房屋开发成本”下的相关明细分析计算填报。也可以根据工程建设、施工、监理等共同认定的工程结算单或进度单、工程付款等相关凭证填报。

5.**安装工程**：指各种设备、装置的安装工程，又称安装工作量。依据会计报表“房屋开发成本”科目下的“建筑安装工程费”填报；未设置该科目的，根据“房屋开发成本”下的相关明细分析计算填报。

6.**设备工器具购置**：指报告期内购置或自制的，达到固定资产标准的设备、工具、器具的价值。需要安装的设备应在设备安装到位后依据会计报表“房屋开发成本”科目下的“设备款”填报，未设置该科目的根据“房屋开发成本”下的相关明细分析计算填报；也可以根据相关凭证填报。不需要安装的设备应在设备运抵现场并验收合格后依据会计报表“房屋开发成本”科目下的“设备款”填报，未设置该科目的根据“房屋开发成本”下的相关明细分析计算填报；也可以根据相关凭证填报。

（1）设备：指各种动力设备、传导设备、运输设备等。分为需要安装的设备和不需要安装的设备两种。

需要安装的设备：是指必须将其整体或几个部位装配起来，安装在基础上或建筑物支架上才能使用的设备。如发电机、蒸汽锅炉、变压器、塔、换热器、各种泵等。

不需要安装的设备：指不必固定在一定位置或支架上就可以使用的各种设备，如叉车、汽车、机车等。

（2）工具、器具：是指具有独立用途的各种生产用具、工作工具和仪器。如维修用的切削工具、铆焊工具等，以及达到固定资产标准的包装容器等。

7.**其他费用**：指在固定资产建造和购置过程中发生的，除建筑安装工程和设备、工器具购置投资完成额以外的费用，不指经营中财务上的其他费用。包括土地出让金、大市政费、四源费（煤、热、自来水、污水）、不可预见费、旧房屋购置，基本畜禽支出，林木支出，退耕退牧还林还草、土壤改良、城市绿化，办公生活用家具、器具购置，建设单位管理费，土地征用、购置及迁移补偿费，政府收费，勘察设计费，研究实验费，可行性研究费，临时设施费，施工机械转移费，设备检验费，负荷联合试车费，土地占用、使用费，建设期应付利息，企业债券发行费，合同公证费及工程质量监测费，国外借款手续费及承诺费，汇兑损益，坏账损失，固定资产亏损及损失等。依据会计报表“房屋开发成本”科目下的 “土地出让金”、“开发间接费”等填报；未设置该科目的，根据“房屋开发成本”下的相关明细分析计算填报。如果无法依据会计报表，根据相关支付凭证填报。

8.土地购置费：指房地产开发企业通过各种方式取得土地使用权而支付的费用。土地购置费包括：（1）通过划拨方式取得的土地使用权所支付的土地补偿费、附着物和青苗补偿费、安置补偿费及土地征收管理费等；（2）通过“招、拍、挂”等出让方式取得土地使用权所支付的资金。以划拨方式取得土地所支付的资金在房地产项目竣工后计入新增固定资产，以出让方式取得土地所有权所支付的出让金不计入新增固定资产。土地购置费按实际发生额填报，分期付款的应分期计入。项目分期开发的，只计入与本期项目有关的土地购置费。前期支付的土地购置费，项目纳入统计后计入。

9.投资额按工程用途分组：

（1）住宅：指专供居住的房屋，包括别墅、公寓、职工家属宿舍和集体宿舍（包括职工单身宿舍和学生宿舍）等。但不包括住宅楼中作为人防用、不住人的地下室等。

①90 平方米及以下住房：指在房地产开发企业投资建设的商品住宅中，套型建筑面积不超过 90 平方米（包括 90 平方米）的住房。套型建筑面积是指单套住房的建筑面积，由套内建筑面积和分摊的共有建筑面积组成。现房应以商品房销售合同中实际测绘的建筑面积为统计标准，期房根据商品房预售合同中规划设计面积进行统计，待住宅竣工交付使用后，应根据实际测绘面积进行相应调整。

②144 平方米以上住房：指在房地产开发企业投资建设的商品住宅中，套型建筑面积超过 144 平方米（不包括 144 平方米）的住房。现房应以商品房销售合同中实际测绘的建筑面积为统计标准，期房根据商品房预售合同中规划设计面积进行统计，待住宅竣工交付使用后，应根据实际测绘面积进行相应调整。

③别墅、高档公寓：指建筑造价和销售价格明显高于一般商品住宅的商品住宅。别墅一般指地处郊区，独立成栋的商品住宅；高档公寓一般指地处市内高档社区，高层或多层的商品住宅。别墅、高档公寓的确定标准：一是经有房地产投资计划审批权的主管部门审批建设的别墅、高档公寓开发项目；二是销售价格高于当地同等地段商品住宅平均销售价格一倍以上的别墅、公寓开发项目。该指标可以分析房地产投资结构，反映高收入家庭商品住宅的供求平衡情况。

（2）办公楼：指企业、事业、机关、团体、学校、医院等单位使用的各类办公用房（又称写字楼）。

（3）商业营业用房：指商业、粮食、供销、饮食服务业等部门对外营业的用房，如度假村、饭店、商店、门市部、粮店、书店、供销店、饮食店、菜店、加油站、日杂等房屋。

（4）其他：凡不属于上述各项用途的房屋建筑物，如中小学教学用房、托儿所、幼儿园、图书馆、体育馆等。

10.本年新增固定资产：指在报告期已经完成建造和开发过程并交付使用的房屋和土地开发面积的价值。指房地产开发公司进行开发经营活动的最终成果，即为社会提供的固定资产，而且是在报告期内新增加的。不是反映房地产开发企业本身固定资产的增加。

11.待开发土地面积：指经有关部门批准，通过各种方式获得土地使用权，但尚未开工建设的土地面积。

12.本年土地购置面积：指在本年内通过各种方式获得土地使用权的土地面积。

13.本年土地成交价款：指进行土地使用权交易活动的最终金额。在土地一级市场，是指土地最后的划拨款、“招拍挂”价格和出让价；在土地二级市场是指土地转让、出租、抵押等最后确定的合同价格。土地成交价款与土地购置面积同口径，可以计算土地的平均购置价格。

14.资金来源

（1）本年实际到位资金合计：指房地产开发企业在本年内收到的可用于房地产开发的各种资金来源数

之和，包括上年末结余资金、本年度内拨入、借入或以各种方式筹集的资金。

（2）上年末结余资金：指上年资金来源中没有形成投资额而结余的资金。包括尚未用到工程中的材料价值、未开始安装的需要安装设备价值及结存的现金和银行存款、新开工项目以前年度支付的土地款等。可根据有关财务数字填报。上年末结余资金不能出现负数，即不能把上年应付工程、材料款作为上年末结余资金的负数来处理。

（3）本年实际到位资金：指房地产开发企业实际拨入的，用于房地产开发的各种货币资金。包括国内贷款、利用外资、自筹资金、定金及预收款、个人按揭贷款和其他资金。

①国内贷款：指报告期内房地产开发企业向银行及非银行金融机构借入的，用于房地产开发的各种国内借款，包括银行利用自有资金及吸收存款发放的贷款、上级拨入的国内贷款、国家专项贷款，地方财政专项资金安排的贷款、国内储备贷款、周转贷款等。

银行贷款：指报告期内房地产开发企业向各商业银行、政策性银行借入的，用于房地产开发的各项贷款。

非银行金融机构贷款：指向除上述银行之外从事金融业务的机构借入的，用于房地产开发的各项贷款。非银行金融机构包括城市信用社、农村信用社、保险公司、金融信托投资公司、证券公司、财务公司、金融租赁公司、融资公司（中心）等。

②利用外资：指报告期内收到的，用于房地产开发的境外（包括外国及港澳台地区）资金（包括设备、材料、技术在内）。包括对外借款（外国政府贷款、国际金融组织贷款、出口信贷、外国银行商业贷款、对外发行债券和股票）、外商直接投资、外商其他投资（包括补偿贸易、加工装配由外商提供的设备价款、国际租赁，外商投资收益的再投资资金）。不包括我国自有外汇资金（包括国家外汇、地方外汇、留成外汇、调剂外汇和中国银行自有资金发行的外汇贷款等）。各类外资按报告期的外汇牌价（中间价）折成人民币计算。

③自筹资金：指房地产开发企业筹集的，用于房地产开发的资金。

④定金及预收款：定金是为使甲乙双方按约定签订正式经济合同，实现房屋交易，根据有关规定由购房者或单位在报告期交纳的押金。预收款是甲乙双方签订购销房屋合同后，在报告期由购房者或单位交付的首付款及各种手续费（包括其中的外汇）。

⑤个人按揭贷款：是指按照中国人民银行（《个人住房贷款管理办法》，银发[1998]190 号）中规定，贷款人（商业银行）向借款人发放的采用分期偿还方式用于购买自用普通住房的贷款。具体指具有完全民事行为能力的自然人，购买商品房时以其购买的产权住房（或银行认可的其他担保方式）为抵押，作为偿还贷款的保证而向银行申请的住房商业性贷款。从 1999 年 2 月开始，个人住房贷款可扩大到借款人自用的各类型住房贷款（《关于开展个人消费信贷的指导意见》，银发[1999]73 号）。

⑥其他到位资金：指在报告期收到的除以上各种资金之外其他用于房地产开发的资金。包括国家预算内资金、债券、社会集资、个人资金、无偿捐赠的资金及用征地迁移补偿费、移民费等进行房地产开发的资金。

15.本年各项应付款合计：指在房地产开发过程中应付未付的投资款。包括应付工程款、应付器材款、应付工资、应付有偿调入器材及工程款、其他应付款、应交税金、应交基建收入、应交投资包干结余、应交能源交通建设基金、应交预算调节基金及其他应交款。各项应付款填报本报告期实际增加数（或发生数），不是填报开始建设以来的累计数。

三、房地产开发企业施工和销售指标

1.**房屋施工面积**：指报告期内施工的全部房屋建筑面积。包括本期新开工的房屋建筑面积、上期跨入本期继续施工的房屋建筑面积、上期停缓建在本期恢复施工的房屋建筑面积、本期竣工的房屋建筑面积以及本期施工后又停缓建的房屋建筑面积。多层建筑应填各层建筑面积之和。

2.**房屋新开工面积**：指报告期内新开工建设的房屋建筑面积，以单位工程为核算对象，即整栋房屋的全部建筑面积，不能分割计算。不包括在上期开工跨入报告期继续施工的房屋建筑面积和上期停缓建而在本期恢复施工的房屋建筑面积。房屋的开工应以房屋正式开始破土刨槽（地基处理或打永久桩）的日期为准。

3.**房屋竣工面积**：指报告期内房屋建筑按照设计要求已全部完工，达到住人和使用条件，经验收鉴定合格或达到竣工验收标准，可正式移交使用的各栋房屋建筑面积的总和。

4.**不可销售面积**：指报告期房地产公司竣工的用于拆迁还建的房屋面积；接受委托、定向开发建设，并收取一定的管理费所建设的统建代建房屋竣工面积；竣工的学校、幼儿园、派出所、居委会、商店等公益设施建筑面积。

5.**住宅竣工套数**：指报告期内按照设计要求已全部完工，经验收合格，达到住人或使用条件的正式交给开发公司的成套住宅数量（以设计图纸为准）。

6.**房屋竣工价值**：指报告期内按规定已经上报竣工的房屋本身的建造价值。一般按房屋设计和预算规定的内容计算。包括竣工房屋本身的基础、结构、屋面、装修以及水、电、卫等附属工程的建筑价值，也包括作为房屋建筑组成部分而列入房屋建筑工程预算内的设备（如电梯、通风设备等）的购置和安装费用；不包括厂房内的工艺设备、工艺管线的购置和安装，工艺设备基础的建造；室外的水、暖、电、卫、道路工程、挡土墙等环境工程的费用，办公和生活用家具的购置等费用；购置土地的费用；迁移补偿费和场地平整的费用及城市建设配套投资。

房屋竣工价值不仅包括该竣工房屋在报告期内完成的价值，也包括跨年施工的房屋在本期以前完成的价值。未竣工而转让给其他单位的房屋建筑工程，出让单位不计算竣工价值，待接受单位继续施工并符合竣工条件后，由接受单位计算其竣工价值，包括出让单位在出让前所完成的价值。房屋竣工价值一般按结算价格（或中标价）计算。

7.**房屋出租面积**：指在报告期期末房屋开发单位出租的商品房屋的全部面积。

8.**商品房销售面积**：指报告期内出售商品房屋的合同总面积（即双方签署的正式买卖合同中所确定的建筑面积）。由现房销售面积和期房销售面积两部分组成。

（1）**现房销售面积**：指在报告期内正式签订买卖合同、已经竣工达到入住条件的商品房屋建筑面积。包括以一次性付款方式和分期付款方式销售的现房建筑面积。

（2）**期房销售面积**：指在报告期内正式签订买卖合同、正在建设尚未竣工交付使用的商品房屋建筑面积。包括以一次性付款方式和分期付款方式销售的商品房屋建筑面积。期房销售建筑面积竣工后不再结转为现房销售建筑面积。

9.**商品房销售额**：指报告期内出售商品房屋的合同总价款（即双方签署的正式买卖合同中所确定的合同总价）。该指标与商品房销售面积同口径，由现房销售额和期房销售额两部分组成。

（1）**现房销售额**：指报告期内销售的已竣工商品房屋的合同总价款。包括现房销售前期预收的定金、预收款、首付款及全部按揭贷款的本金等款项。该指标与现房销售面积同口径。

（2）**期房销售额**：指报告期内销售的正在建设尚未竣工的商品房屋的合同总价款。包括预售房屋前期预收的定金、预收款、首付款及全部按揭贷款的本金等项。该指标与期房销售面积同口径。

10.商品住宅销售套数：指报告期内出售商品房屋合同中总的成套住宅数量（即双方签署的正式买卖合同中所确定的成套住宅数量）。由现房销售套数和期房销售套数两部分组成。

（1）现房销售套数：指报告期内销售的已竣工商品房屋合同中总的成套住宅数量。

（2）期房销售套数：指报告期内销售的正在建设尚未竣工的商品房屋合同中总的成套住宅数量。

11.待售面积：指报告期末已竣工的可供销售或出租的商品房屋建筑面积中，尚未销售或出租的商品房屋建筑面积，包括以前年度竣工和本期竣工的房屋面积，但不包括报告期已竣工的拆迁还建、统建代建、公共配套建筑、房地产公司自用及周转房等不可销售或出租的房屋面积。按照商品房待售时间的长短可以划分为待售一年以下、待售一到到三年（含一年）和待售三年以上（含三年）。

四、主要分组指标

1.登记注册类型：企业法人的登记注册类型，依据在工商行政管理机关登记注册的类型填写。

机关、事业单位和社会团体及其他组织的登记注册类型，依据主要经费来源和管理方式，根据实际情况，比照《关于划分企业登记注册类型的规定》确定。工商行政管理部门对企业（单位）登记注册的类型分为以下几种：

（1）国有企业：指企业全部资产归国家所有，并按《中华人民共和国企业法人登记管理条例》规定登记注册的非公司制的经济组织。不包括有限责任公司中的国有独资公司。

（2）集体企业：指企业资产归集体所有，并按《中华人民共和国企业法人登记管理条例》规定登记注册的经济组织。

（3）股份合作企业：指以合作制为基础，由企业职工共同出资入股，吸收一定比例的社会资产投资组建，实行自主经营，自负盈亏，共同劳动，民主管理，按劳分配与按股分红相结合的一种集体经济组织。

（4）联营企业：指两个及两个以上相同或不同所有制性质的企业法人或事业单位法人，按自愿、平等、互利的原则，共同投资组成的经济组织。联营企业包括国有联营企业、集体联营企业、国有与集体联营企业和其他联营企业。

国有联营企业：指所有联营单位均为国有。

集体联营企业：指所有联营单位均为集体。

国有与集体联营企业：指联营单位既有国有也有集体。

其他联营企业：指上述三种联营企业之外的其他联营形式的企业。

（5）有限责任公司：指根据《中华人民共和国公司登记管理条例》规定登记注册，由两个以上，五十个以下的股东共同出资，每个股东以其所认缴的出资额对公司承担有限责任，公司以其全部资产对其债务承担责任的经济组织。有限责任公司包括国有独资公司以及其他有限责任公司。

国有独资公司：指国家授权的投资机构或者国家授权的部门单独投资设立的有限责任公司。

其他有限责任公司：指国有独资公司以外的其他有限责任公司。

（6）股份有限公司：指根据《中华人民共和国公司登记管理条例》规定登记注册，其全部注册资本由等额股份构成并通过发行股票筹集资本，股东以其认购的股份对公司承担有限责任，公司以其全部资产对其债务承担责任的经济组织。

（7）私营企业：指由自然人投资设立或由自然人控股，以雇佣劳动为基础的营利性经济组织。包括按照《公司法》、《合伙企业法》以及《个人独资企业法》规定登记注册的私营独资企业、私营合伙企业、私营有限责任公司、私营股份有限公司和个人独资企业。

私营独资企业：由一名自然人投资经营，以雇佣劳动为基础，投资者对企业债务承担无限责任的企业。

私营合伙企业：由两个以上自然人按照协议共同投资、共同经营、共负盈亏，以雇佣劳动为基础，对债务承担无限责任的企业。

私营有限责任公司：由两个以上自然人投资或由单个自然人控股的有限责任公司。

私营股份有限公司：由五个以上自然人投资，或由单个自然人控股的股份有限公司。

个人独资企业：由一个自然人投资，财产为投资人个人所有，投资人以其个人财产对企业债务承担无限责任的经营实体。个人独资企业填表时归入私营独资企业。

（8）其他内资企业：指上述第（1）条至第（7）条之外的其他内资经济组织。

（9）与港澳台商合资经营企业：指港澳台地区投资者与内地的企业依照《中华人民共和国中外合资经营企业法》及有关法律的规定，按合同规定的比例投资设立，分享利润和分担风险的企业。

（10）与港澳台商合作经营企业：指港澳台地区投资者与内地企业依照《中华人民共和国中外合作经营企业法》及有关法律的规定，依照合作合同的约定进行投资或提供条件设立，分配利润、分担风险和亏损的企业。

（11）港澳台商独资经营企业：指依照《中华人民共和国外资企业法》及有关法律的规定，在内地由港澳台地区投资者全额投资设立的企业。

（12）港澳台商投资股份有限公司：指根据国家有关规定，经商务部（原外经贸部）批准设立，并且其中港、澳、台商的股本占公司注册资本的比例达 25%以上的股份有限公司。凡其中港、澳、台商的股本占公司注册资本的比例小于 25%的，属于内资中的股份有限公司。

（13）其他港、澳、台商投资企业：指在中国境内参照《外国企业或个人在中国境内设立合伙企业管理办法》和《外商投资合伙企业登记管理规定》，依法设立的港、澳、台商投资合伙企业。

（14）中外合资经营企业：指外国企业或外国人与中国内地企业依照《中华人民共和国中外合资经营企业法》及有关法律的规定，按合同规定的比例投资设立，分享利润和分担风险的企业。

（15）中外合作经营企业：指外国企业或外国人与中国内地企业依照《中华人民共和国中外合作经营企业法》及有关法律的规定，依照合作合同的约定进行投资或提供条件设立，分配利润、分担风险和亏损的企业。

（16）外资企业：指依照《中华人民共和国外资企业法》及有关法律的规定，在中国内地由外国投资者全额投资设立的企业。

（17）外商投资股份有限公司：指根据国家有关规定，经商务部（原外经贸部）批准设立，并且其中外资的股本占公司注册资本的比例达 25%以上的股份有限公司。凡其中外资股本占公司注册资本的比例小于 25%的，属于内资中的股份有限公司。

（18）其他外商投资企业：指在中国境内依照《外国企业或个人在中国境内设立合伙企业管理办法》和《外商投资合伙企业登记管理规定》，依法设立的外商投资合伙企业。

2. 企业控股情况：根据企业实收资本中某种经济成分的出资人的实际投资情况，或出资人对企业资产的实际控制、支配程度进行分类。具体分为国有控股、集体控股、私人控股、港澳台商控股、外商控股和其他六类。

（1）国有控股：包括：

①在企业的全部实收资本中，国有经济成分的出资人拥有的实收资本（股本）所占企业全部实收资本（股本）的比例大于50%的国有绝对控股。

②在企业的全部实收资本中，国有经济成分的出资人拥有的实收资本（股本）所占比例虽未大于50%，但相对大于其他任何一方经济成分的出资人所占比例的国有相对控股；或者虽不大于其他经济成分，但根据协议规定拥有企业实际控制权的国有协议控股。

③投资双方各占50%，且未明确由谁绝对控股的企业，若其中一方为国有经济成分的，一律按国有控股处理。

（2）集体控股：包括：

①在企业的全部实收资本中，集体经济成分的出资人拥有的实收资本（股本）所占企业全部实收资本（股本）的比例大于50%的集体绝对控股。

②在企业的全部实收资本中，集体经济成分的出资人拥有的实收资本（股本）所占比例虽未大于50%，但相对大于其他任何一方经济成分的出资人所占比例的集体相对控股；或者虽不大于其他经济成分，但根据协议规定拥有企业实际控制权的集体协议控股。

（3）私人控股：包括：

①在企业的全部实收资本中，私人经济成分的出资人拥有的实收资本（股本）所占企业全部实收资本（股本）的比例大于50%的私人绝对控股。

②在企业的全部实收资本中，私人经济成分的出资人拥有的实收资本（股本）所占比例虽未大于50%，但相对大于其他任何一方经济成分的出资人所占比例的私人相对控股；或者虽不大于其他经济成分，但根据协议规定拥有企业实际控制权的私人协议控股。

（4）港澳台商控股：包括：

①在企业的全部实收资本中，港澳台商经济成分的出资人拥有的实收资本（股本）所占企业全部实收资本（股本）的比例大于50%的港澳台商绝对控股。

②在企业的全部实收资本中，港澳台商经济成分的出资人拥有的实收资本（股本）所占比例虽未大于50%，但相对大于其他任何一方经济成分的出资人所占比例的港澳台商相对控股；或者虽不大于其他经济成分，但根据协议规定拥有企业实际控制权的港澳台商协议控股。

（5）外商控股：包括：

①在企业的全部实收资本中，外商经济成分的出资人拥有的实收资本（股本）所占企业全部实收资本（股本）的比例大于50%的外商绝对控股。

②在企业的全部实收资本中，外商经济成分的出资人拥有的实收资本（股本）所占比例虽未大于50%，但相对大于其他任何一方经济成分的出资人所占比例的外商相对控股；或者虽不大于其他经济成分，但根据协议规定拥有企业实际控制权的外商协议控股。

（6）其他：除上述五类以外的企业控股情况。

3.隶属关系：指本单位隶属于哪一级行政管理单位。分为：中央、地方和其他。中央与地方双重领导的单位，以领导为主的一方来划分中央属或地方属。